根本的综通
——解构遭遇昆仑

袁峰 著

商务印书馆
2011年·北京

图书在版编目(CIP)数据

根本的综通：解构遭遇昆仑/袁峰著. ——北京：
商务印书馆，2011
ISBN 978－7－100－07554－1

I.①根… II.①袁… III.①汉字－研究 IV.
①H12

中国版本图书馆CIP数据核字(2010)第238499号

西北大学"211工程"研究生创新教育资助项目

所有权利保留。

未经许可，不得以任何方式使用。

根本的综通
——解构遭遇昆仑

袁峰 著

商 务 印 书 馆 出 版
(北京王府井大街36号　邮政编码 100710)
商 务 印 书 馆 发 行
三河市尚艺印装有限公司印刷
ISBN 978－7－100－07554－1

2011年3月第1版　　开本 880×1230　1/32
2011年3月北京第1次印刷　印张 11 1/2
定价：26.00元

目录 Contents

总论........001

上编　双音义符综通

第一：有大就有小，有多就有少，有先就有后。杂多的统一，乘一总万。

　　　　　　　1.大小........011　　2.多少........014
　　　　　　　3.先后........017　　4.一多........019

第二：口所以言食也，手所以操作也。眼明手快，耳聪目明，人也。各师成心，其异如面，文也。

　　　　　　　5.口手........022　　6.手目........025
　　　　　　　7.耳目........028　　8.手脸........030

第三：时间从日月来，年秋从农业来。兼三才而两之，阴阳交错，刚柔推移，天地之道惠于人。

  9.日月………031 10.年秋………032
  11.阴阳………033 12.时行………035

第四：人的生命选择了出生，死亡却是其归宿。肉身在生理范围内难以摆脱本能，本我能超脱生死追求大义。

  13.人生………037 14.肉身………040
  15.生死………043 16.本我………046

第五：合同异，能合乎？离坚白，能离乎？差异和延异能分乎？诗歌是语言的乌托邦，哲学是思想的乌托邦。

  17.异同………048 18.同异………050
  19.合同………053 20.分异………056

第六：声成文谓之音，语言之前无音乐。声音之端混沌，言根比文原更根本，人的言行能探索不可能的存在之真。

  21.言音………059 22.言声………061
  23.言根………064 24.言行………067

第七：文明如日月，文化如繁星。文人行文于本末同异之间，通而不同。文心惟精惟一，文法允执厥中。

  25.文人.......069 26.文行.......071
  27.文本.......073 28.文法.......075

第八：鸟兽蹄远之迹启发了人类的摹写。形声便于耳目，表意的书素与表音字母各有所长。给写作定向会迷失方向。

  29.书素.......078 30.形声.......079
  31.摹写.......080 32.写作.......083

第九：西文所谓 trace，中文所谓远迹也。几何学所谓原本，生物学所谓基因，物理学所谓原子，咸云始基，亦谓起源。

  33.远迹.......085 34.原本.......086
  35.始基.......089 36.起源.......090

第十：在语言叫冤亲，在逻辑叫悖论。形音冤亲于文，怜悯冤亲于心。言文相互和好，但悖论却使演绎证明走进了死胡同。

  37.冤亲.......095 38.悖论.......097
  39.证明.......100 40.怜悯.......103

第十一：在文学那里，在与不在相错综；在易学那里，形象与数论相互旁通。证明偏于科学，论述深入人情，证论是科学与哲学的相互结合。

     41.不在……107 42.证论……109
     43.旁通……110 44.相错……112

第十二：厚积而薄发。积淀是历史的，增补是科学的，扬弃是哲学的。解构主义既有批判的基因，也有扬弃的神韵。

     45.积淀……115 46.增补……116
     47.扬弃……119 48.解构……121

第十三：点无大小，线有长短。离散坚白，融合同异。递归序列，比例分解。率者，自相与通也；同者，相与通同共一母也。

     49.点线……123 50.离散……126
     51.递归……128 52.比率……129

第十四：实事求是的精神中既寓含着正义，也寓含着真理。物理是科学的，玄理是哲学的。定义和定理是理性思维所必需的。

     53.物理……133 54.玄理……135
     55.真理……138 56.义理……140

第十五：就形式而言是文辞，就科学而言是数理，就易学而言是象数。物与文相通，物质与精神相通，象数与数理相通。

　　　　　　　　57.物文......143　　58.辞理......145
　　　　　　　　59.数理......148　　60.象数......151

第十六：几何是数学的，知几是哲学的。圆形是几何的，圆通是美学的。义贵圆通，π能通神，几何学与文、史、哲理论可以共和。

　　　　　　　　61.几何......153　　62.圆形......156
　　　　　　　　63.圆通......158　　64.知几......161

第十七：游艺不排斥沉思，比喻用类似思维。神与物游之风，畅达逍遥之旨。风雅者雅洁，风骚者忧愤，风趣者幽默。

　　　　　　　　65.游戏......164　　66.风趣......166
　　　　　　　　67.比喻......169　　68.雅洁......172

第十八：艺术是我，科学是我们。理义是有意味的形式，艺文之悦我心，正如文艺之激活我们的情感。六义是自然的，释义是发散的，定义是收敛的，义法是综合的。

　　　　　　　　69.六义......175　　70.释义......178
　　　　　　　　71.义法......182　　72.定义......184

第十九：先有文本，后有文体。实诚融会在本同而末异中。裁制之体有形无意，心性之体有意无形。实质是经济的，实体是形体的。形体的是体式的，体式是心体的，心体是心性的。

     73.本体……187 74.实质……189
     75.实体……192 76.体式……194

第二十：就对象而言，科学兼自然、社会、思维之三才而两之；就与实践的联系而言，科学兼理论、技术、应用之三才而两之。所谓两之，或曰数学也、哲学也，或曰质量也、数量也。

     77.科学……197 78.数学……199
     79.质量……202 80.数量……204

第二十一：以心系念，举此以概乎彼，举少而概乎多。埏埴为器，必模范为形。模范的概括，科学家完善概念，艺术家完善意象。在模式和范型那里，逻辑学、科学和文学是相通的。为了用概念说话，人类必须抽象。要理解抽象，其思想不能太抽象。

     81.概念……207 82.概括……209
     83.模范……211 84.抽象……214

第二十二：运动有关于力学，流形有关于拓扑学。自下而上的实测归纳，自上而下的演绎推理，紧接着会有高屋建瓴的洞察和发现。

    85.实测.......216 86.运动.......219
    87.流形.......222 88.发现.......224

第二十三：骚动不安的魂灵，超越了禽兽性。文之为德也大矣，禽兽不知人知，鬼魂不知神知。献艺如献丑。

    89.禽兽.......227 90.鬼神.......229
    91.献艺.......231 92.文德.......234

第二十四：语言摆脱了自恋的僵化，并使自己臣服于一个无所不包的整体，对解释的释解超过了解释本身，意向、镜像、意象和意识都应该在这里各归其位。

    93.意向.......236 94.镜像.......239
    95.意象.......242 96.意识.......245

第二十五：文字是一剂特效药，但也有可能变成毒药。语文总是力图不屈不挠地对事物的多维度进行把握。方法论的本质明察惟有在现象学网络中才能得到解码。

    97.医药.......247 98.现象.........251
    99.方法.......253 100.维数.......256

第二十六：心生言立之意大，抑或言立文明之义大。文义作为文字的形音义，在语符那里偏于言音义，在意符那里偏于心音义，在声符那里偏于手耳传达之义。

　　　　　101.语符.......257　　102.意符.......259
　　　　　103.声符.......262

第二十七：文哲以史为根，文史以心为神。政事是政治的，事义是历史的。政治和教育之异同，通于政治和历史之同异。

　　　　　104.政事.......264　　105.事义.......267
　　　　　106.政教.......270

第二十八：文体之本，一分为二，二分为四。火、水、土、气为四根体。质料、形式、动力、目的为四因体。正义、智慧、勇敢、节制为四德体。篆、隶、草、真为四书体。音、味、文、言为四美。风、小雅、大雅、颂为四始。

　　　　　107.四始.......273　　108.四体.......276
　　　　　109.文体.......278

下编　解构批评的遗产：德里达与钱钟书

一、热通与冷通......281

二、义理的解构......285

三、不同相通的世界......291

四、诗心、文心与才性解构......300

五、才性素朴与文哲话语......306

六、人性与人文性......312

七、宏通才能的形成......319

八、象形符号和解构主义......324

九、人化文评和人科文评......330

十、反对、符号、变异......338

十一、逻辑工具和心理游戏......344

后记......351

总论

21世纪以来,我一直钟情于我的综通研究。这种研究既养人又累人,既讨人嫌又讨人爱。本书所谓"根本的综通",可以追溯到我此前的另一本书:《文本语根综通研究》。根本立足于语根,但在没有录音设备的古代,没有保留下来的纯语音材料。言与文不可分,语根与文本不可分。言用口说,文用手写。可以合理地推断,在殷商以前的传说时代,中华民族的先人已经创造了成熟的语言,因为现在能够看到的成批的甲骨文无疑已经用文本承载了先前已有的语根。

文字文本从甲骨到小篆是接近于古的阶段,从隶书以下是接近于今的阶段。在接近于古的阶段,单音多于双音,独体多于合体。增订本《甲骨文编》统计出殷墟所刻甲骨文单字共计4672个,这个数目比现代汉语通用字少2000多个,比现代汉语常用字多1000多个。岛邦男所编《殷墟卜辞综类》列出的语根文本有164个。这个数目比《新华字典》的189部少25个。许慎的《说文解字》,收单个的小篆文字9353个,这个数字比《新华字典》所收的汉字数目多出1000多个。《说文解字》中的语根文本有540个。明代张自烈的《正字通》和清代的《康熙字典》,列语根文本214个。明清时期的文本语根比汉代的文本语根足足少了 326 个。

1983 年,根据各方面要求,中国文字改革委员会曾协同有关部门依据字形定出 201 个文本语根,后来的《汉语大字典》和《汉语大词典》又将其归并为 200 个。我在《文本语根综通研究》一书中对这 200 个单音形符进行了综通考察。单音是单独的音。单形符是只有一个形体的象形或表意的根本符号。属于象形的如日、月、山、水、牛、羊、犬、隹、人、止、子、戈、矢等。属于表意的如上、下、立、一、见等。单音趋于古,但并非说古代就没有双音。双音趋于今,但并非说今时就没有单音。

合体符是会意的或形声的根本构造,它是从单形符发展来的。如立足于"人"这个象形符,可以结合"戈"构成"伐",也可以结合"木"构成"休",这是合体会意。关于《说文》所收的小篆字,其中的合体会意字符,朱骏声认为有 1167 个,王筠认为有 1254 个。合体符中更多的是形声义符。形声之形;亦有形义。如张弓之张,从弓长声。经线之经,从系巠声。河为水名,从水可声。语根文本"以类附声"着眼于表意,我的立目的由 200 个单音形符引发的研究其目的也在于畅达意义,通过"依类象形"的神似旁通人文的奇思妙想,通过"比类合谊"相错使人意会语符信码间的四通八达,通过"形声相益"提示各类学科间的错综复杂的关系。当然,单音形符中已经包含着对合体符的综通,但其中没有系统的双音义符之综通。

系统的双音义符之综通是我的庞大的综通研究计划的一部分。按照本来的想法,我至少应该再对几百个双音义符进行综通考察,我不知道我的自然生命可否允许我做完我想做的工作。还好,我已经对 109 个双音义符作了综通性探索,这种探索构成了本书的主体部分。我本来不打算很快将这些成果奉献给世界，由于阴差阳错的原因，我不得不将这109个双音义符汇集为"根本的综通"。中国易学所谓"兼三才而两之"，"参伍以变，错综其数"涉及最初的三个素数，而109是从2、3、5开始的第29个素数。综通研究提倡素数思维，素数思维是我行我素的思维。这也是学术研究令人快活、令人乐此不疲的所在之一。

  当然，我总是希望自己的研究能完满一些。我将"根本的综通"中的109个双音义符归并为28个部类，"28"是个完满数，而完满数像完满的人一样，是非常稀少的。所谓"兼三才而两之"，可以从5的2次方的角度理解。我在第25个部类里说："文字是一剂特效药，但也有可能变成毒药。语文总是力图不屈不挠地对事物的多维度进行把握。方法论的本质明察惟有在现象学网络中才能得到解码。"所谓"参伍以变，错综其数"，可以从5的2次方是25、3的3次方是27的角度来理解。就此而言，"25"和"27"是两个特别的数字，而更特别的是"26"，因为它是唯一的一个夹在一个平方数和一个立方数之间的数。所有这些部类都和前边的不同，它们只包含三个双音义符。三个双音义符是典型的"兼三才而两之"的思维。文体之本，一分为二，二分为三。文哲以理为根，文心以论为本，文史以心为神。我充分地解悟到文字是一剂特效药，我时刻警惕着不要让我所写的文字变成毒药。

  "根本的综通"不能仅仅停留于根本。所以，在本书名称的后边，出现了"解构遭遇昆仑"。"解构"有关于德里达，"昆仑"有关于钱钟书。在我看来，根本的综通，首先是文学与史学的综通。文是《说文》的第333个部首，史是《说文》的第78个部首。中国的传统，文史不分家，这不是说，人文中不应该分出文学与史学这两门学科。恰恰相反，文史分科由来已久，先秦时文学乃孔门四科之一，晋代已有史学祭酒。积淀是历史的，神韵是文学的，神与物游是构思的。文心惟精惟一，史论允执厥中。

文史之综通应从思想和心灵上把握，这必然涉及哲学。心是《说文》的第408个部首。从心的恕和从口的哲是不一样的字符，唯心主义的哲学与唯物主义的哲学是不一样的哲学。德里达是哲学家，钱钟书是文学家。大概四、五年前，我在感悟"解构遭遇昆仑"时写道："从钱钟书的角度看德里达，或者从德里达的角度看钱钟书，我们能够获得许多意外的惊喜。"我当时发表了4万多字的论文来表达自己的惊喜，并且说："这只是冰山之一角，我诚挚地希望能和国内外的诸多同道者一起，在不久的将来，能够分享到更多的，同时也是更难发现的诸如此类的惊喜。"现在看来，这种惊喜并没有增得太多，但在我自己，惊喜的根底更厚实了。

对109个双音义符的综通研究在形式上未包括"综通"本身，但在内容上处处透露出"综通"的神韵。纯粹的语言学家、文字学家不太理解"综通"，纯粹的语根学家、文本学家大多数也不以"综通"为然。有一个出版社的编辑问我："'综通'是什么意思？"还有一个语言文字学家对我说："能不能把'综通'二字拿掉。"对于前者的提问，我只是耐心地解释。对于作为专门家的后者，我除过解释了不能拿掉的理由以外，心里还不由得嘀咕，他为什么会提出如此的问题。对于不想综通的人，他固然不会考虑作综通研究，因为并不是要求每一个学问家都要作综通研究。但是非综通研究者不应该将综通看作学问的眼中刺。因为对于想综通的人，综通是他们的心头肉。若果去掉了"综通"，这岂不是要了他的命。

温家宝总理说，中国需要一些仰望星空的人。综通研究者应该是仰望星空的那一类人,《文本语根综通研究》是仰望星空后产生的一点微薄成果。《根本的综通——解构遭遇昆仑》是步前者之后尘的努力。仰望星空并非为空而空,因为学问的综通和实用是息息相通的,如果说我的有关单音形符的研究是偏于从溯源的方面为综通奠定一个基础,那么我在本书中所作的有关双音义符的研究则是偏于从应用方面对综通进行扩展。这正是我在第 21 个部类中所说的:"以心系念,举此以概乎彼,举少而概乎多。埏埴为器,必模范为形。"所谓"必模范为形"是指"科学家完善概念,艺术家完善意象"的概括。因为"在模式和范型那里,逻辑学、科学和文学是相通的。为了用概念说话,人类必须抽象。要理解抽象,其思想不能太抽象"。

《文本语根综通研究》"立足于文本语根的溯源和基础,并着眼于学科层面的应用和综合。在溯源基础上综合,在综合基础上应用,在基础和应用层面上综通"。文本和语根是"2",对文本和语根进行综通形成了"3"。"3"不简单的是关于中国传统话语中的天地人,它是"兼三才而两之"后形成的数码信息。依靠这些数码信息,人文文化可以"两仪生四象"。《根本的综通——解构遭遇昆仑》中的双音义符基本上每四个一部。每一部前有"敷理以举统"的说明。28 个部类的说明也连贯了根本义脉的内在逻辑。

四象也可以理解为古今中西四种研究对象,贯通这四象依靠研究者的思想。思想是总体的思想,总体(total)的总与综通之综音同义联。总体之"総"从心提示思想的总体性。综通之"综"从示提示宗教的根本性。"総"与"综"所从糸既系联着物质生活的根本性,同时也暗含着精神生活的玄理。玄理是哲学的,玄是《说文》的第 126 个部首。玄与糸同族。糸入服饰之表,玄入思想之深。经史子集之经有关于经典,经典作为永恒不灭的精神文献具有根本性。当然,总体性和根本性是建立在"感而遂通"和"唯深能通"之基础上的,文本语根可以从根本角度"兼三才而两之",双音义符也可以从学科的角度"兼三才而两之"。在《文本语根综通研究》一书中,按照溯源、基础、应用、综合、综通之顺序,我已经从基本原符、分文析字、学科代码、理论科学、语言思维、否定哲学、逻辑践履、声教文明、意识形态和综合进化等10个方面展示了综通研究的思维架构。《根本的综通——解构遭遇昆仑》作为其姐妹篇,其后续努力主要有关于个案分析、学科应用、理论拓进和思想的总体等方面,该书从这些方面将综通研究朝前推进了一步,但还远远不够。

关于总体性,笔者在20世纪90年代初曾经写过一篇论文。那篇论文发表后,曾经被《全国高校文科学报文摘》转载。在那篇文章中,笔者从个案研究方面探讨了总体性方法、总体性历史、总体性主体的内容。"用总体性理论看人,人既是存在,又是非存在;既是主体,又是客体。"然而,文又如何呢?我们能否机械地将人的总体性套用为文的总体性?答案是NO。因为人和文的关系非常复杂,正像数学中的代数和几何非常复杂一样。文本语根中有一个原符,它的中文形式是"非",其西文形式是"no"。依靠说"不",人们在"文如其人"中发现了许多人与文不相一致的内容。依靠说"non",人们在学习研究欧氏几何的过程中创立了非欧几何。人与文的关系中,充满了许多是与不是的内容。不是即非。

文化昆仑钱钟书先生晚年的一句话深深地触动过笔者:带什么博士,先读懂《说文解字》再说。《说文解字》中有"是"与"非"这两个文本语根。"非"意谓"不是"。综通研究主张在"是"与

"不是"基础上窥探总体性。从人与文的一致性上说,笔者想从总体性的文窥探总体性的人。从人与文的不一致性上说,我想从总体性的科学的角度窥探心身之间、灵魂和精神之间、学科与文本之间的全息性关系。顺便说一句,"是"为《说文》的第 32 个部首,"非"是《说文》的第 429 个部首,"不"是《说文》的第 432 个部首。这三个语根文本在人类的辩证思维,特别是肯定与否定的辩证思维中起着根本的作用。离开了"是"和"不"或"非",人类的思维将寸步难行。

20 世纪 90 年代初,刘秀兰老师指导我研究卢卡契,那时,我认真地读了《历史与阶级意识》这本书,并感觉到了"从总体性的辩证历史方面把握人的性质"的重要性。但是,我后来发现,要把这种并不算新鲜的观点融入中国文化的本体论来进行言说很难。那时,的确我还没有这种能力,但后来我感觉到了总体的综通避不开关联着的中西古今,这是慢功夫,从事综通研究应该有蚂蚁搬泰山或者说愚公移山的精神和勇气。

曾经钻研过古代文论义理,并且以其为职业的我喜欢咬文嚼字。我发现总体性(totality)的"总"的繁体是"総",并且还发现综通之综、经典之经、"通古今之变"的"变(變)"、"敷理而举统"的"统"和"乘一总万"的"总(総)"不但在形式上都从"糸",而且在内容上也有着某种程度的千丝万缕的系统(system)的连贯性。人文的总体的研究不但关乎本原,而且也似乎隐隐地自然地关联着系统科学。这种发现有关于字源,但不同于字源研究。字源研究仅着眼于字符现象,综通研究有关于原符的本质和关系。譬如,"人"这个原符,在综通的视野内是总体的。总体的人学是本体的,本体的人文学是本质的,本质的人文学不能脱离人的生理、文化的心理,并且它也密切地联系着历史、文学、经济、政治等诸多方面。总体概念的本原包括本体和本质两方面,总体的综通总是会在本原的"乘一总万"和本质本体的"敷理而举统"之间进行综合把握。这正应了古人所谓"天网恢恢,疏而不漏"。

综通是总体的融通,总体的融通是根本的,它也包括了文、史、质的融通。我在 2001 年出版的《中国古代文论义理》一书中写道:"文质中的经济内容多,文史中的历史内容多,文学中的情感内容多",哲学中的思想内容多,沿着这种思路写成的专文《论文史质话语》后来产生了一定影响,因为文史质话语是中国的本体论话语,它不同于"五四"运动以后崛起的文史哲话语。中国的本体论话语是整体性的,整体可以分析,用数学术语说它有关于 2 的 3 次方,用象数话语说它是"兼三才而两之",用文论话语说它有关于"原始而表末"、"扶理而举统"的会通融合。

在专家辈出的时代,综通研究相对显得清冷,但这方面的工作需要一些人去做。笔者在出版《魏晋六朝文学与玄学思想》的 1995 年,已经在断代层面对文学与哲学的关系作了综通研究。由于我攻读了属于历史学的思想史博士学位,又由于我本科和硕士段学习文学和文论,更由于我喜好从语根文本钻研数理、哲理思想,这使得我的综通研究的广度逐步扩大到文论、史通、心性和思维等方面,它们首先结晶为在 2009 年基本成形的《文本语根综通研究》,其后深入于《根本的综通——解构遭遇昆仑》。当然,在这之前,我已经在铢积寸累的道路上艰难地攀爬了很多年,这正应了"靡不有初,鲜克有终"这句古话。然而,"蚂蚁缘槐夸大国,蚍蜉撼树谈何易",综通居心何在?综通研究者素质何在?答曰:综通研究者既需要蚂蚁搬泰山的勇气,也需要"我以我血荐轩辕"的精神;综通者虽然不应该有"一口吃个大胖子"的心态，但应该用日积月累的实际功夫持之以恒地不断推进综通目标的实施。学术的薪火相传期望着后人不断抛砖引玉、添砖加瓦。

  人文"只有在成功地运用数理时才能达到真正完善的境地"。"人文学科是一切学科之母，在语根那里，不仅会看到神话学、宗教学、文学、史学、哲学、经济学等人文类别之消解，而且会看到社会学科和自然学科之趋于融通。"这是我在世纪之交时期为自己定出的学术理念，我感到庆幸的是，这许多年来，我一直在这方面进行劳作，并不断地朝前迈进。我期望着，宏观构件的错杂，微观历史的沉淀，个体意义的旁通，都能像魔术师手下的玩物那样进入我所写的文字中。到那时，我才会摆脱"系千钧于一发的危险性"，我期望着这一时刻能尽快光顾我。

上编

双音义符综通

第一：有大就有小，有多就有少，有先就有后。杂多的统一，乘一总万。

1. 大小

在词法上，大小是形容词。如果在它们的西文形式的后边各加"-ness"，大小就成了名词。在数学上，形的大小（size）正如量（quantity）的多少。在逻辑上，归纳推理是由一些命题推出一个一般性较大的命题，而演绎推理是由一些命题推出一般性较小的命题。

形容的大小，正如形象的宏阔与缩微，这是就文学而言。文学讲究"拟容取心"，拟容着眼于容貌形象，取心着眼于心理意象，"拟容取心"着眼于形象思维意义上的想象。由于要"取心"，所以形象思维实际上是相似（similis）或相像（like）思维。

在西文中，形象、意象和想象的符号形式都立足于image。image的本义就是象，进入心灵后的象是意象，对意象的神思产生了想象。西文中的想象是image的动态化使用，将这种动态化的使用迟滞于名词，中文通过给"想象"后加一个"力"实现，而西文则通过变换"想象"一词的词尾来表达。文学中的形象思维通过"窥意象而运斤"来"拟容取心"并展现想象力的才华。

人类的智慧善于玩符号的游戏。象是对象、印象，像是相似、相像。想象力永恒地通过模仿来扩张人类的时空。对象、印象在模仿（imitate）和表现（represent）中获得了人的意象、想象意义。模仿和想象在西方词源学意义上的密切关系，正如拟容和取心在文学创作意义上的密切关系。"拟容取心"就是用"外模仿内"（the outside imitates the inside），以"形描绘情"（image paints passions），以便使二者同等地分享它们（both share them equally）。[1]

在诗人和文学家笔下，对事物容貌的描写令人眼花缭乱，诗文家笔下的形象跑得太快，跑得太远。但是，对于认真品鉴的文艺批评家，对于作学术沉思的哲学家，对于"放慢速度考察形象的心理学家，通过延长在每个形象上停留的时间，他们从中感受到某种无限的价值融合。价值涌入缩微中。缩微令人梦想"[2]。意象通过缩微梦想以小见大，想象力通过宏阔来以大见小。

人类对客观对象的最初感觉的确定性是奠定在数学基础上的。一维之长短只涉及线，二维之长宽涉及面，三维长宽高涉及体。最早的文学与哲学之距离，正如最早的数学与形学之间隔。人类很早的时候就已经学会了一种聪明：必须设法超越逻辑，才能体验小中有大和大中有小所带来的乐趣，这是诗人和辩证法家所从事的工作。

---

[1] J.Derrida, *Of Grammatology*, Translated by G.C.Spivak, Baltimore and London: The Johnes Hopkins University Press, 1976, p.203.

[2] 巴什拉著、张逸婧译：《空间的诗学》，上海译文出版社 2009 年版，第 164 页。

《说文》以远释外，正如《广雅》以里释内。内外是易学术语；"大之无外，小之无内"（《管子·宙合》）是哲学话语；辞中有辞，"话中有话"是文学术语。"辞之中又有辞焉，心之谓也。"（《吕氏春秋·淫辞》）心谓形为大小，谓量为多少。心谓意内，言谓意外。中学之大言、小言，正如西学之大物、小物。因为"小物说似大，大物说似小"，故希腊"斯多葛派论想象（phantasia），或张小物而大之，或敛大物而小之，用类比之法，只需配当适称"；中国古诗文中"以大视小"，"以小视大"的文句"均以推以比，亦大亦小；法国17世纪小说写一学究侈言世界之大以视人之小，犹人身之于虮虱蟣蟟"[1]。由于过分重视对解释的解释，所以语义解构规模之大、之深，正如解构所涉及的学科种类之宽、之广。德里达曾经说过，解构就是关注一种以上的语言，或者说，哪里涉及一种以上的语言，哪里就有解构。同样，也可以说，解构就是关注一种以上的学科，或者说，哪里有一种以上的学科，哪里就有解构。由于过分贪多、贪大，吞下的东西很难被消化，所以，有太多的困惑，太多的问题存在于其中。

在这里，大与小既是相对的，也是相通的。大小在 size 意义上既在形状上表达规模，同时也在数量上表达多少。自然的大小在中国古人那里云天大、地大、人亦大，细小、微小、尘亦小。至大无外，至小无内。视觉上的大小依靠自然语言形容，数量上的多少凭借人工语言计算。数学语言是人工的符号，文学语言是人文的情形，哲学语言是人文的思想。人文之诗性内在于哲学，"哲学是知

---

[1] 钱钟书：《管锥编》第 3 册，中华书局 1994 年版，第 867 页。

识的灵魂与生命，因为它具有自在的目的"[1]。诗意与哲理一样具有某种共性，但诗的自由奔放性更容易使自己成为脱缰的野马，从而走向宏观的伟大和辽阔。哲理的从容镇定通过反思缩微了伟大，大与小的辩证法在哲学家那里思路更为清晰。

2. 多少

多少和大小一样，是最基本的汉字。大、小、多、少是甲骨文中出现得最早的4个形容词。多少的少不是部首。但少所从的小是《说文》的第15个部首。多是《说文》的第242个部首。多所从的夕是《说文》的第241个部首。司马贞索隐《史记》时云："多犹大也。"大是《说文》的第389个部首。《说文》以"不多"训少，正如其以"物之微"训小。

《尔雅》以众训多，正如《玉篇》以细训小。小和少在卜辞中或无别，或有别，至春秋前后才逐渐明显分化为两字。许慎从天象上说"重日为叠，重夕为多"。在许慎之前，郑玄以众训多。《荀子·天论》也说"因物而多"。《字汇补》："乑，古本衆字"。衆从乑，乑是衆的本字。乑是《说文》的第294个部首。群众意谓量多。群意谓羊多。众意谓人多。从乑之衆上为血，从乑之眾上为皿。

甲骨文中该字的形状是乑上为日，像众人在太阳下从事工作。由乑符音转义袭而孳乳出的字符除衆、眾外，还包括"僮"、"种"、"农"、"奴"、"辱"等等。赵锡元先生认为："衆"是商的族人。商

---

[1] J.Derrida, *Du droit à la philosophie*, Paris Galilée, p.378.

是父权制家族公社组织，族众的任务是种田、打仗、贡纳、徭役和祭祀。

左思的名句云："繁富夥夠，不可单究。"（《魏都赋》）夥夠字形咸从多，字义亦是多。夥夠所从多，可以置左，也可以置右。例如，够也可以写作夠。《离骚》云："众皆竞进以贪婪兮，凭不厌乎求索。"诗书云："命我众人，庤乃钱镈"（《周颂·臣工》）；"尔众庶，悉听朕言"（《书·汤誓》）。

在英文那里，how much 是就量提问，how big 是就形提问，what kind 是就类提问。量即数量。数量和形是数学研究的对象。类（class）是集合，类名（universal concept）有关于数学中的集合论和逻辑学中的概念论。西文 size 既有大小之义，亦有多少之义。逻辑推理必须"以类之取予推行"，"推类之难"（参见《墨经》），难在把握类名概念外延之大小和内涵之多少。黑格尔认为，量在本质上具有排他性，"一般界限的量在具有完全规定性时就是数"[1]。

就多少提问，涉及数量。就规模之大小提问，涉及质量。质量既涉及数量的类，也涉及象类的数。"事类相推，各有攸归，故枝条虽分而同干者，知发其一端而已。"（刘徽《九章算术注序》）象类以功能模型为参照对事物进行比类追求文学与哲学的联姻。先秦人主张"以类行杂，以一行万"（《荀子·王制》）。齐梁人主张"乘一总万，举要治繁"（《总术》）。"五四"运动时期，胡适主张"多研究些问题，少谈些主义"。

问题和主义，何为要？何为繁？其区别需要思想的功夫。有价值的思想源于对具体问题的分析。思想的第一步功夫是"研究

---

[1] 《逻辑学》上卷，第 214 页。

问题的种种事实,看看究竟病在何处";第二步是"根据一生的经验学问","提出解决的方法","开出医病的丹方";第三步是"用一生的经验学问,加上想象的能力",推想比较各种解决办法的利弊效果,将自己的主张落实于择其优者。功夫总是和解决具体问题相关,但研究问题"必须经过一番理想的作用"。思想和理想不同,思想的功夫和理想的作用亦不同。要将思想的功夫用于解决实际问题,但不能将"理想的作用错认作问题本身的抽象性"。"主义本来都是具体问题的具体解决法。一种问题的解决法,在大同小异的别国别时代,往往可以借来作参考材料。""主义的原起虽是个体的,其应用有时却带着几分普遍性,不可因为这或有或无的几分普遍性,就说主义本来只是一种抽象的思想。"[1]

谈涉及话语权的问题,研究问题涉及话语的内容。有话语权的人应该使自己的话语更符合实际。正是在这种意义上,毛泽东说:"一切实际工作者,必须向下作调查。对于只懂得理论而不懂得实际情况的人,这种调查工作尤有必要。"所以说,"没有调查就没有发言权。"[2] 事物在规模上总是有大有小,并且常会以大统小;在数量上总是有多有少,并且常会以少(few)总多。以少总多的前提是让少数人代表多数人行使权力。多少是数学的,数学与思维有密切关系。凡是把世界归结为多种本源的学说,是唯物主义的多元论,如阿那克萨戈拉(Anaxagoras,约公元前500—前428年)就是这样,他用无限多异质的"种子"解释万物的差异。

凡是把世界归结为多种精神本源的学说,是唯心主义的多元

---

[1] 《胡适作品新编》,人民文学出版社2009年版,第228、231页。
[2] 毛泽东:《农村调查的序言和跋》,《毛泽东选集》第3卷。

论，如 G.W. 莱布尼茨就是这样，他认为世界由无数独立的精神性的"单子"所组成，宇宙是无数单子的和谐体系。相对于无限和无数的繁多，古希腊的"四根"（水、火、土、气）说，中国古代的"五行"（金、木、水、火、土）说则倾向于用少量的几种物质来概括世界的本源。少相对于多为少，相对于一亦可看作多。

3. 先后

先后是甲骨文中出现的两个可以清楚识读的古老汉字。人用足走路，足从止。走在前为先。龟甲文先字多从止。先所从儿为古人字。以止和儿组成的先"义为前进，犹见从人目而义为视，企从人止而义为举踵"（杨树达《积微居小学述林》）。先是《说文》的第316个部首。人为女人所生，甲骨文后字像妇女产子形。后是《说文》的第335个部首。与后字相关的是《说文》的第528个部首。这个部首电文打不出。这个部首的形状按相近似原则被《汉语大字典》归入厶部，并收入第383页。按《汉语大字典》，这个部首发"突"音。许慎从生子角度解释这个字符说："不顺，忽也。不孝子突出。"此"突"即《易》"突如其来"之突。"突如其来"（《离·九四》）是西周时期出现的语词。突从穴从犬，但"突如其来"不是说狗从狗洞里突然冒出来，而是说孩子的脑袋瓜儿突然从母亲的生殖器里突出来了。

人不只是母亲生的，而且也是从母系社会发展而来。育、毓、后等字符中埋藏着这方面的秘密。在母系社会，人只知其母，不知其父。育字的上部，其义偏于生育。动物和人都在其所居处生育，故居与育、毓音近（参见唐兰《古文字学导论》）。人是政治的动物,政治在母系社会由女性承担,故"后"有"君王"之义。只是到了后来,父权崛起,君王才改由男性。"后羿"、"夏后氏"、"后稷"等语汇都是男权社会产生的,说"天子之妃曰后"(《释名》)更在其后。"后"这个字形出现较晚。卜辞中"后祖"皆作"毓且"。"后"与"後"通。"后,假借为後。"(《说文通训定声》)1956年公布的汉字简化第一表中规定将"後"简化为"后"。

中文"先天的"(prior)是践履的,象数的。先天意谓自然的、本然的,后天意谓人为的。根据《说卦传》和北宋邵雍的解读,伏羲所画八卦是先天之学,文王八卦是后天之学。用二进制观照先天图,阳爻为一,阴爻为零。天左旋于乾七、兑六、离五、震四,地右转于巽三、坎二、艮一,此所谓"《易》逆数也"。"法始乎伏羲,成乎尧";"尧之前,先天也;尧之后,后天也"。顺应先天自然者无为,无为者,皇也。效法先天人为者尊德恩信,尊德恩信者,帝也。黄帝之后,正义尚功者为王,崇力尚智者为霸。历史先后之规律是由道而德、由力而功、由黄而帝、由王而霸。

西文"先天的"(在前的)是精神的,理念(idea)的。苏格拉底自称是最无知的人,不能教人任何知识,只能起一个助产婆的作用,将人心中原已孕育的知识通过辩论的方式启发出来。柏拉图认为,人心中原已孕育的知识是早先就有的理念,人能经由回忆(anamnesis)掌握它。一个童奴虽然没有学习过几何学和数学,但通过诘难和启发,他就会具有解决几何问题的能力。(《美诺篇》)出生虽然使灵魂和肉体得到了结合,但出生时的痛苦也使人忘记了理念。出生以后,经过对具体事物的认识,和外界的启发,人们会回忆起理念。(《斐多篇》)

知性不能直观(intuition),感性不能思维,但二者的结合能产生知识。知识是认识的结果，是人感受杂多内容后思维所进行的综合统一。感性在先，知性在后，思维能综合先后建立起知识的"对象"或"客体"。知性的积极能动性表现为"判断"。判断不是感性杂多，而是类似于康德所谓"先天知性形式"(forms of understanding a priori)。

围绕着 prior，先验论不但与反映论对立，而且与经验论对立。在西语里，先验论（apriorism）与由因及果的推理是一个词，先验的（transcendental）和超验的（transcendent）是同一个前缀。验，证也。虽然说"事莫明于有效，论莫定于有证"（《论衡·薄葬》），但按康德所说，人类的知性不但能凭借先天形式接纳感觉、知觉，而且还能将其作为经验综合统一在规律性的联系中。康德对先验和超验进行了区分：先验先于经验，先于经验的先验不涉及对象，只涉及对象的形式；超验超于经验，超于经验的超验进入理性之辨证，并追求完整性。理性超越了经验，进入了理念，形成了规范；超验不存在于经验界，因而不是认识的对象。

4. 一多

《说文》有 12 个以数字为内容的部首，一是其中之一，并且列《说文》之首。《易》以奇数为天数，一为天数之首。多是《说文》的第 242 个部首。多所从的夕是《说文》的第 241 个部首。天有日月，日月容易区别，月夕较难区别。卜辞中的月夕，惟以文义别之。夕阳西下之夕，是傍晚（dusk）。日西下月初生为傍晚。"今夕何夕"（《唐风·绸缪》）之夕，是晚上（night）。晚从日，以日暮为本义，日暮也被作为夕的本义，这是许慎的看法。夕何以重为多，十分费解。或以为多（many）源于祭品堆垛之多。甲骨文该字符的形状与《说文》有别。

夕重为多，正如一元复为多元，这是人类思维发展的表现。中国先秦道家强调一心一意，专心致志。印度马鸣所著《大乘起信论》主张"一心二门"、"一心三大"。一、二、三都是汉语部首。门是《说文》的第 438 个部首，心是《说文》的第 408 个部首，大是《说文》的第 389 个部首。从齐同论理解"一心"是一心一意，从别异论理解"一心"是一念三千。哲学之多元（pluralism）、语法之复数（plural）在根本上与数学中的加法（plus）相通。三大中的体大、相大和用大包括了本体、形式和功用。二门中的真如门无生无灭，无有差别。与真如门相对的是生灭门。生灭门者，意谓心产生万法之逻辑功能也。此时心别名为"如来藏"或"阿赖耶识"。阿赖耶识能摄一切法，能生一切法。法有染净，染法谓有生灭变异现象的经验世界，净法谓无生灭变异现象的超验世界。众生无明，故常常会由净而染。众生会有觉悟，故又会由染返净。

人类的思维，总是难以摆脱一与多的纠缠。古今中外，莫不如此。一作为"数之始而物之极"总是会按多种方式生成或分化。按自然方式，或者是一生二，二生三，三生多；或者是一生二，二生四，四生八，八生多。惠施说："至大无外，谓之大一；至小无内，谓之小一。"（《庄子·天下》）这是从大小对一进行区分。古代的四根、五行强调杂多成物。日本的津田真道（1829—1903）曾提出多种元素论，认为"万物之本"是 60 多种物质元素。杂多成物必然有系统，系统总是会有多种因数，维持系统的稳定会有多种方式。更高级的系统是多稳系统，多稳系统有更多的维持稳定的子系统。多种元素的系统总是会用多种方式协调和控制其运作。

北宋邵雍认为宇宙中的一切事物都根源于数,并按数学法则演变,人心能发现并把握这种演变。邵雍所著《皇极经世》以元、会、运、世把握一多,元为1,会为12,运为360,世为4320。一世30年,一元之数多达129600年。邵雍以生来就有为先天,以人为获得为后天。先是《说文》的第316个部首。后是《说文》的第335个部首。先天与一近,后天与多近。《易传》认为"两仪生四象"。邵雍认为乾坤坎离四正卦为伏羲所画。伏羲所画卦先于《周易》而近于一。伏羲之后,周文王对《易》进行了推演。邵雍认为《说卦》中"帝出乎震"一章说的是文王对《易》的推演,这种推演后于伏羲,故称为后天,后天之学远于一而趋于多。

一与多的另外说法是普遍与个别,或者叫统一性与多样性。唯理论者重一。例如,斯宾诺莎只崇尚唯一的实体,并将多样性的事物看成是唯一实体的变形。经验论者重多。例如,洛克就以个别为实在;巴克莱和休谟在重视个别时走向否定普遍。德国古典哲学中的康德看到了唯理论与经验论各有片面性,他"企图结合普遍与个别而构成科学知识,但他并没有把两者有机地结合起来。他的理念是理性所追求的无限统一体,但他割裂了无限和有限,使最高统一体脱离了有限的多样性事物。只有黑格尔才在唯心主义基础上系统地阐发了一与多的辩证关系,他不但达到了多样性的统一,还达到了对立面的统一"[1]。

---

[1]《中国大百科全书》哲学卷,1987年版,第973页。

第二：口所以言食也，手所以操作也。眼明手快，耳聪目明，人也。各师成心，其异如面，文也。

5. 口手

口自然于言，正如手自然于写。口言对于言语，正如手写对于文字。对于口，言语还不是最重要的，正如对于手，写作也不是最重要的。口吃手工对于物质文化的重要性，正如口言手写对于精神文化的重要性。钱钟书对心口及手的理解和中国文化联系在一起，正如卢梭对言音及手的理解和西方文化结合在一起。

应该从中西结合的角度理解口手，而且首先要提到法国人的贡献。口言手写是客观的、经济的和合乎理性的延伸。法国的沃伯顿（Warburton）和孔狄亚克（E.B.Condillac，1715—1780）首先提出了这种延伸的经济的、技术的和纯粹客观的合理性的模式，卢梭借用并提炼了这种模式，德里达从解构主义的角度推进了这种模式。"手写的文字用符号缩略了在场的规模"（Writing reduces the dimensions of presence in its sign），"缩略是文字的非常形式"（The miniature is the very form of writing），"文字的历史追求线性的缩略技巧的不断进步"（The history of writing would follow the continuous and linear progress of the techniques of abbreviation），手写的文字具有超越距离、视范、听域的广泛功能。"书写系统源于同质的一元发生的过程，并且在不改变基本结构的情况下相互作用。一种文字不会代替另一种文字，除非经历了更多的时间和空间。如果人们相信孔狄亚克在《文字通史》里提出的方案，在需要和距离方面，文字没有不同于讲说的起源。因此，它是行动语言的继续。但是，正是在引导手势走向言说的社会距离增加到缺席程度时，书写便成为必然。"（The systems of script would derive from one another without essential modification of the fundamental structure and according to a homogeneous and monogenetic process. One script would not replace another except to gain more space and time. If one believes the project of "the General History of Script" peoposed by Codillac, writing does not have a different origin from that of speech: need and distance. Thus it continues the language of action. But it is at the moment that the social distance, which had led gesture to speech, increases to the point of becoming absence, that writing becomes necessary.）[1] 要理解手言这两个根符，先应该记住卢梭的两句话："需要支配着最初的手势，而情感开启了最初的言语。"（Need dictated the first gestures, while the passions wrung forth the first words.） 卢梭认为，通过追溯这些不同的事实，人们就可以用全新的方式来看待语言的起源。德里达继承了卢梭、发展了卢梭。德里达对语言起源的感悟源于卢梭。德里达认为，尽管卢梭在提出他的观点时借鉴了别人的成果，但这并不妨碍《语言起源论》体系上的独创性。

人的需要是"需"这个字所意谓的，但"人事离奇曲折，每出寻常意度，足令啼笑皆非"[2]。食、色，人性之需也。《易》语所谓"口饥于手"，"舌馋于腹"说的是食欲。《红楼梦》第十六回凤姐讥贾琏"眼馋肚饱"、嘲笑薛大傻子为得到香菱满足"饥荒"说的是性欲。将性欲混同于食欲，正如将生殖器的功能混同于口的功能。就

---

[1] *Of Grammatology*, p.281.
[2] 钱钟书：《管锥编》第 2 册，中华书局 1994 年版，第 549 页。

生理功能而言，人的生理器官各有所司；就心理的情感（passions）功能而言，作为人文符号的生理器官常常交错使用或不到位。

各有所司，各有所长，各有所补。钱钟书谈《易》理，有所谓"跛恃瞽为足，瞽赖跛为目"，二者之"有无相资，絜长补短"。[1] 卢梭论语源，有所谓"人们将原始人的语言描绘作几何学家的话语，但我们却看见他们的语言是诗人的言语"（The language of the first men is represented to us as the tongues of geometers, but we see that they were the tongues of poets）（《语言起源论》）。瞽以跛目视，跛以瞽足行。目足之于视行，正如手口之于写说，必须相辅相成。理智不盲目，故托于手势表达需要，感性多错乱，故挤压出言语传达实情。

口言说出了言语，正如手写创造了文字。所以口手是语言文字性的，文字得之于手，语言应之于心。在起源那里，口以心从内使言，言用口从外应心。中国古代六艺包括乐、驭、书：乐师发手动弦，需内得于心，外应于器，方能形成和音（harmony）；驭手起驾，亦需"内得于中心，外合于马志"，在操作层面，更要使手操衔，用衔应辔，力求人心之用驭与车物马志的较好结合；书家创作，不但目随手，手随心，而且极力协调心手纸笔之关系，避免乖左并使其妙合到最佳状态。

语言文字不只是在出之于口和得之于手之间进行协调，而且更应该在得之于心与符之于器物之间进行合作。"手者，心物间之骑驿也，而器者，又手物间之骑驿而与物最气类亲密者也。器斡旋彼此，须应于手，并适于物。""心有志而物有性，造艺者强物以从心志，而亦必降心以就物性。自心言之，则发乎心者得乎手，出于手

---

[1] 钱钟书：《管锥编》第 2 册，第 549 页。

者形于物；而自物言之，则手以顺物，心以应手。一艺之成，内与心符，而復外与物契，匠心能运，而復因物得宜。"这是一个艰难而又漫长的过程。"心与手一气同根，犹或乖暌，况与外物乎？心物之每相失相左，无足怪也。"[1]

6. 手目

东方文化中的千手千眼观音有点类似于希腊神话中的百手巨人布里亚柔斯（Briareus）。当然，二者的不同也是显然的。传说布里亚柔斯是乌拉诺斯和该亚的儿子，有50个头，100只手。宙斯依靠他的帮助才顺利统治了奥林匹斯山。《大悲心陀罗尼经》云观音普萨"身生千手千眼"，能无苦不见，无难不救。

手目具有深刻的文化意义。卢梭在《语言起源论》第一章中说："向眼睛说话比向耳朵说话更为有效。"(One speaks more effectively to the eye than to the ear.)向耳朵说话依靠口舌，向眼睛说话依靠手势和写作。手势是聋哑人的语言。文字是凝固了的书写。手是书写的创作主体，目是书写的接受主体。虽然晚年贝多芬可以不用耳朵来创作音乐，晚年欧拉可以不用眼睛来研究数学，但手所书写的音乐符号、数学符号对这两门学科的发展必不可少。文字符号对人类的必不可少，正如目手（爪）对人和哺乳动物的必不可少。文字文化了眼睛和手，并将自己融化到人与自然、人与社会的反对中。德里达所念念不忘的是莱维-斯特劳斯（Claude Lévi-Strauss, 1908—2009）在《野蛮心理》中所写下的一句话："bricoleur

---

[1] 钱钟书：《管锥编》第2册，第508页。

可能从来也完成不了自己的目的，但是它总是会将自己的一些东西放入目的之中。"（The "bricoleur" may not ever complete his purpose but he always puts something of himself into it.）[1]

反动、反对（opposition）之"反"从厂又。又，右手也。厂，山石崖也。反意谓用手攀崖也，正如德语 aufheben 意谓捡拾也。钱钟书分析"反者道之动"云："《老子》用'反'字，乃背出分训之同时合训，足与'奥伏赫变'（auheben）齐功比美，当使黑格尔自惭于吾汉语无知而失言者也。"又曰："《老子》之反融贯两义，即正、反而合，观'逝曰远，远曰反'可知。"[2] 中国老学言"反者道之动"，既言遵言合，又言违言离，这正如德国古典哲学言奥伏赫变，既言张言扬，又言丢言弃。"反者道之动"背出分合之训，正如奥伏赫变正反互助之理。前者具有基础性的方法论意义，后者具有辩证性的规律内涵。

德里达写道：在黑格尔看来，拼音文字是："对其他文字的扬弃，尤其是对象形文字的扬弃。"（It is the Aufheben of other writings, particularly of hieroglyphic script.）德里达在这句话后的括号中说："奥伏赫变或多或少含蓄的是几乎全部书写史的概念。它是历史的和目的论的概念。"（Aufheben is, more or less implicitly, the dominant concept of nearly all histories of writing. It is the concept of history and of teleology.）[3] 德里达的文字学理论偏于目，其写作学理论偏于手。目与手暗含着文字与写作，德里达的《论文字学》及其他著作中纠缠着他的复杂的有关这方面的理论。

---

[1] *Of Grammatology*, p.118.
[2] 钱钟书：《管锥编》第 2 册，第 445 页。
[3] *Of Grammatology*, p.25.

在西语中，目的论这个词的根（tele-）的希腊和新拉丁形式有"远"、"末端"等意。远意谓距离远。书写的文字能够超越距离。德里达说奥伏赫变是书写史的概念主要强调变。扬和弃同时进行变化，扬从手，弃也从手。弃从卄，杨雄说卄从两手。扬弃就是通变，通过手的操作来变。通达与远同从辶，正如扬弃与变同从手。前者强调足的实践，后者强调手的操作。从奥伏赫变的目的论意义上看，实践和操作不但应用性较强，而且也具有更多的辩证内涵。

丢弃的东西是要消逝的，但是《老子》说："逝曰远，远曰反。"将远（far）与目的联系起来，正如将反（anti-）与动力联系起来。在哲理思想的深刻性上，法国人并不比德国人更强。由于同属于古希腊罗马文化系列，法国人的睿智有不同于德国人的地方。法国人所讲的勃瑞考勒（bricolage）虽然没有德国人的奥伏赫变深邃，但依然表现出他们理智的独特。Bricolage 在法语里的核心意义是 fiddle tinker。它意谓手工修补。法国结构主义者莱维－斯特劳斯赋予这个词结构理论的意义，德里达则从批判结构主义的角度创造出解构主义的义理。在《论文字学》的第 104 页，德里达批评了斯特劳斯，但他也从斯特劳斯那里吸收了营养。他这样说："就方法意义上的工具概念而言，既没有发展也没有缩回；《结构》明确声称，多于十年之后，总是出现在手边的被搜集或者保留的原则的意味着工具的 bricolage 所意味的。像技术层面的 bricolage 一样，神话的反思能够在理智层面努力争取到一个辉煌的出人意料的成果。"(Nor is there either evolution or retraction with regard to this concept of methodogical tool; Structures announces most precisely what, more than a decade later, will be said of bricolage, of tools such as means collected or retained on the principle that they may always come in handy. Like bricolage on the technical plane, mythical reflection can reach brilliant unforeseen results on the intellectual plane.) [1]

7. 耳目

耳目是两个根符。耳用来听音，正如目用来观色。西语中有一个词缀 -chrome 来源于希腊文 khrōma，意谓"色"。但是，chromatic 这个词不但有"颜色"的意义，也有"半音"的意义。在绘画语境中指"颜色"，在音乐语境中指"半音"。对卢梭有研究的德里达说，卢梭在《语言起源论》中并没有使用这个词，但在《音乐词典》中注意到听音和观色二者在语源上的相似性。听音与观色的相通性，正如音乐和绘画这两种艺术的相似性。钱钟书论《林纾的翻译》开篇，曾使用过几个从言的汉字和西文词对翻译的诱媒作用进行说明，其中的一个叫"讹"，这个"讹"在德里达的著作中为 corrupt。钱钟书认为：翻译能起的作用是"诱"，难以避免的毛病是"讹"，所向往的最高境界是"化"。德里达认为："绘画和音乐这两种艺术都有一条讹用原则，足够奇怪的是，讹用原则亦存在于自然，并且在两种情况下，讹用原则有关于安置，有关于能计算出来的、类似的间隔的规则性。"(These two arts carry a corruptive principle, which strangely nough is also in nature, and in both cases, that corruptive principle is linked to placing, to the calculable and

---

[1] *Of Grammatology*, p.25.

analogical regularity of intervals.) [1] 例如，chromatic 这个词，"如果我们从广义上理解它，即从超越了我们仅把它规定为音乐中的音节和低声部之事实的角度理解它，那么，在两种情况下，不管是音乐还是绘画，不管是音乐的音阶层面还是绘画的浓淡层次，作为可见或可听的和谐曲调，和声的理性算计是一种半音"。(Thus, in both cases, whether music or painting, whether it is the scales of music or the scales of coler, the harmony of tone as visible or audible nuance, the rational calculation of harmony is a chromatic, if one understands that word in the larger sense, beyond what one specifies with respect to the fact of scale and the bass part in music.) [2]

在广义的语言的世界里，色和音共存于 chromatic，正如听和嗅共存于"闻"。但是，在人的感官那里，耳就是耳，目就是目。在《通感》这篇论文里，钱钟书言及英美现代派的开创者庞德警戒写诗的人别偷懒，用字得求精确，切忌把感觉混成一团，用一个官能来表达另一个官能。中国古人鼻之所得，耳之所得，皆可借声闻以概之，但庞德看见来自汉文的日文里的"闻"字从耳，"就自作主张，混鼻子于耳朵，把'闻香'解为'听香'"。钱钟书写道："我们不能责望旁德懂得中国的'小学'，但是他大可不必付出了误解日语（也就是汉语）的代价，到远东来钩新摘异，香如有声、鼻可代耳等等在西洋语言文学里有现成的传统。不过，他那个误解也不失为所谓'好运气的错误'（a happy mistake），因为'听香'这个词儿碰巧在中国诗文里少说也有六百年来历，而现代口语常把嗅觉

---

[1] *Of Grammatology*, p.213.
[2] *Ibid.*, p.214.

不灵敏称为鼻子是'聋'的。英国诗人布莱克（Willim Blake）曾把'眼瞎的手'（blind hand）来形容木钝的触觉，这和'耳聋'的鼻子真是天生巧对了。"[1]

8. 手脸

在《论文字学》里，德里达谈到了手脸。他说了这样一段耐人寻味的话："作为手与脸关系的冒险，书写的历史矗立在被书写的字符的基础上。在这里，我们必须不断反复在心里预防，书写的这种历史不能被我们所相信、知道的我们的脸、手、眼神、口语、姿态来解释。相反，我们必须根据这种历史对常识制造麻烦并唤醒手和脸的意义。"斯皮瓦克教授的英文翻译是：The history of writing is erected on the base of the history of the gramme as an adventure of relationships between the face and the hand. Here, by a precaution whose schema we must constantly repeat, let us specify that the history of writing is not explained by what we believe we know of the face and the hand, of the glace, of the spoken word, and of the gesture. We must, on the contrary, disturb this familiar knowledge, and awaken a meaning of hand and face in terms of that history。[2]

早于德里达1460年，中国齐梁时期的刘勰论文时也谈到了脸面。《文心雕龙·体性》："各师成心，其异如面。"这里的面，就是德里达所谓face。德氏与刘氏都是论文，德氏论文字，刘氏论文学。刘

---

[1] 钱钟书：《七缀集》，上海古籍出版社1985年版，第75页。
[2] *Of Grammatology*, p.84.

氏论文学结合于体性文心,正如德氏论文字结合于解构思想。德里达在论书写时也谈到了眼神、姿势等,刘勰论文,专设《定势》,认为文章有体势,所谓"因情立体,即体成势"。广义的面貌,不仅仅是 face,也包括体态、体势,论人与论文均如此,西海与东海亦均如此。手是书写的操持器官,笔是手这个操持器官的延伸。书写的文字、文章是人的脸面。在人类,同卵双胞胎的脸面有惊人的相似之处,但不同的人和不同的异乱双胞胎的脸面绝不可能相同,这就是刘勰所谓"其异如面"。文的其异如面包括文字书写笔迹的异面和人文体性风格的异面。书写的文字不断地在人类历史的长河中分延,分延这个词的西语形式是 differance,是由德里达在 difference 的基础上创造的。

> 第三:时间从日月来,年秋从农业来。兼三才而两之,阴阳交错,刚柔推移,天地之道惠于人。

9. 日月

殷墟甲骨文和周代金文、典籍中表示时间的词有:年月日旬春秋今昔旦暮。日月不只是天体概念,也是时间概念。旬春昔旦暮均从日。喻遂生先生说:"在甲骨文中,'莫'指傍晚,和'朝'相对,而'夕'指整个夜晚,与'日'指整个白天相对,故有'今日'、'今夕'、'终日'、'终夕'之说。"[1] 莫暮从日,前者一日,后

---

[1] 喻遂生:《甲金语言文字论集》,巴蜀书社 2002 年版,第 17 页。

者二日，后者从前者衍生而出。甲骨文中，表示"日"，就画作太阳形；表示"暮"，就用太阳落入草丛会意。英语中时间副词很多，但dusk（傍晚）不是副词。中文"莫"的副词性有丰富的意义。莫下加日成暮，暮即傍晚。暮，傍晚，名词；莫，不，副词。在字形上，莫暮与日相关，夕夙与月相关。甲骨文月夕同文，同取于月初见。在字义上，月指月亮，夕指夜晚。

10. 年秋

年秋是两个时间词，要释读这两个词应该先认识禾，就是《诗·豳风·七月》"十月纳禾稼"的禾。五谷丰登又一年，古人从谷物的成熟感悟到年岁的轮回，禾苗的禾是有关于农作物的最早的根词。用禾表示农作物，这是农业文明的曙光。《说文》释禾为嘉谷，释年秋为"禾谷熟"。《汉语大字典》认为："年字意为稔熟，金文始用作年岁字。"笼统地说，稔熟即年熟。分别而言，稔熟与年熟似有不同。年熟偏于禾谷熟与人的文化关系，稔熟偏于禾谷熟与人的文心关系。《诗·豳风·东山》中的"自我不见，于今三年"中的年已作为回归年使用。《诗·卫风·氓》中"将子无怒，秋以为期"之秋已作为一年四季之第三季使用。《尔雅》郭璞注："年，取禾一熟"；邢昺疏："年者，禾熟之名，每岁一熟，故以为岁名。"一岁有四季，秋是四季之一。《史记·梁孝王世家》："千秋万岁后将传于王。"此"秋"是以四季之一代称"年"。《诗·鲁颂·闷宫》："春秋匪解，享祀不忒。"此"春秋"是以四季之二代称"年"。在字形上，时间词多从日月来，但年秋例外，"年秋"二字从农业活动而来。

11．阴阳

"阴阳"易理，"兼三才而两之"（《周易·说卦》）。2 的 3 次方为 8。阴阳之二兼天地人三才可以成就八乃至更多。"日月为易，象阴阳也"，易是《说文》的第 368 个部首。从阜的陰陽，宋元以来俗化为阴阳。阴阳之二兼日月阜三才可以通贯自然和人事。"阴阳众壑殊。"日昼月夜，自然可感。山水南北，具体可见。"一阴一阳之谓道。"（《周易·系辞上》）道从辵从首，涉及人事。辵之践履，首之思想，有规律可循。阴阳从自然领域走向人事领域，正如思想从人事领域走向自然领域。"一阴一阳者，或谓之阴，或谓之阳，不可定名也。"（王弼语）"阴阳虽殊，无一以待之。在阴为无阴，阴以之生；在阳为无阳，阳以之成。"（韩康伯语）如此"虚无之谓"，却又"以人事名之，随其义理，立其称号"（孔颖达语）。虚无偏于阴柔，实有偏于阳刚。

"一阴一阳之谓道"，作为人道也意谓男女交合。根据弗洛伊德（Sigmund Freud，1856—1939），人在做梦时，总是把棍子、刺棒、枝杆、雨伞、刀子、长蛇、条鱼等物归为一类，而将坑洞、穴口、入门、船板、口袋、盒子、箱子等物归为一类，因为创造生命的生殖器（phallus）在前者那里像阳具（penis），在后者那里像阴户（vagina）。所谓像，不仅仅是形体的像、性质的像，而且是功用的像。例如，生命的生殖器其质地虽然都是由包含着敏感而且丰富神经的海绵体构成，但男器的尖锐与女器的柔软不同，男器的勃起喷射与女器的被动接受亦不同。

阴阳的自然，"在天地为自然，在人为极不自然"；阴阳的功能,"在婴儿不学而能,在成人勉学而难能"。[1] 人的"思想是一个区别于人为语言领域的自然领域,但就我们所知,语言又是通向这一自然领域的唯一途径"[2]。萨皮尔的这一说法正确吗? 至少阿恩海姆会对其进行质疑,因为他说:"许多超越实际需要的理论沉思,没有语言也能进行,那种坐在桌旁或林间散步时思考某种遥远问题的能力,是由于认识体(或人)运用了它的认识功能。"[3]

在文本,有关于天象的根,如日、月、云、雨、气等;有关于地舆的根,如山、水、土、石、丘、金、阜等。无论繁体陰陽,还是简体阴阳,都从阜。阴阳观念是脚踏实地的思想。在天地为自然。"通于天地者,德也。"在当今学科,天文学(160)和地球科学(170)是两门重要的一级学科。简体从日的阳意谓太阳,从月的阴意谓月球。太阳与太阳系(160.60)是天文学下的一门二级学科。人类已在1969年实现登月,但至今在中国月球研究的学科地位尚未确定。月球是离地球最近的天体,月球研究既可以依附于地球科学,也可以依附于天文学。

汉字的言音,以上下区别为昂低,以前后区别为发收,以气之强弱区别为轻重,以声母的高低区别为清浊。昂是向上,低是向下。发音为声母,收音为韵母。上古平上去声收鼻音为"气之阳",收元音或者流音擦音是"气之阴"。"阳声即收鼻音,阴声非收鼻音。"(章炳麟《成均图》)发音的声调,清声母为阴,浊声母为阳。阴阳的调值,阴调高,阳调低。收音之韵,有等有呼,等呼根据口形把握发音,最初区分为开口、合口,后来细分为开口呼、齐齿呼、合

---

[1] 钱钟书:《管锥编》第2册,第421页。
[2] Edward Sapir, *Language*, Harcourt Brace, 1921年版,第15页。
[3] R. 阿恩海姆著、滕守尧译:《视觉思维》,光明日报出版社1987年版,第337页。

口呼、撮口呼。开合之于收音之韵，正如阴阳之于发声之调。

文以气为主，气之清浊有体，不可力强而致。文字用轻重描述四声："平声重，初后俱低。平声轻，初昂后低。上声重，初低后昂。上声轻，初后俱昂。去声重，初低后偃。去声轻，初昂后偃。入声重，初后俱低。入声轻，初后俱昂。"（日本释了尊《悉昙轮略图抄》）文学用才性描述四本。四本的前身是先秦的"合同异"、"离坚白"。汉魏之际盛行品评人的才性。"才性同、才性异、才性合、才性离"有关抽象的名理。有了抽象的名理，文论才能用体性描述八体。八体的基础是才气学习。才气学习决定文体的辞理、风趣、事义和体式。关于文章的体性，刘勰只说"气有刚柔"，清代人言说阳刚阴柔。天地有阳刚阴柔之性，人有阳刚阴柔之情。得于阳刚之美者，其文如雷霆闪电；得于阴柔之美者，其文如清风朝霞。

12. 时行

行是《说文》的第 37 个部首。时虽然不是部首，但它和行一样古老。时和行是 1500 多个可以识读的甲骨字符中的两个。许慎说"古文时从之、日"，甲骨文印证了此说。从之从日，之亦声。急言之日为时，缓言之日为是。"时，是也。"（《尔雅》）时是咸从日，是为《说文》的第 32 个部首。《豳风·七月》数言"之日"。"之日"就是"此时"或"是日"的意思。有天行有人行。"天行有常"指谓日月之行。诗云："女执懿筐，遵彼微行。"（《豳风·七月》）"微行"，小路之谓也。

天行"敬授人时"（《书·尧典》）。生灵"遵彼微行"。天行之四时，春夏秋冬之谓也。"积日为月，积月为时，积时为岁"（《论衡·调时")之历象有关于日月运动和斗转星移。唐虞时羲氏和氏在"钦若昊天"中首先感悟到四时规律。"钦若"意谓敬顺。昊与时（时）同从日，内涵亦近。昊从天。時从土。天从大。大为人。大上加一为天，天乃人首也。

秦刑凿颠即砍首。《山海经》中有兽名"刑天"。"刑天"者，被凿颠之谓也。传说："刑天与帝争神，帝断其首，葬之常羊之山。乃以乳为目，以脐为口，操干戚以舞。"（《山海经·海外西经》）昊意谓"元气博大"。时引申为岁月。《辞源》第760页引古籍"夏为昊天"，"春曰昊天"。昊天意谓一定季节的天。一定季节的天意谓天时。

王弼云："卦者，时也；爻者，适时之变也。"（《周易略例·明卦适变通爻》）卦与時同从土。卦所从卜是《说文》的第94个部首。占卜目的在于把握未来，既要从空间上把握时位，又要从时间上把握时机，故《系辞》云："变通者，趋时者也。"变通用三位三爻，爻数至三，内卦终，重之后变为六十四卦。金木水火土构成五行，五行至五而盈，过五必趋于万事万物。"天地之数，立于三而成于五。乾之画三，坤参之而为巽离兑；坤之画三，乾参之而为震坎艮；这是三之参。"（元王申子《大易辑说》卷九）时空之时位、时机"兼三才而两之"。

时行是适时而行。适时而行应用"数之比例求易之比例"。数理与易理相通：六爻相反的卦象，其刚柔爻象可以相互配合，相互推移。数理与易理相错，八卦乃至六十四卦交相错综，错者可以相互联系，综者可以相互转化。卦爻辞的相互发明，类似于文本语根的循环利用。

"兼三才而两之"的"三五错综"，岂容易堪破哉？被誉为"精锐，凿破混沌"的焦循最初并不知何为时行，亦不知何为相错，经过"实测经文、传文",他后来才知道"变化之道出于时行","比例之义出于相错"。按照焦循,学易者应知其时行,"不知时行则变化之道不神";学易者还应知道相错,"不知相错则比例之义不明"[1]。变革精神之时行与数理的发明可互为辅佐。

"所谓时行,即刚柔爻象推移、互易而不终止;在此过程中,遇不通之卦即变为旁通之卦,使趋于通。"旁通、相错、时行"此三种体例又以二五互易为总原则,称之为'二五互通为易'"。所谓比例,就是按数学比例的法则"处理卦爻画和卦爻辞之间的关系,凡相错、旁通之卦,二五互易之卦,皆成比例关系,其卦爻辞也可以互释"。旁通、相错、时行、比例等皆可以引申,引申"以文字学中的假借、转注说,处理卦爻辞中的许多文字,从而视卦爻辞为卦爻象变易的抽象符号"[2]。

> 第四:人的生命选择了出生,死亡却是其归宿。肉身在生理范围内难以摆脱本能,本我能超脱生死追求大义。

13. 人生

人是《说文》的第 287 个部首。生是《说文》的第 215 个部首。据邹晓丽先生研究,《说文》中以人体为内容的部首有 197 个,除

---

[1] 《焦循诗文集》,广陵书社 2009 年版,第 259—279 页。
[2] 《中国儒学百科全书》,中国大百科全书出版社 1997 年版,第 762 页。

过与頁、目、口、手、足这六个更专门化的相关部首以外，有关人形的部首有83个。《说文》中以植物为内容的部首有31个，生是关于植物生出的部首。象形文字人是最突出的体现人文性的字符，生是最突出体现其生命性的字符。《辞源》的词条列有"生人"而无"人生"。生人为活人，活人才有人生的历程。古人云："人生如寄。"又云："人生实难，岂有不死乎。"（《左传》）还说："人生十年曰幼"（《礼记》），"人生七十古来稀"（杜甫《曲江》），"生年不满百，常怀千岁忧"（《古诗》）。

《辞源》的词条也没有列"人生观"，但《辞海》列有"人生观"（outlook of life）。1923年2月，张君劢在清华大学作过一次"人生观"的讲演。其后的4月，地质学家丁文江（1887—1936）在《努力周刊》上发表了《玄学与科学》。玄学的玄是《说文》的第126个部首。玄从幺，幺玄初同形，后分为二。幺玄有关于人生的衣着。科学（science）在印欧语系中来源于分析切割（skei-）。分析切割不但建构了人生，而且也影响了人的思维。生者，演化之谓也。从猿到人，两只脚转化为两只手。人是用手有脑无毛的两足动物，头脑内"有三斤二两脑髓，五千零四十八根脑筋，并比较多的占有多额神经系质"。人生就是"吃饭"、"生小孩"、"招呼朋友"（吴稚晖语）。

20世纪初，胡适乐观地估价了人这个用手有脑的动物。他说：人"居然能做出许多器具，想出许多方法，造成一点文化。他不但驯服了许多禽兽，他还能考究宇宙间的自然法则，利用这些法则来驾驭天行，到现在他居然能叫电气给他赶车，以太给他送信了。他的智慧的长进就是他的能力的增加；然而智慧的长进却又使他胸襟扩大，想象力提高。他也曾拜物拜畜生，也曾怕神怕鬼，但他现在渐渐脱离了这种幼稚的时期。他现在渐渐明白：空间之大只增加他对于宇宙的美感，时间之长只使他格外明了祖宗创业之艰难，天行之有常只增加他制裁自然界的能力。甚至于因果律的笼罩一切，也并不见得束缚他的自由。因为因果律的作用一方面使他可以由因求果，由果推因，解释过去，推测未来；一方面又使他可以运用他的智慧，创造新因以求新果。甚至于生存竞争的观念也并不见得就使他成为一个冷酷无情的畜生，也许还可以格外增加他对于同类的同情心，格外使他深信互助的重要，格外使他注重人为的努力以减免天然竞争的残酷与浪费"[1]。

但是，经过两次世界大战后的人便没有这么乐观了。存在主义认为，人的生命虽然选择了出生，死亡却是它难以避免的归宿。人性总是在生与死的搏斗中艰难地朝前运行，困境虽然未压倒人，但现实世界在不断地蚕食和异化着人的性质，整个的人生似乎都笼罩在难以摆脱的艰难困苦之中，命运的烦恼、无聊的空虚和内疚的苦痛随时都会袭击人的心灵，人活着似乎没有什么确定的目的，人生的价值应该是自由选择的意义，人的生活在卷入世界的过程中总是伴随着与痛苦和烦恼的搏斗。

张君劢认为，人生观是主观、直觉、综合的自由意志，"无是非真理之标准"，"皆其自身良心之所命起而主张之"，"绝非科学所能为力"。但丁文江认为，心理的"觉官感触"是科学的材料，科学能解决人生观问题。就主张"多研究些问题，少谈些主义"而言，胡适与丁文江是同道者。但胡适经常说，历史是他的本行，哲学是他的职业，而文学是他的兴趣与爱好。

---

[1] 胡适：《科学与人生观序》，《胡适作品新编》，人民文学出版社 2009 年版，第 348 页。

钱宝琮说："人类有求真、求美、求善之天性。引而申之，触类而长之，则有科学、艺术及社会改革之工作。西洋人主张分工研究，故科学、艺术及社会改革并为专家之业。中国士人亦知真、善、美之可贵，当以为真、善、美不宜分离，求真、求美、求善只是一事之三方面，无须分治。故清代朴学家竟以'实事求是'为口号。所谓'求是'即指求真、求美、求善而言也。"[1]

胡适的人生，与其说徘徊于真、善、美之中，不如说是宛转在文、史、哲之间。说到底，他的"大胆假设，小心求证"研究所追求的是综通。从 21 世纪的角度看，胡适之通是远远不够的。关于科学与人生观的问题需要在更为广阔的层面结合文本语根来进行研究。

14. 肉身

人身由骨肉血组成。人也是食肉动物。人通过吞食其他动物的肉身来营养自己的肉身。肉身是两个基本的语根，与这两个语根密切相关的骨血食等也是基本的语根。肉是一个性感符号。食、色，性也。"吃食行为是对所食对象的破坏，但最终目的是合并吸收；性行为是一种侵犯行为，但其目的是最亲密的结合。"[2]

食欲的对象包括食鱼、肉。梁武帝《断酒肉文》："今出家人啖食鱼肉，于所亲者，乃自和光，于所疏者，则有隐避。……极是艰难，或避弟子，或避同学，或避白衣，或避寺官，怀挟邪志，崎岖

---

[1]《思想与时代》第 45 期，1947 年 5 月，第 4 页。
[2] 弗洛伊德著、刘福堂等译：《精神分析纲要》，安徽文艺出版社 1987 年版，第 6—7 页。

覆藏，然后方得一过啖食。"钱钟书云："'崎岖覆藏'四字曲传情状，吾吴旧谑谓僧徒于溺器中炖肉，即此意。断肉制令，王法助佛法张目，而人定难胜天性。拾得诗所谓'我见出家人，总爱吃酒肉'。""此等俗僧，出家比于就业，事佛即谋生，初无求大法之心、修苦行之节。故其隐避也，如李逵'瞒着背地里吃荤，吃不得素，偷买几斤牛肉吃了'。其和光也，亦如鲁智深'不忌荤酒，什么浑清白酒、牛肉狗肉，但有便吃'。"[1]

性欲就是肉欲，肉身之欲。方回诗云："自恨肉身无报答，日常饱饭夜安眠。"（《杂书》）"清净人，修三摩地，父母肉身，不须天眼，自然观见，十方世界。"（《楞严靖》卷八）"人所乐者，肉身之实事"；小说所描写者，肉身化之实事；小说并非像小说理论那样乐于"缥缈之空谈也"（夏曾佑《小说原理》）。"大凡成仙的人，或是肉身去的，或是脱胎去的。"（《红楼梦》第104回）

本能（instinct）代表肉体对于心灵的要求。要说清楚这种要求就得追溯到有机体，"一个有机体达到了某种状态……总会产生出一旦这种状态被摒弃就重建起这种状态的趋向"[2]。本能概念在弗洛伊德那里被作了精神分析，精神分析的语根立足于西方神话中的普塞克（Psyche）和厄洛斯（Eros）。人有爱的本能和患的本能，此二者都本于中文语根"心"。儒爱之心通于仁，老患之心源于身。关于后者，留下的名言是："吾所以有大患者，为吾有身；及吾无身，吾有何患？"（《老子·一十三章》）钱钟书为这段话所加的按语是："要言不烦，实情不虚，设难问如立木义。一切欲超越凡人、

---

[1] 钱钟书：《管锥编》第4册，第1377页。
[2] 弗洛伊德著、刘福堂等译：《精神分析纲要》，第5页。

脱离尘网之教理道术,莫非试解木义之锯义也。"[1] 这里涉及《庄子》的《人间世》以及《山木》篇:不材之木无所可用,故能终其天年;而有材之木则未终天年就遭伐锯。

木是一个文本,正如身是一个语根。"木义之锯义"正如身意之患意。今古神仙服食采补、养性延命,均欲能有身而无其患,能有生而无老、病、死,这怎么可能?男女为人生之大欲,但修道者想对人的这种本能塞源除根,这怎么可能?心连身,神系形,身形何以能成为心神的外物?《悟真篇》诗云:"须知大隐居尘市,何必深山守静孤";"休妻谩道阴阳隔,绝粒徒教肠胃空"。钱钟书引经据典云:"不绝物而应物,不禁欲而恣欲";"目中有妓,心中无妓";"佛在心头留,酒肉穿肠过";坐忘于"遍行诸事",只说"心无染","于言甚美,于行甚非,真学之流,特宜戒此"。"西方古说亦有以身心截为两橛,谓犯戒由心不在身,贞洁乃以论心,身遭淫辱固无妨。"[2] 诗文每以此为不检点的人身开脱,但理想的人生难道真的如此吗?

肉身将欲望委托于本能,精神通过灵魂控制本能,但强有力的本能不会和软弱无力的精神形成坚强的人格。人生的摸爬滚打锤炼了人的肉身,也锤炼了人的精神。人的本质如何处置生命的欲望,人是生命的苦行者吗?肉身虽然提供了实现灵魂的可能性,但它仅靠本能并不能将这种可能性转化为现实。精神能够理解肉身的行动方式,并能够设法让灵魂指引着将这种方式和现实很好地结合起来。

---

[1] 钱钟书:《管锥编》第 2 册,第 427 页。
[2] 同上,第 1 页。

15. 生死

在《说文》里，生与死都是部首。生与死相对，正如好与歹相对。人的主观愿望认为，生好死不好，故死从歹。在客观那里，生与死具有同样功能。在甲骨文里，生象艸木生出土上，死象生人拜于歹骨之旁。剔骨之残，歹为半，冎为全，冎连肉为骨。"生，人之始也；死，人之终也。"（《荀子·礼论》）这是后话。活人的肉骨之体有精神在，人死后精神就会和肉体分离。西文分离为 di-，di 后加 e 成 die，die 意谓死。人死了，人身之肌肉很快就会腐烂消失，但其骨还会保存较久。人死后，其肉骨之体中的精神虽然灰飞烟灭，但人是文化的动物，人用文字传承文化精神，文物配合文字巩固这种精神。

生命形式不同，生活条件不同，生死亦不同。"鱼处水而生，人处水而死"，"必相与异，其好恶故异也"。（《庄子·至乐》）再譬如，"种有幾，得水则为繼，得水土之际"则有生活之機。幾、繼、機均从幺。幺，小也，微也。生物胚胎之小，染色体基因之微，皆如种子之幺，但能成事物之大。故云"万物皆出于機，皆入于機"（《庄子·至乐》），机者，机遇、机会之谓也，自然之谓也。

西文死强调精神与肉体的分离，中文死强调死于安乐。《庄子·至乐》篇，有一段生与死的对话。死者，歹冎之骷髅也。生者问骷髅：你怎么死的？是因"贪生失理"，或"斧钺之诛"，或"亡国之事"，或"不善之行"，或"冻馁之患"吗？问罢，枕骷髅而睡。半夜时分，骷髅对生者说："视子所言，皆生人之累也，死则无此矣。"死之悦快乐于生之忧，"死者，无君于上，无臣于下，亦无四时之事，从然以天地为春秋，虽南面王乐，不能过也"。生者不信，并欲使司命复活骷髅。骷髅皱着眉头说："吾安能弃南面王乐而复为人间之劳乎？"骷髅崇尚纯粹自然的生活，但纯粹自然的生活对于今人来说是绝对不可能的。

人固有一生，并追求"生的伟大，死的光荣"。人固有一死，"或重于泰山，或轻于鸿毛"。人有英雄情结："生当为人杰，死亦为鬼雄。"聪明秀出谓之英，胆力过人谓之雄。艸之央为英，隹之厷为雄。从字原或造字的资源上讲，生死的植物性、动物性，正如英雄的植物性、动物性。上文说："种有幾，得水则为繼，得水土之际"则有生活之机。这种说法既具有科学的意义，也具有神秘意义。神秘中包含着玄学义理，也可能包含着虚假，这应该结合科学推理来淘汰，因为文字"叙述的虚假出现在审美法则和纯粹生活的确凿性之间。对于可能是真实的文字来说，事物本身不能和存在的人为相割裂，也不能和它们原本的样子相区分"。(The falsity of narrative appears in the gap between aesthetic order and the sheer facticity of life. For writing to be "honest", it can not let itself be cut off from the "letting be" of beings, from things as they are.) [1]

按照庄学，种子有几，得水土之际则有生活之机，有生活之机则种子的生命得以为继。种子被撒播的关系，类似于文字被传播（dissemination）的关系。撒播（sow）与种子（seed）的关系，也类似于写作（writing）与字词（words）的关系。但是，在这些难以回避的类似关系中，也同样存在着"相与异，其好恶亦异"的事实。所以，不同物的"相与异，其好恶亦异"、不同生命形式的"相与异，其好恶亦异"、不同人的"相与异，其好恶亦异"、不同

---

[1] Niall Lucy, *A Derrida Dictionary*, Blackwell Publishing Ltd., 2004, p.28.

文的"相与异,其好恶亦异"、不同学的"相与异,其好恶亦异"也是必然的。

　　人与文异,正如立身与文章异。生与死异,正如亲家与冤家异。诗文可怨,但"文章所恨如怨家者,立身则亲为冤家焉。嘲谑亦谈言微中"[1]。"一生一死,触景伤悲,抱恨成疾,殆与俱逝,此所谓冤家者也。"[2] 人生有终,而宇宙无极。"万里歧路多,一身天地窄。"(张为《主客图》摘鲍溶句)"天高地迥,觉宇宙之无穷;兴尽悲来,识盈虚之有数。"(王勃《滕王阁序》)盈虚有数,生死亦有数。人的生死有数,文的生死亦有数。所谓"有数",是指有规律。人的生死规律与文的生死规律不一样,人为了避祸,也为了活得更长久些,故其"立身"做人不得不谨慎。文章与立身异,文章的生死和人之生死异。文之生死与人之生死何异?古人所谓"文章且须放荡"不能纯粹从违反道德方面想,而且应该从思维想象的开阔性上考虑。

　　人死失去知觉后就如泥土一样什么也不知道了,诗人却说"死去元知万事空"(《示儿》),小说家也说"此系身前身后事"。《管锥编》第3册末尾引古罗马诗人歌咏亚历山大大帝:"少年时雄图大略,睥睨全球,犹觉狭小,死后方知躬眇躯微,所居仅片席地尔。"至第5册第93页,又引德国古诗人格吕菲乌斯(Andreas Gryphius,1616—1664)的话说:"生前只觉世界太逼窄,死后相形墓穴太廓落。"这种囫囵吞枣的混话是不合科学的,但它是合文学的。

---

[1] 钱钟书:《管锥编》第5册,第107页。
[2] 钱钟书:《管锥编》第3册,第1059页。

16. 本我

本我本于义。"义者，宜也"（《中庸》），"行而宜之之谓义"（韩愈《原道》）。我是能行的动物，行为的行是《说文》的第37个部首。本义是符号的，仁义是人道的。博爱之仁义在学问的逻各斯层面包括爱语文和爱智慧，爱语文的学问是语文学（philology），爱智慧的学问是哲学（philosophy）。愛（philo-）是有心的，本于我的爱心，施之于他者谓之道，足乎己无待于他者谓之德。

仅仅知道本我之我是《说文》的第453个部首是不够的，本我之我还埋藏在意义之义中。意义之义的繁体为義。義中有我，虽然说"我思故我在"，但在现代或现代性中，我有关于他者，"我是他者"。在中文语境中，意义的最基础的本义处在一种关系中。"我"与"羊"这个它者的关系是义理性的。义理被无意识这座海平面下的大山簇拥着，但它并不是无意识，义理是清醒的意识，义理是冒出海平面之上的山尖。羊是有本能的无意识的动物，我是有本能而又有意识的动物。意义是有关于本能、有关于无意识，同时也是有关于意识的总和。

在中国，意义之"义"的繁体"義"是有结构的。在西方，法国的拉康认为："无意识如同语言一样也是有结构的。"[1]有意识偏于有言，无意识偏于无言。无意识无言，羊也；有意识有言，我也。本我就我而言，本在言行。"言之所以为言者，信也，言而不信，何以为言？信之所以为信者，道也，信而不道，何以为道？道之贵者，时其行势也。"（《穀梁传》僖公二十二年）

---

[1] 转引自格尔达·帕格尔著、李朝晖译：《拉康》，中国人民大学出版社2008年版，第52页。

意义之意有关于心音之能指，意义之义有关于本我之所指。'投射到语根 philo- 中的所指服从能指的游戏。能指的游戏有关于本我与他者、意识与无意识之博弈。在异化为不同媒介的意识形态中，本我之所指总是会寻找适当的土壤来与他者建立关系并获得自己的价值。用被拉康改造了的笛卡尔的话来说：本我之"我在我所不在的地方思，故我在我所不思的地方在"[1]。

法国生理学家贝尔纳（Claude Bernard，1813—1878）说："艺术是我，科学是我们。"弗洛伊德的理论虽然极大地影响了文学理论，但这并未改变它的科学本质。因为弗洛伊德对"我"的研究实际上是对"我们"的研究。虽然说我是艺术，我们是科学。但是，在溯源性的语根那里，艺术和科学是混在一起的，例如，在前哲学时代的希腊神话中，艺术和科学可能都混在逻各斯之中。弗洛伊德所创立的精神分析学的学科归属，其一级学科是生物学，二级学科是心理学。精神分析心理学和前哲学时代的神话中的普塞克是一个语根（psych-），精神分析心理学所立足的"我"，无论是本我（id）、自我（ego），还是超我（superego），其背后都有一个里比多（libido）在怂恿着，这个里比多从溯源上看可以追溯到前哲学时代的厄洛斯（eros）。

本我中有厄洛斯的内容。就我而言，厄洛斯是性爱本能。就我们而言，这种性爱本能是集体自我保存本能。本能之能是《说文》的第 380 个部首。俄狄浦斯情结涉及性爱本能，性爱本能不可避免地会受到社会伦理的制约，而且俄狄浦斯杀父娶母的乱伦行为也震撼了自己的精神心灵。立足于生的本能，俄狄浦斯可以

---

[1] 转引自格尔达·帕格尔著、李朝晖译：《拉康》，第 54 页。

杀父娶母；立足于伦理社会，俄狄浦斯不可以杀父娶母。自我之本我在社会中并不能为所欲为，社会禁忌不允许性爱本能无条件地释放于任何对象。

本我之我有大我有小我，正如意义之义中有大义有小义。大义之礼义不能与廉耻同列为四维，因为"廉与耻，义之小节也，不得与义抗而为维"（柳宗元《四维论》）。"大人者，言不必信，行不必果，唯义所在"（《孟子·离娄》），此义亦就大义而言。韩愈所谓"行而宜之"意谓行而适合大义，适合大理，因为如果不适合大义、大理，善会反其本性而变成恶，道德的也会变成不道德的。

> 第五：合同异，能合乎？离坚白，能离乎？差异和延异能分乎？诗歌是语言的乌托邦，哲学是思想的乌托邦。

17. 异同

"異"是甲骨文中出现的字符，《说文》将其作为第65个部首。"异"也是《说文》中列出的字。许慎曰：异，举也。举即任用也。异从巳，巳形近已，故以已为声。异，古籍中多作異。异作为異的简化字，今通行。同也是甲骨文中出现的字符。《汉语大字典》说，甲、金文同从凡。

杨树达认为"異是戴之初字"，異变为戴，"加声旁尔"（《积微居金文说》）。诗云："王于兴师，修我矛戟。"（《秦风·无衣》）戴戟同从戈不同音。異为戴的本字但发戟音。甲文異之形象征戴

(wear)，戴这个字符虽然不发異音，但它继承并发展了異形的象征意义。

许慎以分训異，以举训异，并云此二字皆从廾。廾是《说文》的第 62 个部首。異亦从共，共是《说文》的第 64 个部首。異与异的同字族关系，渊源于廾与共的同根符关系。在使用简化字的中国大陆，通用之异早已代替了異，并将分开作为异（異）的本义。

分别异同，深入认识对象是最基本的掌握真理的逻辑手段。中国古代先秦名家公孙龙的"离坚白"偏于分析，而惠施的"合同异"偏于综合。寻异与求同，正如分析与综合。异性与共性，正如个别与一般。文字学中有普通文字学，有比较文字学：前者重求同，故方法上偏于综合归纳；后者重"寻异"，故方法上偏于分析比较。"求同者在方法上求全，寻异者在方法上不必求全。"[1] 根据尤西林教授对牟宗三性体概念的理解，美学中有分别美，有合一美：前者强调闲适，洒脱自在，自由翱翔；后者强调礼乐皆得，圆融有成，使本体成就于自身。[2]

《周易·系辞上》有一个叫做"一阴一阳之谓道"的著名哲学命题。异与一同音。魏尚书郎王弼注《周易》时只注了《易经》和《易传》中的《文言》、《彖辞》和《象辞》。《易传》中的其余部分由东晋韩康伯注。韩康伯解释《杂卦》谓"杂揉众卦，错综其义，或以同相类，或以异相明"。他"以同相类，以异相明"的指导思想是"天下万物生于有，有生于无"（《老子四十章》），故"一阴一阳"之一可以从异的方面得到明确。站在异的立场上看，"一阴一

---

[1] 王元鹿：《比较文字学》，广西教育出版社 2001 年版，第 8 页。
[2] 《心体与时间》第十一章，人民出版社 2008 年版。

阳"并非又阴又阳，而是无阴无阳。

从有生于无方面看，是无阴无阳。从一分为二来看，是有阴有阳。在"一阴一阳之谓道"中，一而二和二而一是统一的。"太极生两仪"已将一而二的思想表达得很清楚。北宋邵雍的"一分为二"更具有发生和结构学的意义。明清之际的方以智在《东西均》一书中提出了"合二而一"的思想。1962年《东西均》由中华书局校点初版时，侯外庐为其作序，肯定了这种辩证思维。1964年，杨献珍在讲辩证法时亦赞赏"合二而一"，认为它与"一分为二"一样，也可以用来表达对立统一规律。在思维规律中，分与合，正如异与同；"合同异"之"合"、"合二而一"之"合"表现出强烈的综合倾向，正如"离坚白"之"离"、"一分为二"之"分"表现出强烈的分析倾向。

18. 同异

同异与分异有区别。同具有同一性，同在某一空间，同一于口。同，通也，同的同一性通向一元论。分具有分析性。分从八从刀，八和刀都是甲骨文字根。八，分也。刀，割析也。一分为二，二分为四，四分为八。八是二的三次方。同所从冂示意空间之内（in）。西文异化意谓疏远于外（foreign）。异化的德文（entfremdung）形式源于英文（alienation），英文形式来源于拉丁文（alienatio）。"异化"一词在拉丁文形式中负载着神学的意义：圣灵肉体化为生灵，由于顾及人性而使神性丧失，人应该在默祷中让疏远了的神性与人性合一。西文原符 co- 意谓共同，di- 意谓分异。共同之共也出现在異的下部。同异之形共通于廾，共通于口。廾，手之共举也。口，说话之器官也。

法国人笛卡尔陶醉于"我思故我在"的人与自然之同，而卢梭则看到了文明使人腐败之异，看到了背离自然使人堕落的异化。马丁·路德（Martin Luther，1483—1546）研究《圣经》时从异化中体会到"自我丧失"的况味。在费希特那里，"自我丧失"在"自我外化为非我"后，原来与我同一的东西变成了不同于我的东西。"自我丧失"在黑格尔那里有关于的思想形式，黑格尔将存在的一切都归结为"自我意识"的异化。在马克思那里，异化是"历史发展的主要因素之一"，人的劳动将社会关系外化为货币形式，同时也将自己所创造的整个世界变成了异己的、与人对立的东西。

同异的异，在解构主义的学问里是一个关键词。异从廾，廾是与"手"有关的部首，突现双手的动作。手有关于听说写读的写。異（异）是《说文》的第 65 个部首，许慎以"分异"释之。分之而彼此有异，故有分异。分异之分（di-）的拉丁形式意谓 apart。德里达偷梁换柱，将 difference 中的一个字母置换后形成了 differance。

这种置换使人想到胡塞尔的现象学。几何学虽然不能说与哲学无关，但在胡塞尔之前未见有人从几何学的起源上研究哲学，胡塞尔独创了这种研究，德里达跟进了这种研究。在西方语根中，差异、分别、延异和微分几何学之微分都立足于 di-。在德里达那里，di- 和 de- 是最重要的两个利器：依靠 di-，德里达向在场的形而上学开战；依靠 de-，德里达向结构主义开战。当然，这种开战同样是在扬弃（aufheben）中进行的，但它比扬弃更暴烈。从扬弃的角度看，解构主义的开战也修补了结构主义的修补（bricolage）。从修补的角度看，解构主义的开战也扬弃了古典哲学的扬弃。

异中有同，同中有异。所以，"海德格尔居于德里达和尼采之间。在写到尼采的每一个场合，对海德格尔的阅读总是被唤醒。仿佛通过和反对海德格尔，德里达发现了尼采"。(Heidegger stands between Derrida and Nietzsche, Almost on every occasion that Derrida writes of Nietzsche, Heidegger' reading is invoked. It is as if Derrida discovers his Nietzsche through and against Heidegger.) [1]

当然，从尼采那里吸取了许多营养的德里达是不同于尼采的。尼采的理论基于声言，德里达的批评立足于问题。"德里达批评尼采确切的因为尼采解释了他认为可以解释的，尼采着眼于浩瀚隐喻意义的过程的名称，而德里达着眼于这个过程的批判。"[Derrida criticizes Nietzsche precisely because what Nietzsche deciphers he holds decipherable and because metaphor (or figure) so vastly expanded could simply become the name of the process of signification rather than a critique of that process.] [2] 立足于语根的声言(declare)是清楚的，立足于问题的批评是需要探求(quest)的。

从弗洛伊德那里获得方法的德里达也不同于弗洛伊德，而且，这种不同也表现在德里达与海德格尔那里。"海德格尔的'破坏性'方法与德里达的'解构性'方法之间的重要区别是后者注重文本的细节，解构主义不仅注重句法，而且注重文本内的词形。德里达着迷于弗洛伊德梦话为物的意念。"(One important distinction between the Heideggerean method of "destruction" and Derrida's "de-construction" is the latter's attention to the minute detailing of a text, not only to the syntax but to the shapes of the words in it. Derrida

---

[1] 斯皮瓦克对 J.Derrida 的 *Of Grammatology* 的译者序，第 25 页。
[2] 同上，第 16 页。

is fascinated by Freud's notion that dreams may treat "words" as "things".) [1] 然而，弗洛伊德的普塞克并未完全夺走德里达的魂灵，德里达从书写中感悟到了弗洛伊德所未发现的许多东西。

书写之书在古代中国是六艺之一。书写之写从古至今都是人的手目把握言文的根本方法之一。书写的形素（grapheme）与言说的音素（phoneme）有不一样的质素。文本语根综通在德里达那里首先开始于《论文字学》，其后延伸到《撒播》，再朝后则弥漫于《丧钟》。"德里达注意到单个字的部件内存在着显露和隐藏的游戏。构成字词的单个音形元素激活成为一个独立的舞蹈，这种状况弥漫在《丧钟》中。因关注梦文本的句法，德里达推进了弗洛伊德的方法。"(Derrida begins to notice the play of revelation and concealment lodged within parts of individual words. The tendency becomes pervasive in Glas, where the individual phonemes/graphemes constituting words are often evoked out into an independent dance. Derruda pushes through to an extreme Freud's own method of attending to the "syntax" of a dream text.) [2]

19. 合同

合同即契约（contract）。契约是奠定在相互合作基础上的一定权利义务关系的协议。西文中的契约以 con- 示意人与人之间合目的性的合同、合作关系。人是合目的性（conformity to aim）的生

---

[1] 斯皮瓦克对 J.Derrida 的 *Of Grammatology* 的译者序，第 37 页。
[2] 同上，第 38 页。

物，合目的性的合与合同的合从语根角度看都强调 con-。合同的合的上部亼最初出现在甲骨文中，至《说文》被列为第 181 个部首。亼乃"三合之形"（许慎语），先有三合之亼，后有三合之合。器有盖有口，"合"字像"器盖相合之形"（朱芳圃的观点）。三合之亼强调三合之三，三是一个仅次于二的著名的素数。三合之合强调立足于三的集合（set）。集合之集的文学意义强调事物的杂多的统一。集合之集的数学意义强调属性相同事物的全体数量。"量者，龠、合、升、斗、斛也，所以量多少也。"（《汉书·律历志》）一升的十分之一为合。

同从冂，冂是一个人文空间概念。许慎云："邑外谓之郊，郊外谓之野，野外谓之林，林外谓之冂，象远界。"冂象远界之空旷，故《集韵》云："冂，空也。"空间有内外，"内"以"冂""人"象形从外入内。从冂的"同""内"含义容易区别，从口的"合""同"含义不容易区分。在对空间的数学描述中，同态（homomorphism）与同胚（homeomorphism）也不容易区分。虽然此二者都描述"同"，但 homeo- 之胚同与 homo- 之态同是不一样的。要理解这两种同以及它们的区别，就必须耐心地进入数学家所研究的世界。中国先秦名家惠施学派主张"合同异"。中文"合同异"之合与"合同异"之同都从口，这正如英文义符"同态"与"同胚"的拼写中都有 morphism 一样。合目的之生物能适应外部世界，合目的之动物自然地用身体之口与外部开展新陈代谢。口与心身的协调性，正如目的与系统的协同性，合同与协同是一体的。

人通过有目的之活动与自然界建立关系，但目的也不必然合同于自然。生物的合目的性不是绝对的，人的行为也是如此，但人类活动的自觉目的超出了生物，人与自然能产生更深的分裂，也能产生更高的合同。逻辑中"合同异"与"离坚白"之相反相成，正如数学中组合（combinatorics）与离散（discrete）之对立统一。在人文话语中，契约性的合同是流行于社会经济法律中的术语，而"合同异"之合同的意蕴没有走向这方面。"合同异"者并非只主张综合，而且也主张分析，例如，对于"同异"，惠施就区分出了"大同异"和"小同异"。小同异是事物一般规模大小的差异，大同异是辩证性的"万物毕同毕异"（《庄子·天下》）引。惠子"无厚不可积也"的思想中具有几何学的意味。赫拉克利特的逻各斯思想中也包含着数学的意味。

对于天才数学家庞加莱（Henri Poincare, 1854—1912）来说，言数之间则可能具有更深刻的合同性。几何概念之类的假设（conjecture）是约定俗成（convention）的，就像语词是约定俗成的一样。不同的约定俗成不但形成了不同形态的语词，而且形成了不同形态的数学，但是所有不同形态的言词和数学的概念中都包含着相通的逻辑。正因为如此，人类社会的所有成员之间可以相互交通。

哲学家安然于概念化的思想。数学家企慕用公式来概括那些迷人的猜想，不能用公式表达的猜想对于数学家而言是永恒的遗憾。文学家会照抄哲学家和数学家吗？显然不会。文学家不使用概念化的文字，他们不喜欢让这样的文字进入自己的作品。文学家更不喜欢公式化的东西，如果有公式化的东西，他们更喜欢打破它。但是，依旧有一些共同的东西存在于哲学家、数学家、文学家之间。

例如，弗洛伊德，他是一位精神分析学家，而不是一位文学家，但是他的理论深刻地影响了文学理论。弗洛伊德将人的意识比作露出海平面的冰山的山尖，将潜意识比作沉潜在海平面下的冰山的山体。美国数论史家艾克塞尔也如此打比喻。他说：日本数学家志村五郎（1930— ）的"猜想就像是说，一条椭圆曲线是露出海面的一座冰山的一部分。海面下面隐藏着一个完整的交错复杂的结构。要证明此猜想，就必须证明任意一个浮出的小冰山有异于水下部分。某些特殊的小冰山群知道有水下部分，但因为有无穷多个小冰山，人们不可能查遍它们每一个的下面。表明没有水下部分的小冰山是不存在的一个一般证明是必需的。而这样一个证明的建立被认为是极端困难的"[1]。

20. 分异

分异的异，古籍中多作異。異古老于异。異是甲骨文、金文中出现的字，异是《说文》中出现的字。朱骏声以音声训义，认为"异假借为異"。《说文》以分训異，《玉篇》以殊训異，段玉裁说"分之则有彼此之異"，異就是"独在異乡为異客"的異。虽然今简化字通行"异"，但异的本义为举，而異的本义为分。

《管锥编》第 2 册第 659 页言及名同而分异云："事物之性质（quality）无殊，而论事观物的情感（the feeling towards the quality）各别。"不但非殊别事物在人情面前有殊别，殊别事物在人情面前存在着非殊别，而且人情本身亦因年龄、国别、时代而千变万化，故分异对不同事物而言势在必然。鲁迅在 1919 年发表的《孔乙己》中让主人公说出"回字有四样写法"的话是具有讽刺意味的，但鲁迅具有"回字有四样写法"的知识。中国很大，象形文字很复杂，出现不同的异体字很正常。从普及角度着想，1956 年的简化字取消

---

[1] 艾克塞尔著，左平译：《费马大定理》，上海科学技术文献出版社 2008 年版，第 59 页。

了许多异体字。这种取消是有利有弊的。

　　1932 年，鲁迅在回答北斗杂志社问创作时说："不生造除自己之外，谁也不懂的形容词之类。"[1] 这是为人民着想的文学家发自内心的话。在西方，却有喜欢生造文字的人，德里达就造了一个除自己以外谁也不懂的词，造了一个英语、德语和法语中从来没有的词。当然，这个词也不能绝对说是子虚乌有。但它如果出现在中文里，绝对会被认作错别字。

　　德里达自创的 différance 首先出现在法文里。这个词是从"差异"（différence）来的。"差异"一词中的倒数第四个字母是 e，德里达将其变成 a 后从而"自铸伟词"，并且说它"是一个结构，一种运动，它不能基于对立显在 / 未在来设想。différance 是各种差异及其远迹的系统游戏，是各种元素据以相互关联的空间游戏"[2]。叶秀山先生将德里达这个生造的词译作"分延"。

　　西文 divide 以前缀 di- 意谓空间上的分。中文延用廴导引意谓时间上的长。延异与差异的细微差别，解构与分析的细微差别，初学者必须利用大量资料揣摩体会。由 di- 引导的分析意义切入到初等数学中的"除"（divide）和高等数学中的微分（differential）。后现代哲学意义上的分异，在文本上颇类似于现代科学意义上的微分。从数学根本上讲，除与微分有关，正如初等数学与高等数学有关。

　　钱钟书从论事观物情感各别的角度言及"仁智之异见与酸咸之殊好"，这使人想到刘勰的"凭情而会通，负气而适变"。德里达在

---

[1]　《鲁迅全集》4，人民文学出版社 1981 年版，第 364 页。
[2]　德里达：《立场》，巴黎，1972 年版，第 38 页。

《写作和差异》中言及分延，但分延不能纯粹从分的角度理解，分延也不是简单的延伸，我们似乎应该从通变的角度理解分延。此处所谓"通变"，寓含在保罗·德曼的这句话里："批评与文学（两者的差异只是假象）被指责（或者特别遵奉）为永远是最苛刻，因而也是最不可靠的语言，而人类就以这种语言来命名和改变自身。"[1]

同一书法作品，褒赞者或云其丰满，或云"其为铁索缠龙"，而憎贬者或斥其为墨猪，或讥讽"其为竹篾束骨"。亦玄亦史的狄尔泰教授，在美国哲人眼里为"容貌琐陋，衣服垢敝，多闻而健谈，滔滔汩汩，横流肆溢，事物之可知与不可知，盖无所不知"。但奥国诗人在见过狄尔泰后留下了这样的文字：看见他令人"秋清气爽，醒发心神。""议论横贯古今"，不愧为德国教授，"此头衔固足以重斯人，而亦藉斯人增重尔"。钱钟书说："此观者情感之异也。"[2]

由主体情感殊异而引起的褒贬差别在钱钟书那里还好理解。人类用批评和文学这种最不可靠的语言来命名和改变自身在保罗·德曼那里似乎也不难理解。最难理解的是德里达的延异。德里达曾指责拉康是"真理供应商"，德里达是否撇开了真理呢？德里达将真理拉入绘画中来讨论，他认为："在与作品的关系中，它是作为作品的背景，消隐在墙上，然后渐渐化入那个更大的语境之中。在与语境背景的关系之中，它则退到了与这大背景分立开来的作品里边。"[3]

---

[1] 转引自 Christopher Norris, *Deconstruction*: *Theory and Practice*, London: Routledge, 1982, p. 2。
[2] 钱钟书：《管锥编》第 2 册，第 660 页。
[3] *The Truth in Painting*, University of Chicago Press, p.25.

第六：声成文谓之音，语言之前无音乐。声音之端混沌，言根比文原更根本，人的言行能探索不可能的存在之真。

21. 言音

言音是两个根本的字符。字符具有文化的疗效，所以言音也具有疗效的文化意义。德里达写道："开药治病本身必须考虑治疗的符号文化。因为使用治疗技艺，并且通过符号产生疗效，所以技艺的疗效不纯粹是自然的；再则，如果治疗是一种语言，那么，治病开药就必须通过文化信码来通解病人。"(Medicine itself must take account of the semiological culture within wich it must heal. As with the therapeutic art, the therapeutic effects of art are not natural in as much as they work through signs; and if the cure is a language, the remedies must make themselves understood to the sick through the code of his culture.) [1]

从动宾角度理解言音，孟子有所谓"知言"，刘勰有所谓"知音"。就"知言"来说，钱钟书所发掘的是言能医病的文化意义。枚乘《七发》："今太子之病，可以无药石刺灸疗而已，可以要言妙道说而去之。"唐李华《言医》说用"词痊"，其《送张十五往吴中序》亦云"以言自医"。钱先生说：这都是"枚文'要言妙道说去'之意。陈琳檄愈头风，杜甫诗驱虐鬼，亦'词痊'而'无

---

[1] *Of Grammatology*, pp.206-207.

药石针刺也'"[1]。

就"知音"来说，钱钟书所玩味的是哀怨性的悲音。王褒《洞箫赋》："故知音者乐而悲之，不知者怪而伟之。"《论衡·超奇》："饰面者皆欲为好，而运目者希，文音者皆欲为悲，而警耳者寡。"钱先生云："奏乐以生悲为善者，听乐以能悲为知音，汉魏六朝，风尚如斯，观王赋此数语可见也。"[2] 钱钟书既从美感、悲感辩证统一的角度述论"音乐喜悲"，"导欲增悲"，又从审美心理学角度论述"知陨涕为贵，不独聆音"。我国古人言音乐以悲哀为主，非仅止于"好音悦耳，佳景悦目"；西方心理学说人们感受美物，"辄觉胸隐然痛，心怦然跃，背如冷水浇，眶有热泪滋"。"读诗至美妙处，真泪方流"；文词之美使人体寒战，使人心痛，使敏感者潸然泪下；"征文考献，宛若一切造艺皆须如洋葱之刺激泪腺，而百凡审美又得如绛珠草之偿还泪债"。[3]

对"言音"这两个字符的研究应该从中西会通之学科结合角度来理解。言与音，正如言语与音乐，语言学与音乐学，这在世界上有共同的规律，也有不同的原则。形音义为三，言音为二，二与三道通为一。此中《易》理，与后现代玄想流通。

在起源方面，言语与语言相通，正如音声与音乐相通。18世纪法国之怪才卢梭具有多方面才能，其中包含着他对语言、音乐的特殊敏感。1729年，卢梭17岁时就曾向勒·梅特尔先生学习音乐，此后几年他曾几次教授音乐课，并不间断地钻研音乐乐谱。1742年，他的音乐简谱法论文得以在巴黎科学院宣读并获得证书。

---

[1] 钱钟书:《管锥编》第3册，第905页。
[2] 同上，第946页。
[3] 同上，第949—950页。

1750年前后，他先是为《百科全书》撰写音乐条目，其后有一段时间，曾靠抄写乐谱为生，还发表过《论法国音乐的信》。1767年，卢梭出版了《音乐词典》。1778年卢梭逝世。卢梭去世三年后，迪佩鲁将卢梭手稿《论音乐》公开出版。《论音乐》中有一篇短文《语言起源短论，兼及旋律和音乐模仿》（简称《语言起源论》）。虽然《语言起源论》是《论音乐》中的一篇，但卢梭对言的感觉丝毫不亚于对音的感觉。对言音的感觉是卢梭感觉的最重要部分之一。

德里达写道："语言之前无音乐。音乐源于言音而不是声音。根据卢梭的看法，语言之前的声音不可能开辟音乐的时代。最初的音乐是对言音的歌唱。"（There is no music before language. Music is born of voice and not of sound. No prelinguistic sonority can, according to Rousseau, open the time of music. In the beginning is the song.）[1] "歌唱是音乐的朝阳，但它不能还原为言音，就像言音不能还原为声音一样。卢梭在《音乐词典》的歌曲词条中坦陈了他的困惑。"（Song is at the orient of music but it does not reduce itself to voice any more than voice reduces itself to noise. In the Dictionary of Music, Rousseau confesses his embarrassment in the article Song.） [2]

22. 言声

言声不同于言音。言音同出于口，卜辞中言音难分，西周铭文

---

[1] *Of Grammatology*, p.195.
[2] *Ibid.*, p.196.

中逐渐区隔。甲骨文中声（聲）与言音截然有别。言声与手耳之关系，正如言音与口耳之关系。口手耳之三不同于声音之二。形音义之三亦不同于诗歌之二。就声音之二来说，是"情发于声，声成文谓之音"。就诗歌之二来说，是"诗言志，歌咏言"。然而，诗乐舞之三不但与口手耳之三密切相关，而且与形音义之三密切相关。

诗言志，故有义，义是心意所指，指从手，以手指谓。歌咏其声也，故有音，说其音为口音或语音，歌咏其声为乐音。出于口入于耳的歌喉之音为声乐音，出于手入于耳的音乐为器乐音。舞动其形容也，形容就形而言指形体，就容而言指形象。诗与歌的密切关系，正如歌与舞的密切关系。汉代画像砖上汉人的舞姿可与东汉辞赋家的《舞赋》对读：歌者"明诗表指，嘳息激昂。气若浮云，志若秋霜。观者增叹，诸公莫当"。舞者"罗衣从风，长袖交横"；"体如游龙，袖如素鲵"。傅毅（生活于公元89年前后）托宋玉之口曰："论其诗，不如听其声，听其声，不如察其形。"

诗有言，乐有声，诗与乐的差异，正如诗言与乐声的差异。正因为乐声与诗言有差异，所以，"郑声淫"不能等同于"郑诗淫"。声音不是音乐，言声不是诗歌。"靡靡之乐，涤滥之音，其始作也，实自郑、卫、桑间、濮上耳。然而郑、卫之音非郑诗、卫诗，桑间、濮上之音非《桑中》诗。"（《东原集》卷以《书郑风后》）在声形义主导的乐舞诗中，虽然"声之准言，亦犹舞之准声"，故"郑声淫，郑舞以声动容，亦不免淫"（钱钟书语），但郑诗未必淫。因为诗歌趋向诗词，声歌趋向乐调，词义不同于词调，正如歌词不同于乐调。

言声之词从言，言义强调内容，言义内容不同于形音之声，形音之声是形式。先秦"郑声"之声，偏于指谓声调，是音乐的声调，而不是语言的声调。此声调先后被传递继承为汉魏之乐府调，唐宋诗歌乐舞调，并演化为明清时期戏曲之昆山、高平、弋阳诸调。在戏剧中，唱词是剧作家的工作，曲调是音乐家的工作，与唱词、曲调配合的舞蹈、武打动作是导演的工作。唱词与词调之通而不同，正如诗歌与声律之通而不同。诗言志强调言文的情致内容，歌咏言强调通过合乐的形式来玩味情致，诗歌倾向于成为合乐的唱词，但它不是词调。声律通过一番整合就会成为词调。

钱钟书说："洋洋雄杰之词不宜咏以靡靡涤滥之音，而度以桑、濮之音者，其诗必情词佚荡，方相得而益彰。不然，合之两伤，如武夫上阵而施粉黛，新妇入厨而被甲冑，物乖攸宜，用违其器。"[1]先有词后配调，先秦人称此为"声依咏"。先有腔调，然后配词，唐人孔颖达称此为"准诗而为声"。"准诗"之诗词之言与"为声"之声律不同。虽然说"言之诚伪，闻音可辨，知音乃可以知言"，但"音声不容造作矫情"，而"言词可以饰伪违心"。[2]诗词之言可矫而乐声不可矫。诗言志，有言无志谓之矫；诗缘情，有言无情谓之矫。虽然说诗乐有不可分的一面，但"诗为乐心"偏于以诗义出之，"声为乐体"偏于以乐象出之。"声者，乐之象"，声乐之音"出于人心之至真，入于人心之至深，直捷而不迂，亲切而无介，是以言虽被心声之目，而音不落言诠，更为由乎衷、法乎内、昭示本心之声"，故能"从胸臆之中而彻太极"。[3]

以胸臆贯彻太极，唯乐能之。音乐"最能传真像实，径指心源，祖襹衷蕴"，古希腊人如此论艺，近代德国人越世高谈，并袭

---

[1] 钱钟书：《管锥编》第1册，第60页。
[2] 同上，第62页。
[3] 同上。

其衣钵。"写心示志，透表入里，遗皮毛而得真质"，唯乐为能。这是叔本华（1788—1860）的观点。"人心深处，情思如潜波滂沛，变动不居。以语言举数之、名目之、抒写之，不过寄寓于外物异体；音乐则动中流外，自取乎己，不乞诸邻者也。"这是瓦肯罗德（W.H. Wackenroder，1773—1798）的观点。钱钟书20世纪七八十年代在出版和修订《管锥编》时结合中国的声词诗乐理论分别融通了此二人的思想。

23. 言根

言文的根源有关于开端。开端是一个隐藏在混沌中的东西。混沌从水，水浊于土。水土是草木的根源，英文root既是草木之根，也是数根，还是言文之根。植物学家研究草木之根，数学家研究数根，语言学家研究言文之根。具体的根就像草木之根可视可触，抽象之根不可感觉。数根和言根有关于抽象的思想。从根本上说，"大哉言数"是古人发自内心地对言数的赞叹。言根与文本之差异，略别于文字与数字之不同。言根与文本之相通，略别于言音根本之相通。

根从本，本从木。木上加撇为禾。木与禾的根源关系，正如水与土的根源关系。木禾水土作为自然资源，正如言心字音作为人文资源。西文"资源"（resources）一词，也有"根源"的意思。德里达在研究卢梭时写下了一句耐人寻味的话："This brings up the question of the usage of the word 'supplement': of Rousseau's situation within the language and the logic that assures to this word or this concept sufficiently surprising resources so that the presumed subject of the sentence might always say, through using the 'supplement', more, less, or something other than what he would mean."[1] 这句话很难翻译，但意味是明显的。根据我的理解，德里达想要说的意思是：在涉及起源时，语言所表达出来的东西总是比逻辑的东西多一些或少一些，前者与后者绝不可能一致。

言根是比文本更根本的东西，但在缺少录音设备的古代，言音很难保存下来。比较而言，文本容易附着在甲骨石金木竹之物上保存下来。言为心声，积淀在甲骨石金木竹上的言文根本如果丢弃了心声中的人文精神，那它就不是文化，特别不是文学文化和哲学文化。文化是人创造的，例如，秦文化是秦人创造的。秦人的秦，最初是一种稼禾名，就像草根文化、木禾文化、草禾文化中的某种个体一样。在很久以前，"秦"已不作为禾稼名，故《辞源》"秦"字中没有"禾名"义项。周人后稷教稼，秦人步其后尘，故稷稼秦均从禾。秦人祖先"伯益之后所封国"亦称"秦"，这是"秦时明月汉时关"的秦。

言根"秦"早在汉代前后已声名远扬于西域，并从西域传播到全世界。产生于公元前数世纪的《旧约》说："这些从西尼国来。"一些历史学家说，"西尼"就是秦的译音。从西秦、西域再往西，既有阿非罗—亚细亚语系，又有印欧语系。阿非罗—亚细亚语系的阿拉伯语中的 Cya、Sin 是秦的音译。印欧语系梵文 China 也是秦的音译。秦的音译在古印度叫"震旦"；震是秦的音转；旦，斯坦之谓也。斯坦，地也。China 还音转为"支那"。唐代学者说"西国名大唐为支那"，支那就是 China。依据言音，印欧语系各语族对

---

[1] *Of Grammatology*, pp.157-158.

"秦"的叫法不同：日耳曼语族中的英语称其为"采依那"，罗曼语族中的法语称其为"细那"，与法语同语族的意大利语称其为"期那"。清末外交官、政论家薛福成（1838—1894）在《出使日记》中对此有详细的记述。

言根能说，并使用 supplement 方法八面玲珑的通达。言说用口，supple 用 sup-，开始是单一的，后来慢慢丰富。因为与逻辑追求单一不同，言说不只是追求逻辑准确，而且追求丰富多彩。从禾的秦这个符号，在甲金石文中或为栽培禾或为收禾或为春禾的意义逐渐被今人忘却了，但是秦人的秦、秦文化的秦、秦史的秦依旧存在着，而且有关秦始皇以及大秦帝国方面的话题人们依旧有兴趣了解。话题立足于言根，立足于言根的文史哲永恒的再现于人类社会的时空中。

亚里士多德说，历史"叙述已发生的事"，文学"描述可能发生的事"（《诗学》第 9 章）。文学比历史更具有哲学意味，历史比文学更具有科学价值。繁体的"歷史"的"歷"和科学的科都从禾，秦文化的秦亦从禾，但简体的"历史"的"历"从力不从禾。从禾的秦应该从这种印象理解：这个符号似乎隐隐约约地在要求人们所处的社会更合规律性，更应该以符合生产力标准的精神来疏通和变革生产关系。从根本上说，在春秋战国及其以前，中国文化至少可分为关西、关东和长江流域三个文化圈。秦文化是关西文化圈的主体。秦统一中国是妇孺皆知的事实，这是建立在历史发展规律基础上的，而且也是合科学规律的。2010 年初放映的电视剧《大秦帝国》是一部历史剧。就历史而言，它叙述的是商鞅变法时代已经发生的某些事；就历史剧的戏剧因素而言，它也叙述了一些在 21 世纪的人看来那个历史时代可能发生的事。剧中"赳赳老秦，贪狠强力、血不流干、死不休战、共赴国难"的情节，既有春秋战国时期历史之实情，也有21世纪乃至未来中国人，特别是陕西人永不磨灭的一段精神、一段感人的情结。

24. 言行

言行偏于口耳之行，此不同于偏于连通手目的文行。言行通过口耳周遍于人世社会，此不同于文行经由手目撒播于古今人间。以言做事（do things with words）与以行（with behavior）做事不是一回事。行为的行是一个原型文字，这个原型文字还可以再细分为两个字素（grapheme）彳亍。彳亍有关于足。足行手做，各司其职，但在四肢意义上，二者亦可通达。"巧者非止于手运思，脚亦应乎心也"，《管锥编》第710—711页引张彦远此语，并引古籍载某乞儿无两手，以右足夹笔，写经乞钱，又引古籍载某妇人以足梳头、以足刺绣；又引蒙田谈及无臂人以足行手事等。笔者居西安小雁塔之南，亦常见无手乞儿匍匐于街侧乞钱。

言行之行所从彳，在古代字符中常与辵通。辵通之通与选择之选、妙道之道均从辵。折衷主义（eclecticism）的根义在西语中意谓"选择的"、"有选择能力的"。希腊文"折衷"一词的后半部分意谓"搜集、选"（gather），其前部分ec-意谓"自"。刘勰"唯务折衷"义涉哲理。言之于行，正如搜集之于选择。《管锥编》第905页引汉魏唐古籍云：风病目疾，不用发药，可以言自医，以词痊愈，陈琳檄愈头风，杜甫诗驱疟鬼，要言妙道说可以疗疾。对言行之文的写作、阅读、研究有助于人，特别是文化人的生理、心理之协调发展。

言行有常，此常在数学那里为常数（constant），在哲学那里为一个客观的陈述（constative）。与客观陈述相对的是主观的行为（performative）。陈述以真为目的，行为以善为目的。陈述描述了某种真实，可以证明是对是错；行为有正确与不正确之分，恰当的行为是正确的，不恰当的行为是不正确的。

　　言行认真，然后才能被人认真对待。言行不认真，不遵守规矩，怎能会有一个言行的认真对待。譬如弈棋，俗谚云："落子无悔大丈夫，观棋不语真君子。"韦昭《博弈论》："徙棋易行，廉耻之意弛，而忿戾之色发。"《管锥编》第1100页解释说："徙棋易行"之行就是《全后汉文》卷二六班固《弈旨》"行之在人"、"突围横行"、"逡巡需行"之行，也即《南齐书·齐本纪》所谓高祖与周覆共棋，"覆乃抑上手，不许易行"之行，亦是《说郛》卷五所谓"观棋不得人教行"之行。"徙棋易行"就是下棋反悔欲改行。人生如弈棋，人的言行必然地会选择在某种特定的语境和社会环境中，故必然会受到各种因素的制约。历史的人合规律合目的而行，岂能容忍妄为者朝令夕改哉？

　　但是认真和其他事物一样也有局限。真是什么的问题会有很多争论。从经验主义的角度看，真和真理可能是清楚的、清晰的，但换一个角度看，清晰、清楚就会露出一些不清晰、不清楚的马脚。有些人类的言行，譬如说文学文本这种言行可能会被逻辑学家斥之为不认真，但是，这些不认真的文本言行会更加得到美的认同。这里涉及德里达的"不可能的真理的显现"，德里达的文本言行理论在方法论层面疯狂地追求人类自由的游戏，他抨击逻各斯中心主义的目的是要促成文本言行的"某种无穷无尽、难以预测并且是让人望而生畏的撒播"[1]。撒播从手,像手撒的种子一样,手写的文本总是会撒播于天下人间。

> 第七:文明如日月,文化如繁星。文人行文于本末同异之间,通而不同。文心惟精惟一,文法允执厥中。

25. 文人

　　文与人之间的关系,正如人文与文人之间的关系、人文之文化与文化之人类之间的关系。论文人之实,德国人涉及奥伏赫变,法国人涉及勃瑞考勒,中国古人涉及器。《文心雕龙》之《体性》论文性,其《程器》论文人之德行。文人,即《周书》所谓士。文人依靠阅历创作出作品,正如木工将朴斫成器。古代所谓文人,包括了后来的文学家、哲学家。法国的卢梭既是文学家,又是哲学家。卢梭《爱弥儿》的文学形式未妨碍其深刻哲理内容的表达。

　　文之虚,有通于人之实,但生存之实在人生中的表现与情感之实在文章中的表现不同。在这方面,简文帝萧纲留下的名言是:"立身之道与文章异,立身先须谨重,文章且须放荡。"钱钟书在《谈艺录》三一与《管锥编》第 4 册中两次引用了萧氏《诫当阳公大心书》中的此语。人贵直,文贵曲,所以赞人说人正直,赞文人之才说此人为"文曲星"。文以圆熟为上,人以圆滑

---

[1] W.Booth, *Critical Understanding*, University of Chicago Press, 1979, p.81.

为劣。"刻薄人善作文字，和厚者平凡"，按南宋绍熙四年进士楼昉《过庭录·文字》里的这种说法，善作文字者似乎有违于人的和厚与平常。

钱钟书说："'文如其人'，老生常谈，而亦谈何容易哉！虽然，观文章固未能灼见作者平生为人行事之'真'，却颇足征其可为、愿为何如人，与夫其自负为及欲人视己为何如人。"[1]

在萧纲之前的西晋元康六年（296），著名文学家潘岳（247—300）写了一篇《闲居赋》，言及自己"绝意于宠荣之事"，"览止足之分，庶浮云之志，筑室种树，逍遥自得"。但历史生活中的他并非如此。潘岳自"择木而栖"、投靠贾氏后，他比以往更热衷于官场奔趋。史书载他和石崇曾望贾谧的路尘而拜。元好问《论诗》云："心画心声总失真，文章宁复见为人。千古高情《闲居赋》，争识安仁拜路尘。"潘岳其人"走俗"，其文却"鸣高情"，读《闲居赋》并观其生平足知。著有《恶曲》的元次山发现了潘岳的言行不一，并用绝句留下了引导读者庶几可多为文直的意向，但文学作品婉转曲折，过分讲求文直容易产生不良后果，元次山对此了解得多深，有待专家探讨。

文之虚，从形式上讲即文采，从内容上讲即理想。文之实，从器物上讲即自然，从本体上讲即情感。《爱弥儿》中具有哲理含义的一段话是："我们有应答听的器官，我们没有应答视的器官，并且我们不能像重说声那样重复色。由主动与被动感官的交替使用培植了耳朵的附加方式。"（In the voice we have an organ answering to hearing; we have no such organ answering to sight, and we do not

---

[1] 钱钟书：《管锥编》第4册，第1388—1389页。

repeat colours as we repeat sounds. This supplies an additonal means of cultivating the ear by practising the active and passive organs one with the other.）[1] 德里达引用了这段话，并且从解构主义的视角发掘其哲理内涵。所谓培养了耳朵的"附加方式"是指文字之文。

文是作品。人是作者。文人分为文学家、哲学家和历史学家。此三家都脱离不开文心。德里达所谓文字的循环（turn of writing）正如刘勰的"为情而造文"、"为文而造情"之循环，但前者对循环论保持着高度的警惕，而后者对"为文而造情"保留着一定的怀疑。刘勰的"为情而造文"似乎为文确定了方向，而德里达认为"定向给运动确立了方向"，但"定向本身也是迷失方向"（Orientation is a disorientation）。所以二元反对系统在德里达那里被否定，而且他对结构主义的三分法也不断地说 No。德里达站在解构主义思想家的文心的立场上说话，他"将注意力放在哲学或文学文本上处理历史结构，不是要对开端、原因或者结构的平衡进行辨识"（treat this historical structure by fixing my attention on philosophical or literary texts, it is not for the sake of identifying in them the origin, cause, or equilibrium of the structure）[2]，而是要对形而上学和逻各斯中心主义进行批判。

26. 文行

在人与文的广大区域内，充满了艰难与困苦，也充满了荆棘与

---

[1] *Of Grammatology*, p.97.
[2] *Ibid.*, p.99.

坎坷。但人文有足够多的方法来克服人与文之间的艰难困苦，人类行走在充满荆棘与坎坷的道路上，如果能够说"文如其人"，那么应该从文行方面对人与文的关系再进行钻研。这里涉及许多个体文本，钱钟书引萧绎"立身之道与文章异"中的立身文是其中的三个，文行是其中的两个。文字学家说：行，人之步趋也，从彳、亍。彳谓小步走，亍谓步止。行是《说文》的第37个部首。构成行的彳是《说文》的第34个部首。彳也是现代汉语中最常见的部首。

文行涉及文本，有哲学文本，有文学文本。如果说"文如其人"的话，那哲学文本和文学文本都是具有文行性的。文行性是可能的吗？如果说文行性是可能的，那么，哲学文本追求文行可能的抽象性，而文学文本追求文行可能的情形性。

文行涉及我。我是《说文》的第453个部首。"见于文者，往往为与我周旋之我；见于行事者，往往为随众俯仰之我。"[1] 笛卡尔说："我思故我在。"思维与我周旋，文是其形式。行事随众俯仰，取决于社会。文行放荡其负面影响会危害于社会。文心审慎其正面意义有待于作家的责任感。

文行涉及观念的社会性。文心涉及观念的对象性。"如果我们察看几何学意义的主观明见性获得其观念对象性的方式，那么我们首先必须指出，观念对象性并不单单是几何学真理或科学真理的特征，它还是语言的一般要素。"[2]

观念的对象性之于语言，正如观念的社会性之于行为。"身心

---

[1] 钱钟书：《谈艺录》，中华书局1984年版，第164页。
[2] 德里达著、方向红译：《胡塞尔〈几何学起源〉引论》，南京大学出版社2005年版，第42页。

言动,可为平行各面,如明珠舍利,随转异色,无所谓此真彼伪;亦可为表里两层,如胡桃泥笋,去壳乃能得肉。"[1]文学行动如此,方得其妙。

观念对象语言的自由度高于行为。"文士之行可见"(《文中子·事君》)在追求完全艺术自由时多不能当真。作家"所言之物,可以伪饰,巨奸可以为忧国语,热中人可以作冰雪文",诚如钱钟书所说。但是,这里包含着一种危险性,正如德里达所说,作家"讲述一切的自由是一种有力的政治武器,但这种武器又可以作为虚构顷刻失效"[2]。

27. 文本

刘勰说,"缀文者情动而辞发",文本是缀文者缀合成的,缀合的缀从糸,糸是一个基本的部首,《说文》中有关于糸的部首有7个。缀合的手工影响了综合的思维。西文 text(文本)也有与缀合近似的意义,来源于拉丁文的 texture 的古义意谓编织物,今义指谓织物的质地、结构,也可以引申指谓事物的本质。编织(物)与文本的关系,正如本质与结构的关系。

文本是有关于本源、本质的,也是有关于结构和本体的。文本是由历史决定的吗?时代所赋予文本的东西远远多于历史决定论所赋予文本的东西吗?文本的本质结构是综合的吗?对这些问题都需要仔细地研究。如果研究后回答是肯定的,那它能综合结构形象

---

[1] 钱钟书:《谈艺录》,第164页。
[2] 赵兴国等译:《文学行动》,中国社会科学出版社1998年版,第5页。

(structural figure) 和历史总体性 (historical totality) 吗？如果能综合，那它是一种什么样的综合？繁体総体性的総与综合性的综都从糸。西文总体意谓全部 (all)。文本在量上是全部的吗？

《典论·论文》中有"文本同而末异"六个大字。文本为何，没有解释。文本不同于文学，文学也许可以成为人学，但文本不一定非要成为人学。文本完全可以成为科学。文本有物，物相杂为文。文本有质，"志为质，物为文"。文本有史，"文胜质则史"（《论语·雍也》）。文本的文史内容要求协调发展，"文胜质则衰"（徐祯卿《谈艺录》）。文本理论既自由于文史之中，亦独立于文史之上。就后者而言，它作为范型"使自己自由于经典的历史范畴——不仅自由于思想史和文学史范畴，而且多半首先是自由于哲学史范畴"(free itself, at least in its axis, from the classical categories of history—not only from the categoris of history of ideas and the history of literature but also, and perhaps above all, from the categories of the history of philosophy) [1]。

文本不仅有史，而且有道、有心。10多年前，我在研究文论史时写道："每个时代的文本都不一样，在史通文道的唐代，文之本趋于文史；在理通文道的宋代，文之本趋于文理；在心通文道的明代，文之本趋于文心。"[2] 文本能够自由地出入于文史、出入于道心吗？按照德里达的观点，这也许是可能的。因为"人心惟危，道心惟微"（《古文尚书·大禹谟》）。由于人心的不确定性，也由于人的无知，人常常把自己变成衡量一切事物的尺度。但人比动物聪明，

---

[1] *Of Grammatology*, preface.
[2] 《中国古代文论义理》，西北大学出版社2001年版，第283页。

人能从失败和挫折中体会到"道心"的微妙。"惟精惟一，允执厥中。"(《古文尚书·大禹谟》) 人能使精用神，雷电刺激了野蛮人的神经，使其惊恐，同时也使人创造了"申"这个符号。后人用"天垂象以示人"的"示"与"申"组合表达精神的神。人类能"允执厥中"地理解和把握宗教的神和精神的神。

人是一种危险的动物，故云"人心惟危"。人与文联系在一起，既有积极的一面，也有消极的一面。"人心惟危"，承担着人心内容的文本和文心不可避免地具有着某种危险性，因为"正如卢梭所说，腐败与文字联系在一起，与聚集在自我显现言文中的统一的人民的解体联系在一起"（a corruption linked, as in Rousseau, to writing and to the dislocatuon of a unanimous people assembled in the self-preseence of its speech）[1]。

28. 文法

文法之法从水，即所谓法平如水。文法之法，其繁体为灋。繁体灋字形中有廌，廌是《说文》的第371个部首。许慎说，法是灋的省文。梁代顾野王在《玉篇》中说，灋是法的古文。廌传说为神兽，能辨曲直，分是非。古人认为，人应该正直。人如果不正直，作为廌的神兽就会抵触他。许慎所谓"廌触不直者，去之"，其中"去之"就是除掉他的意思。禅宗东土始祖是菩提达摩。在梵语中，菩提（Bodhi）意谓正觉，达摩（dharma）意谓法。

法能"任持自性，轨生物解"。文法自持任性于心，轨生

---

[1] *Of Grammatology*, p.134.

物解于色。在甲骨文中，文有心。佛教的法，即今人所谓概念（idea）。佛教色法有关于物质世界，其心法有关于精神世界。《妙法莲花经》云：唯有一乘法，无二亦无三。一乘法之一意谓佛证悟到的唯一超验境界，它是绝对的统一，离诸分别，故曰"无二亦无三"。超验境界既离诸声闻、缘觉之二，亦离诸声闻乘、缘觉乘、菩萨乘之三。

文法之大，正如文德之大。德从心，文与法同德易，同心难。之所以同心难，因为法不诛心，诛心非法。德从彳，彳有关于人的行为，法要约束人的行为，成文的法有关于人类社会的行为规范，成文的行为规范欲使人正直。正直与整治不可分，正如政与法不可分。韩非的"抱法处势用术"是中国古人总结出来的实用哲学，这种哲学不同于黑格尔的法哲学（Rechts-Philosophie）。黑格尔的法哲学"注意的中心不是法哲学，而是逻辑学"，黑格尔的"哲学的工作不是使思维体现在政治规定中，而是使现存的政治规定化为乌有，变为抽象的思想"。马克思认为，"具有哲学意义的不是事物本身的逻辑，而是逻辑本身的事物"[1]。

灋从廌，正如物从牛。法乃刑制，以刑制罚人。文乃形容，以形容化人。虽然说"物相杂故曰文"，但物文之化，以人为本。物文是文物性的，"志为质"强调物质性的文心。文心有关于理论思想和精神文明。"批判的武器当然不能代替武器的批判，物质力量只能用物质力量来摧毁，但是理论一经掌握群众，也会变成物质力量。理论只要说服人，就能掌握群众；而理论只要彻底，就能说服

---

[1]《马克思恩格斯全集》第1卷，第263页。

人。所谓彻底,就是抓住事物的根本。"[1]

事为史,物为文。文史之文能"任持自性"于心,文史之史能"轨生物解"于法。如果说"批判的武器"偏于意识形态(ideology)的批判,那么,"武器的批判"则偏于经济基础(economical basis)的批判。文史的自由度大于事物的自由度。"任持自性"的文天然地捍卫着事物的自由,而"轨生物解"的法则看到了自由事物的不自由。在西文中,idea 是偏于自由的,而 eco- 是不自由的。偏于自由的 idea 由人的自性持,不自由的 eco- 由"轨生物解"的规律把持。

文的根本并非仅为文本身,文是人文,亦是物文。人的根本亦并非人本身,人文染乎世情,世情在历时性上有关于时代的历史,在共时性上有关于历史的时代。在中国古代,认为"儒以文乱法"是法家的思维方式,谴责"苛政猛于虎也"是儒家的立场。前者主张强力、武化,后者强调调和、文化。人文与物文纠葛于自然与社会之间,文化与武化纵横于古今天人之际。文化的发展需要文化批判,启蒙运动时期卢梭对西方文化的批判,正如先秦道家对儒家文化的批判。先秦以后,中国的文化在哲理上儒道互补,在政法上则霸王道杂而用之。

就"文变染乎世情"而言,论文"不如论人,论人不如论代"(许学夷《诗源辨体》),此论文之法也。"法极无迹,人能之至,境与天会,未易求也。皆兴与境诣,神合气完使之然。"(王世贞《艺苑卮言》)在历史长河中,前人"以神明达之于文",后人"研精于文,以窥神明之奥",神明超载于文法,"所谓法者,神明之变化

---

[1] 《马克思恩格斯全集》第1卷,第9页。

也"(唐顺之《文编序》)。明代人论意法，犹西方人论意识形态。意有法乎？意识有形态乎？意法之形安于文（彡），意识形态之法安于逻辑（-logy）。文与法之离合，正如意与法之离合。文法之意无穷，文意之法有体。

第八：鸟兽蹄远之迹启发了人类的摹写。形声便于耳目，表意的书素与表音字母各有所长。给写作定向会迷失方向。

29．书素

书素是书写元素。西文中 -eme 如果作为语根可译作"位"，如果作为文本可译作"素"。Graph 意谓写，正如 phone 意谓音。Phoneme 意谓音位，正如 grapheme 意谓书素。Morph 意谓形态、结构，morpheme 意谓语素、词素。在西方，德里达留下的名言是："所有的书写元素都具有遗嘱的质性。"（All graphemes are of a testamentary essence.）[1] 写的东西与说的东西完全不一样，写的东西存在着主体的缺席。书写下的东西被书写下了，读者阅读被写下的东西时，作者不在场。德里达《论文字学》，讨论的就是这种不在场的哲学。法国神父贝尔热（Berger）在 1892 年出版的《古代文字史》中说："理论上的精确区分常常

---

[1] *Of Grammatology*, p.69.

和事实有所出入。"[1] 书写元素所组成的远迹为未来埋下了不可避免的变数,"对文字的沉思和对哲学史的解构不可分割"(the meditation upon writing and the deconstruction of the history of philosophy become inseparable)[2]。

30. 形声

在天成象,在地成形,这是《周易》以来建立的形象文化。以事为名,取譬相成,这是《说文》以来建立的形声文化。文字有形音义,形音义也可叫形声义。从体系来看,汉字是表意文字,汉字之形声实际上所支撑和表达的是"意"。古文字里大量会意字是根据意义配合的原则把两个或两个以上的指事字结合起来记录新词,用综合字形的方法表达新概念所包含的"意"。古文字学家陈炜湛说:"甲骨文已是成体系的文字,其中象形、指事、会意三种结构的文字占了绝大多数,形声字占的比例还不到百分之三十。金文中形声字的比例有所增加,但占优势的仍然是上述三种结构的文字。所以,汉字在古文字阶段,其本质是表意文字。"[3]

"表意文字"的"意"可以用"义"代替,正如"形音义"的"音"可以用"声"代替。形从彡,从井得声。形声之形,本身可从形声字的角度理解。形声的基础堆垒在象形上。象形是用线条、笔画描摹客观事物,从而用其代表客观事物,所代表者为形意。形

---

[1] *Of Grammatology*, p.82.
[2] *Ibid.*, p.86.
[3] 陈炜湛:《古文字趣谈》,上海古籍出版社 2005 年版,第 383 页。

意是偏于象形的意，多为独体。独体多了，人们将其类似者比类合会，形成一个新的概念或意义，这种表意形式古人称为会意。会意是偏于结合的意。还有一种被许慎叫做"视而可识，察而见意"的表意形式。这种形式实际上介于象形和会意之间：有象形，故视而可识；存会意，故察而见意。视觉器官对于识察内容的作用，正如书写手段之于把握形式的意义。"比类会意，以见指撝"，指撝之撝与指事之指皆从手，指撝的指挥，正如指事的指示。指事的事，"以事为名"的事，都有从手的成分。人用手创造文字具有指撝的性质；指撝以形声，有时"以事为名"，有时"取譬相成"；前者富有历史性，后者充满文学性。

形声字声旁的表音，多有取譬的性质，并非准确的表音。形声的主体并非绝对的表音。因为历代语音的变异已使形声的声旁产生差异，形声字实已难以表音。虽然在现代汉语中，形声文字已占了 90% 以上的庞大数量，但这是静态的通用字统计。就常用字来说，根据高景成先生研究，形声字占的比例并不大。"越是常用字，形声字越少，如一、二、三、四、五、上、下、大、小、天、人等，在最常用的五十字中只有九字，比 25% 稍多些。如增至二百字则比重又多些。所以在常用字中形声字占少数。"[1]

31. 摹写

摹写以手，正如书（書）写以聿。摹写之摹与模写之模音同

---

[1] 见《汉字问题学术讨论会论文集》中《略谈形声字的难点和其他》一文，语文出版社 1988 年版。

义近。模写强调模写的模型,模型用木,故模从木。《管锥编》第256—257页考"寫"颇详。顾炎武《日知录》卷三二探寻写之名义:"今人以书为写,盖以此本传于彼本,犹之以此器传于彼器也。"《韩非子》中《十过》、《外储说》言及"抚琴而写之"、"写弊裤",前者仿效声音,后者仿效形状。写的仿效义,此后一直被沿用。写意画的写,源出于谢赫《画品》。画有六法,其六曰"传移"。传移就是传达转移,移于彼而不异于此。传移就是模写、仿效。凡"象"者莫不可曰"写":"移物之貌曰写,拟肖是也";"移物之体曰写,转运是也"。只是在后来的古汉语中,"移体之写久沦,而移貌之体不绝"。

所以,在古籍中,"写"具有"象"的含义而不应该被看作"象"的驳文。繁体寫从舄,舄,鸟巢之象。摹写力求拟肖,"拟肖复分同材之复制(copy)与殊材之摹类(imitation)"。复制立足于re-,re-是again的意思,可以根据某种模型再造。摹类立足于象(image),在天成象,在地成形,天地间的象形总是会被人类的形象思维运用作模仿的素材,人类的摹写总是会对人带来愉悦,所以"模仿秀"总是具有审美的意义和价值。

"写"这个字中蕴含着迷人的深刻的意义。写真立足于摹写真实的形象,写生是摹写生动的生活,写照是写镜像的意义,写意是写理想的意念。"譬如图画,尽思竭力,终不似真,若明镜写容,任运相似,名之为妙。"(《法华玄义》卷六上)钱钟书引经据典,细究形象、拟肖和摹写之间的亲缘关系:"山虚和铙管,水净写楼船"(梁元帝《从军行》)中的"写"相对于"和"指空山之回声答响,可见水映影之肖本形,正如山答响之肖本声;"写虹便欲饮,图星逼似真"(梁简文帝《石桥》)中"写"与"图"互文,可见写具有象的意义。

美国哥伦比亚大学斯皮瓦克教授对德里达"书写"理论的剖析可以比美于钱钟书对摹写的爬疏:"玄学在存在着的研究的起源和目的那里找到了领地。在尼采、弗洛伊德、海德格尔这些具有领地的成问题者那里,他们走向批判战略需要的清楚的表达。尼采说知晓,弗洛伊德说精神,海德格尔讲存在。如我所说,在德里达的词汇里,批判物的存在并且还具有一个历历在目的姿态的名称是'书写'。这个书写的姿态既使我们从玄学那里获得自由,也使我们在玄学的领地内得到保护。"(The cloture of metaphysics found the origin and end of its study in presence. The questioners of that enclosure—among them Nietzsche, Freud, Heidegger—moved toward an articulation of the need for the strategy of "sous rature". Nietzsche puts "knowing" under erasure; Freud "the psyche" and Heidegger, explicitly, "Being". As I have argued, the name of this gesture effacing the presence of a thing and yet keeping it legible, in Derrida's lexicon, is "writing"—the gesture that both frees us from and guards us within, the metaphysical enclosure.) [1]

摹写用人的手目把握言文。摹写之写的本义有关于手的动作,此动作许慎用"置物"二字释义,《辞源》用"以此注彼"四字释义。写的交通学意义是输送,输送要有工具,虚用的文字工具正如实用的交通工具。虚用的文字工具可以使人的精神超越时空,正如实用的交通工具可以使人的实体超越时空。诗云"我心写兮"。心意既写,无留恨矣。又云"驾言出游,以写我忧"。歌

---

[1] 斯皮瓦克对 J.Derrida 的 *Of Grammatology* 的译者序,第33页。

诗既能排愁解恨，又能抒写情意，放飞梦想。摹写言文的精神意义偏于文学，摹写言文的信息意义偏于科学。钱钟书从文献学和文艺学的结合上爬疏书写。德里达从文字学和玄学的勾连上解构书写。

32. 写作

在德里达那里，Grammatology 具有丰富的写作学（或文字学）意义，正如 deconstruction 具有丰富的结构主义意义。德里达自己也说："语言是一种结构——一种位置和价值的对立系统——并且是一种定向的结构。"（Language is a structure—a system of oppositions of places and values—and an oriented structure.）[1] 当然，德里达没有停留于结构主义，而是将结构主义推向解构主义。譬如，他接着又说："给语言定向就是迷失方向。"（Let us rather say, only half in jest, that its orientation is a disorientation.）

Grammatology 的根字为 gram，与写作有关。2006 年，我从美国带回一部 1971 年出版的《韦伯第三版新国际字典》，它里边没有 grammatology 这个词。但是 1976 年由美国斯皮瓦克女士翻译的德里达的著作的名称中已有这个词。斯皮瓦克将德里达 1967 年出版的法文著作 *De La Grammotolgie* 翻译成英文 *Of Grammotology*。在 1987 年出版的《中国大百科全书》哲学卷中，载有尹大贻先生执笔的德里达词条，其中将德里达的这部著作称为《文字语言学》，也就是说，至少尹大贻先生是从文字语言学的角度来理解

---

[1] *Of Grammatology*, p.216.

Grammotologie 的法文意思。

1989年由陆谷孙主编、上海译文出版社出版的《英汉大词典》收有 grammatology，并将该词解释为写作学。1999年汪堂家先生将德里达的这本书译为《论文字学》。西文 gram 意谓所写的，但英文 grammar 意谓语法。在翻译成中文时，writing 有时被译成文字，有时被译成写作，正如 grammatology 有时被译成文字学，有时被译成写作学。这种情况在对中国古代典籍的解释中也存在，例如，对于《文心雕龙》，大部分研究者认为它是一部文学理论著作，但也有人认为它是一部论述写作学的著作。

写作是一种具有后现代意味的文化形式，这与德里达的著作的先锋性有关。Gram 与 writing 应该有所不同，但它们所具有的不同应该没有 science of writing 与 grammatology 的不同那么大。遗憾的是中文对 grammatology 的这种含糊其辞的翻译，这只能依靠实践来澄清。至少中文中的"文字学"和"写作学"这两个概念是不容混淆的。与西文 writing 等同的寫，1956年简化为写。如果说 trace 这个术语容易使人想到中国文化所谓"鸟兽蹄迒之迹"，那么寫这个字符的中文古义很容易使人想到德里达著作中的 supplement。西文 scratch 意谓抓搔，抓搔就禽兽而言用爪，就人而言用手，爪手在中国的表意文字里都是部首字。抒写（寫）的写从舄，舄，鹊鸟（鵲鳥）之本字也。如果说西文 scratch 更偏于鸟兽蹄迒之迹，那 script 则更偏于人的手迹、笔迹。诗云："驾言出游，以写我忧。"（《邶风·泉水》）言从口出，说的是心里话；文由手写，模仿的是外部世界。后现代社会和后现代文化愈来愈凸现写作的哲理意义。

第九：西文所谓 trace，中文所谓迒迹也。几何学所谓原本，生物学所谓基因，物理学所谓原子，咸云始基，亦谓起源。

33. 迒迹

在德里达的解构主义哲学里，有一个叫 trace 的概念，可以用东巴文所意味的"木石痕迹"中的"痕迹"来翻译，也可以用《说文》中的"鸟兽蹄迒之迹"中的"迒迹"来翻译。"痕迹"和"迒迹"之迹，繁体作跡。迒迹从辵，正如跡从足。辵足在汉语语境中具有强烈的"实践"意味，正如 entity 这个语符在西语中具有强烈的"实体"意味。文字是"近取诸身，远取诸物"之后形成的结果，正如远近是践履之后所感悟到的成果。同从辵，迒迹为名词，远近为形容词。"蹄迒之迹"为"履之所出"，但迹不是履。六经是"先王之陈迹"（《庄子·天运》），而未必是其"所以迹"，对"所以迹"的寻求是后人的工作。德里达说："迒迹必须先于实体被思考。迒迹的运动必然被遮盖，它作为自我掩盖创造自己。当其他事物如此显示自身时，迒迹却在自我掩蔽中提供自身。"[1] 迒迹在自我掩蔽中所提供的自身不是迒迹本身，而是"所以迹"本身。迹和所以迹在历时性的长河里组成了一对矛盾，所以迹总是能为迹增添许多新鲜内容，但它也逃脱不了成为陈迹的命运。但在德里达那里，他不纠缠于迹与所以迹，而是专注于迒迹与书写，迒迹与文字，迒迹与差异。在斯皮瓦克教授所翻译的这本书的第 56 页，德里达强调

---

[1] *Of Grammatology*, p. 47.

说:"书写在它的本分上注定要代表最难以克服的差异,书写从最接近核心的地方威胁着言语的活生生的欲望,文字一开始就从内部破坏了言语的鲜活",差异不可避免地内涵于远迹之中。

34. 原本

西文 Elements 具有根本的意义。最著名的是欧几里得的几何《原本》,其次是化学元素之原本。数学元素之原本必须在集合论论域中方能理解。中西古人将土风水火气金等亦看作原本。曾经研究过《原本》的英国 19 世纪哲学家斯特瓦尔特(Dugald Stewart, 1753—1828)写过一部三卷本的《人类理智哲学原本》。几何原本有关于自然科学的原本。理智哲学原本有关于人文科学的原本。象形文字用形象拟容取心,拼音文字用字母摹写原本。斯特瓦尔特说:假定字母 A、B、C、D、E 代表一系列客体,在质性上,其中 A 类似于 B,B 类似于 C,C 类似于 D,D 类似于 E。但与此同时,客体系列中又没有任何一种质性为三种客体所共有。现在提出的问题是:从事物关联转化角度看,既然存在于 A 与 B 之间的相似性可以使 A 的名称向 B 的名称过渡,那么依此类推,难道同一名称不可以逐一由 B 过渡到 C,由 C 过渡到 D,由 D 过渡到 E 吗?由斯观之,表面看来风马牛不相及的 A 客体与 E 客体,在一系列的转化之后却极有可能同享一个共同的名称。

生物学的原本是基因(gene)。基因的语根是希腊文 genos。西语 gen- 意谓生成。生成就是形成(genesis),但二者又有不同。生是一个铺天盖地的语根。"在地成形"的形使人联想到希腊语 eidos。人文智慧的生成最初是隐喻的。"隐喻是陌生名称的应用，这种应用通过借属作种、借种作属、借种作种中的任何一类，或者经由类推权衡比例，转递给事物某个属于其他事物的名称。"（Metaphor is the application of an alien name by transference either from genus to species, or from species to genus, or from species to species, or by analogy, that is, proportion.）[1] 这里所谓"转递给事物某个属于其他事物的名称"，用中国古人的话来说，就是所谓"以彼物比此物也"。人类用相似思维来把握类推客观事物，但客观事物的特征也启发了人的灵感。例如，在农业活动中起着重要作用的带角的耕畜，闪含人用字母 A 来指谓，汉人用牛来表示。

明代科学家徐光启用"原本"译介 Element。可是中国语言中的"原本"根本不是欧几里得的"原本"。《汉语大词典》"原本"词条中的 5 个义项没有一个涉及几何。"逐物求知，各有原本"，原本由来于事物的本来、原来。逐文求知，亦各有原本，这里的原本指谓 original manuscript。例如，《管锥编》中的"原本"就指谓文本中的原本，而不是几何之原本。

当代牛津大学教授索托伊（Marcus Du Sautoy）认为数学和音乐之间关系密切，并著成一本《素数的音乐》。唐人韩愈认为：作为"君子而不知音乐，古之达论，谓之'通而蔽'"。钱钟书说："'通而蔽'乃桓谭论汉武帝语，谭论张竦又曰'通人之蔽'。《全后汉文》卷一四《新论·识通》篇辑文无及音乐者。"[2] 鄙人之见，数学中的言音，言音中的人文，人文中的原符、原本之间都有其内在的联系。

---

[1] 亚里士多德：《诗学》第 21 章第 4 节。
[2] 钱钟书：《管锥编》第 3 册，第 1067 页。

钱钟书说:"古人之于小说院本,爱而不敬,亲而不尊,非若于经史之肃对、诗文之重视;翻刻传抄时只字片语之加点攻错,出以轻心易念,未必在意而借口'古本'、'原本'——标明。世积传广,本多言呢,欲探天根而究物始,使原作显本还真,其志则大,其事则难。犹洗铅华以见素质,而已深入腠理,揭代面以露真相,而已牢粘头目矣。论古人评选者,都未通观而理会及此,故略陈之。抑评选而以作手自居,当仁不让,擅改臆删,其无知多事之处,诚宜嗤鄙,然固不乏石能攻玉,锦复添花,每或突过原本,则又无愧于作手。评选而不以作手自居,自知洵明,自谦可尚,然而往往不自省厥手不辩'诗中疏凿',实并勿胜评选之役,则明而终昧、谦而仍未免于僭尔。"[1]

欧几里得的《原本》乃是世界性的几何教材,至今供中学生学习。文献学意义上的"原本"是偏于史学的考究。钱钟书"世积传广,本多言呢,欲探天根而究物始,使原作显本还真"诸语会通于意大利学者卡雷蒂(Lanfranco Caretti,1915—1995)。卡雷蒂是佛罗伦萨大学的文献学原本研究专家,原本在言史中变迁,卡雷蒂擅长从检讨手稿和版本入手来打通言史之学和批评。意大利著名的学术季刊《语文学和批评》(*Filologia e Critica*)之名来源于卡雷蒂的一篇文章之名。语文学(意文 Filologia)意义上的"原本"偏于言语(意文 Linguistica)的考究,但语文学(英文 philology)和语言学是两门不同的学科,正如文献和历史学是两门不同的学科。

---

[1] 钱钟书:《管锥编》第 3 册,第 1069 页。

35. 始基

始从女，正如基从土。土地对于植物生命的养育生长意义，正如女性对于人类生命的生殖生长意义。源于希腊语的 arche 意谓 beginning。"开始"是事物向后发展的基础，始基有关于基础、原则和中心。德里达在 1966 年所写的一篇论文中指出："实际上，看来在对新的批判性话语的探求方面，最令人着迷的是对全部涉及一个中心，一个主体，一个涉及赋予特权的事物，一个起源，或者一个绝对的始基的被宣称了的放弃。"(In effect, what appears most fascinating in this critical search for a new status of discourse is the stated abandonment of all reference to a center, to a subject, to a privileged reference, to an origine, or to an absolute archia.)（《人文科学话语中的结构、符号和游戏》）这里所谓要放弃的"始基"，就是西文中的 arche。在 1967 年出版的《论文字学》中，德里达又说："在对始基的解构方面，我们别无选择。"(In the deconstruction, one does not make a choice.) 我们可以将"始基"分解做"始"和"基"。始是开始，基是基础，前者可以联想计算机左下角那个 start，后者可以联系"基础学科"中的那个基础。就时间的开始点而言，中文所谓"古"，希腊文所谓 archaios，拉丁文所谓 ante，古法语所谓 ancien，古英语所谓 beforan，现代英语所谓 ancient, before。古代是现代的基础，但考古学并不是历史学的基础。西文考古学立足于 archeology 的对象研究，但 archeology 的中文名称表达强调对古代的考证、考究。考古学用文物说话，历史学用事实说话。用文物说话，所以中国考古学的前身在宋代叫金石学。用事实说话，故中国古人说，史，事也。西文 history 有叙事的意思。历史学是人文科学的基础学科之一。20世纪初，中国有了以发掘为基础的近代考古学，其后，它一直依附于历史学。1992年，国家技术监督局颁布的学科中将考古学列入一级学科，其代码为780。

36. 起源

"在不可还原的原本性中，科学的历史性以及与之相应的反思，即历史性（Geschichtlichkeit）与历史学（Historie），具有共同的先天条件。在胡塞尔眼里，对它们的揭示原则上是可能的，而且这必将促使我们在其最大的外延中重新思考一般历史性的问题。换言之，某种科学史的可能性迫使我们对历史一般的含义（sens）进行重新审读和唤醒：它的现象学含义最终将与它的目的论含义取得一致。"德里达在《胡塞尔〈几何学起源〉引论》第2页的这段话可以导向我们对起源的理解，但是，即使我们理解了德里达的话，我们可能也许达不到我们的目的，我们的目的是要在汉文化语境中表达胡塞尔和德里达的意思，我们所传达的起源理论可能不会和西方的起源论完全一致，因为我们所立足的刘勰、钱钟书的起源论发源于不同的文明和国度。

从走的起有动态的 rise 之义。动态 rise 的拉丁形式（oriri）和希腊形式（oros）分别有水流和山的意义。起源（origin）的源泉在山水，形成（genesis）的资源在始生。始从女，人是女人生（birth）的。冰是水形成的。山水人女生都是根本的文字符号。钱钟书说："张载论气，喻诸冰水，如《淮南子》、《论衡》及释书之一死生（the circle of generation）；其论性而复举此喻，则《淮南》、《论衡》所未道，而如释氏之通妄于真、即迷为觉（the circle of cognition)。盖释氏取一事而两任也。"[1]

钱钟书这里所谓 circle 涉及历史的循环，但字面意思在涉及 generation 的地方西方人看来可能会理解为生成的循环，在涉及 cognition 的地方西方人看来可能会理解成能知的循环。circle 是几何学概念，但几何学家并不关心"圆"的起源。在几何学家的态度里，人们完全感觉不到他们对几何起源问题的需要，德里达引用了胡塞尔的这种观点，显然他也同意胡塞尔的这种观点。

生成（genesis）着眼于生。起源（origin）着眼于源。源立足于水原。这是就文字形式之异而言。就义理来说，起源就会生成，就能生成。德里达在 23—24 岁时写成了他的第一部著作《胡塞尔哲学中的生成问题》。当时他已关注到胡塞尔的《几何学的起源》。30 多岁时，德里达为完成他的教授资格副论文再一次开始研究胡塞尔，他将胡塞尔的《几何学的起源》译成了法文，并著写了 6 倍于原文的引论。

几何学家理解包括 circle 在内的几何学的概念和命题，他们完全信赖这些精确的有关点线角面体的定义和定理，但是，有关这些东西的起源问题对于他们来说好像成了身外之物。但是，对于现象哲学家而言情况则有所不同，胡塞尔迫切地感到几何学的起源的问题是很重要的，德里达对这种重要性进行了引论。circle 不仅涉及历史循环，而且涉及"起源的重复性，也就是说，反思并不运行在几何学之上或之中"，尽管几何学对几何学家是现成的。现象学家所选择的态度与几何学家所选择的态度是不同的："几何学家处理的是一个已经存在着的真理系统"的问题，哲学家通过对起源的反

---

[1] 钱钟书:《管锥编》第 3 册，第 1012 页。

思所处理的是科学的历史与历史的科学的明见性问题。

　　从义理上讲，西语中"形成"（genesis）一词既有"起源"的意思，又有"创世"的意思。例如，《圣经》中的《创世记》用的就是这个词，当然，它的第一个字母是大写的。在中国，起源之源，颇有些"圆"的意味，但它不是"圆"的意思。钱钟书20世纪40年代谈艺，专设《说圆》一目，至80年代，又补出若干文字。刘勰论文，有所谓"原始而表末"。钱钟书谈艺，引《文心雕龙》体性的"思转自圆"和风骨的"骨采未圆"，认为圆乃"词意周妥、完善无缺之谓，非仅音节调顺、字句光致而已"[1]。

　　钱钟书和胡塞尔在著作中都曾谈到古希腊毕达哥拉斯。在论述几何学的起源时，胡塞尔写道："毕达格拉斯定理，甚至整个的几何学，只存在一次，不管它怎样经常地被表达，甚至也不管它以什么语言被表达。它在欧几里得原本的语言中和所有的译本中，都是同一的东西；不管它怎样经常被感性地表达出来，从原本的谈话和记载，直到无数的口头表达或文字的以及其他的资料证据，在每一种语言中它仍然是同一的。"[2]

　　钱钟书留学法国时，得知"孔密娣（Y.Comiti）女士在里昂大学作论文，考希腊哲人言形体，以圆为贵"。钱钟书亦认为"形之浑圆完备，无过于圆"，此"自毕达哥拉斯始也"。[3] 人类用几何学对形进行科学研究，用直接的感觉对形进行表现和描述，所以，胡塞尔认为，科学本身和文学作品在通的程度上都具有文化世界的精

---

[1] 钱钟书：《谈艺录》，第114页。
[2] 胡塞尔著、王炳文译：《欧洲科学的危机与超越论的现象学》，商务印书馆2001年版，第432页。
[3] 钱钟书：《谈艺录》，第111页。

神意义。

可怜的中国人苦苦地学习西方。"五四"时偏于西化的胡适主张"多研究些问题，少谈点主义"，可是西方人固然不放弃研究问题，但是也在不断地创造主义。德里达在引论胡塞尔《几何学的起源》时获得了某种启示，在研究卢梭的《语言起源论》时更加深了这种启示。《论文字学》中的解构主义的建立得益于这两种"起源"的启示。德里达所谓 complicity of origins 都是就本源基础而言，所谓 originary metaphor 偏于文学的原型，所谓 supplement of origin 偏于哲学的解构。

这个奇妙的 origin，就水而言是溯源之源，源泉之源；就土石而言是始基之基，是基础之础；就自然而言，是生生之生，根本之本；就 life 而言，是本始之始，开初之初。德里达的思维中有许多相互交织的毕达格拉斯定理，其中之一是科学、哲学和文学之间的毕达格拉斯定理。在德里达那里，科学、哲学和文学有同谋（complicity）关系，这种同谋关系从科学（或者数学）的角度看叫定理，从文学的角度看叫游戏，从哲学的角度看叫解构。

《论文字学》的最后一章的最后两个小标题里，西文 theorem 作为定理背靠科学，西文 theater 作为戏院上演文学，但定理与戏院之关系涉及解构哲学。这里既涉及个别指代一般，用特殊话语言说普通事理乃至哲理等关系，同时也涉及起源的增补（supplement）关系，还涉及历史发展过程中的同谋关系。

德里达在引用卢梭的"医治世界苦难的灵丹妙药是专注目下"(the great remedy to the miseries of this world is absorption into the present moment) 的话后说："现在就是起源，那是说，起源坚信自己有现在形式。出生是现在的出生。在出生之前，没有现在；并且从把持自己或者对自己述说自己的时候起,现在破坏自己的丰富性并开启了它的历史之链,死亡活动也跟着开始了。"(The present is originary, that is to say the determination of origin always has the form of presence. Birth is the birth of presence. Before it there is no presence; and from the moment that presence, holding or announcing itself to itself, breaches its plenitude and starts the chain of its history, death's work has begun.) [1]

在西方人文特别是西方现代哲学里,起源是一个奇妙的怪胎,德国人胡塞尔研究几何的起源,创立了现象学;法国人德里达引论几何的起源,创建了解构主义。起源涉及出生,出生一开始,死亡活动也跟着启动了。生与死的关系,有点类似于起源与现在的关系,德里达所谓"现在就是起源","起源坚信自己有现在形式"似乎是用哲学语言俗说义理、俗说生与死的问题。

生成涉及生物、生命之生,起源涉及生物、生命之源。后者涉及生物、生命存在的一个根本条件:水。后来,德里达从引论《几何学的起源》转向研究卢梭的《语言的起源》。由此导出文字的循环(the turn of writing)、最初的刻写(the inscription of the origin)和原始的隐喻以及历史和书写系统等艰涩的话题。德里达先追随胡塞尔,然后又研究卢梭,他究竟想唤醒什么东西呢?不可还原的原本性在人的自然那里会得到一些回音,科学的历史性以及与之相应的反思在自然的人那里会有一些动作,历史性和历史学在文本语根里会留下一些蛛丝马迹。

---

[1] *Of Grammatology*, p.309.

第十：在语言叫冤亲，在逻辑叫悖论。形音冤亲于文，怜悯冤亲于心。言文相互和好，但悖论却使演绎证明走进了死胡同。

37. 冤亲

亲的繁体为親。親约在上一个千年初俗化为亲。冤屈之冤从兔，冤親之親从见。兔在冖下不得走为冤。"手在袖中屈不得舒为冤。"（章炳麟《新方言·释言》）亲情至密莫过于父母，亲为父母，親字突现儿子凝目于母。天下亲情莫过于母子，儿女结婚，母亲为儿女"亲结其缡，九十其仪"（《豳风·东山》）。

婚姻血亲于人，正如形音冤亲（oxymoron）于文。"将一种言文音声融入另一种言文音声的自在婚媾通常会引发口舌争斗，也会招致语言文化战争。言文交通之双向多轨、色彩斑斓、相貌独特是建立在口音、表达和体态基础上的。"(The marriage of convenience that weds a voice from one language and culture to an imaged speaker coming from another often triggers a kind of battle of linguistic and cultural codes. Linguistic communication is multi-track; every language carries with it a constellation of corollary features having to do with oral articulation, facial expression and bodily movement.) [1]

生人进化之规律是必须躲避近亲婚媾，文化进步之规律是必须开展更大时空的全方位交流。"屯如，邅如，乘马班如，非寇，婚

---

[1] *Literary Theories in Praxis* Edited by Shirley F. Staton, The University of Pennsylvania Press, 1987, p.239.

媾。"在遥远的古代，寇与媾的关系，正如冤与亲的关系。人心之情，爱憎两端（ambivalence），"其势相成，其理相一"，"其情相反，其事相因"。[1] "文以宣心，正言若反，无假解说"[2]，西人所谓"甜蜜的仇人"（swete foe），《水浒传》第二十一回所谓"心爱的三郎"来了，"这短命的等得我苦也，老娘先打他两个耳刮"。古希腊文坛传说欧里庇得斯（Euripides）憎恨女人，索福克勒斯（Sophocles）闻而笑曰："他只在剧本中仇恨女人，在枕席上则与之和好无间。"（He is a woman-hater in his tragedies; for certainly when he is in bed he is a woman-lover.）

文以宣心，此心为何心？文学之心乎？史学之心乎？哲学之心乎？冤亲寇媾，在文史哲那里通而不同。哲学用概念说话，文学最忌讳概念化。文哲对于概念，其冤亲寇媾，程度有所不同。哲学亲媾于概念的程度高。就最忌讳概念化（conceptualization）而言，文学以概念为冤寇。但文学并非全然反对概念，文学中的文概就有概念在，概念包含在文学活动中，概念与文学具有冤亲关系。最好的文学必须具备思想性，而概念是思想性的必然载体。

历史用事实说话，但文学不是这样。实事求是的精神一旦进入文学就会质变为艺术真实性（factuality）的追求，而不是用事实说话，纯粹用事实说话的文字从来都不能叫文学。一部文学史，从来都是一部摆脱"事障"、"实障"乃至"事实"之障的历史。但是，若说文学与事实无关，那也是不对的，因为文学与事实有冤亲关系。唐代白居易用"文章合为时而著，歌诗合为事而作"的主

---

[1] 谭嗣同：《仁学》卷上。
[2] 钱钟书：《管锥编》，第1059页。

张指导创作，获得了一定程度的成功。元代印象派马致远描摹事物之实，其"古藤老树昏鸦，小桥流水人家，夕阳西下，断肠人在天涯"的实绩也获得了成功。这种成功是艺术真实性追求的成功，而不是用事实说话的成功。

文学用形象说话、用情感说话，但哲学不是这样，历史也不是这样。就使用概念而言，形式化的逻辑比形象化的文学距离哲学更近。由于概念与接踵而来的判断、推理形成了序列，所以，在哲学那里，理性的形式远远高于感性的形式。但是，哲学也不完全排斥形象，哲学与形象有冤亲关系。哲学试图将个别形象提升为普遍的想法与文学用形象寄托意象、用意象烘托意境的想法有冤亲关系。哲学也不完全排斥情感，哲学与情感的冤亲关系，正如文学与理性的冤亲关系。

就使用事实而言，本质化的社会比情感化的文学距离历史更近。由于事实是实质的，实质是物质的，所以物质文化比情感文化更具有实质性。"为情而造文"是因事情作文，"为文而造情"是因文作事情，事情的事实是偏于历史的，事情的情感是偏于文学的。偏于文学的情感并不全然排斥偏于历史的事实，但情感化文学意欲摆脱事障的意向是可以理解的，实质性历史尊重事实规律的意向也是可以理解的。历史与情感的冤亲关系，正如文学与事实的冤亲关系。

38. 悖论

要认识悖，先认识孛；要认识论，先认识仑。孛的上部在篆体中是描摹草木的字符。这个字符与屮相近。屮是《说文》的第11

个部首。孛所从的这个字符是《说文》的第 214 个部首。《辞海》第 72 个部首为屮，屮下第一个字为屮下加横的古体字"之"，其第二个字是屮下加八的字符。屮下加八这个字符就是《说文》的第 214 个部首。俞的上部从亼，亼是《说文》的第 181 个部首。悖或作誖。誖，言乱。悖，心乱。悖论搅得人心言皆乱。《说文》以思释俞。《集韵》以草木茂盛释孛。段玉裁以理释俞，并云：人之思必依其理，言循理得宜谓之论。理论追求不悖，但人之心、言、行常常会有悖逆。甲骨文、金文、籀文中誖或从二"或"，呈上下、左右相悖之形。或，國也。两国相违，举戈相向，行之逆也。学者最忌讳"不达其意而师悖"（《史记·太史公自序》）："不能治近，又务治远，不能察明，又务见幽；不能当一，又务正百。"（《荀子·王霸》）

　　早在中国的先秦和西方的古希腊，人们已经发现或感悟到许多著名的悖论。中国古人说，"道术将为天下裂"（《庄子·天下》）。道术之裂，莫过于逻各斯的分化。逻各斯涉及语言、哲学和数学，此三者中又不能没有逻辑。例如，一个名叫埃庇米尼得斯（Epimenides）的克里特人愤怒地说："我是一个说谎者。"埃庇米尼得斯说自己说谎，那么，他就既说了谎又没有说谎。因为如果他果真是说谎者，则他就说了真话。而如果这话是真的，则他又需是说谎者，这话又应当是谎话。谎话的谎从言，正如诤（誖）论之诤从言。慌张之慌从心，正如悖论之悖从心。但是，语言具有约定俗成性，这种约定俗成性使得诤可作悖，却未使得谎可作慌。

　　西文 paradox 意谓由肯定它真就推出它假、由肯定它假就推出它真的命题。这类命题意谓 A 蕴含非 A，非 A 蕴含 A，A 与自身的否定非 A 等值。Paradox 中的后半部分意谓"意见"（opinion），意见是思想（think）出来的，思想是心的功能。悖论是惑。惑从心。Para- 意谓不（ir-）、非（dis-）、偏离（ab-）、错乱（faulty）。不能光从心、言、行之相通方面思考问题，因为心言之悖，言行之诤，一直从古到今地困惑着人。先秦时有楚人鬻盾与矛，誉盾之坚无物能陷，誉矛之利无物不陷。由此留下了"以子之矛陷子之盾"（《韩非子·难一》）的典故。当然，矛盾和悖论是有所区别的。

悖从心，心是《说文》的第 408 个部首。孛从子，子是《说文》的第 525 个部首。诤从言，言是《说文》的第 56 个部首。孛的本义有关于草木，正如机械之机有关于木。悖论源于分类。为了认识事物，人类不能不给研究对象分类，但分类不是目的。通过分类，人们能够研究最基本的单元的结构和性质。通过还原，人们有可能最终搞清楚一个复杂现象的本质。对悖论问题的探讨如果仅限于逻辑、哲理、数学本身之分类，那思维就会陷入难以自拔的死胡同。如果我们的脑袋能够稍微灵活些，我们不只是考虑分类，我们还考虑还原，特别是结合考虑文本语根的还原，那众多的信息将会启示人们认识那些复杂现象的本质，并避免其不必要的惊慌失措。

悖中有不、有非、有违背。悖论中有矛盾、有偏离、有错乱。悖论总是会出现在不可预见的层面或模式中。悖论的出现似乎总是出人意料，但仔细想来，似乎又在人的意料之中。它似乎在暗示或提醒人，回避先前已有的思维方式已经是时候了。1900 年前后，罗素、康托尔等人发现了集合论悖论，其后海森堡揭示了测不准原理，再朝后，哥德尔完全摧毁了将数学视为机械性活动的观念。正像并不是每一个词的来源都能弄清楚一样，数学中也存在着不可判定的情况。哥德尔证明了数学中存在着不能证明的命题。数学和逻辑中有一些既不能证实、也不能证伪的命题。对悖论的关注和讨论推动了集合论的公理化运动，同时也催生了认知科学的降临。纠缠在悖论中的是逻辑学、数学和类型学。20 世纪 70 年代以来，融会在认知科学中的是心理学、计算机科学和语言学。悖论是一种特殊的催化剂，心灵的迷惑是催化剂产生的第一效应，时间、实践和还原会使人在困惑中觉悟，新的排列组合以及学科综合会使悖论朝非悖论方面转化。

39. 证明

证明（proof）是一个神秘的充满痛苦的过程，证明（prove）的目的虽然像日月一样光明，但其过程却隐没在灰色的浓雾中。日月为明可以象形文字为证，因为"事莫明于有效，论莫定于有证"(《论衡·薄葬》)。印欧（IE）语系中的 pro- 意谓先前（forward），证明要立足于先前。立足于已有的先前来确立某种猜想（conjecture）成立，就是拉丁语中的 probus。-bus 意谓是（being）的、可行（going）的。自古以来，日月行于天空。文明光明磊落得就像日月行于天空一样。如果这也需要证明，那 20 世纪中期山东大汶口文化的发掘便证明了这种东西。大汶口文化的陶文中有一个类似于"日"照的符号，而今天位于大汶口地区的"日照"也呼应了大约六七千年前产生的这个符号。

证从言从正。明从日从月。言正日月分别为《说文》所列部首。《说文》以谏释证，以告释證。以谏释证偏于以言文事效论定正确，以告释證偏于以证据揭示告发。《论语·子路》说："其父攘羊，其子證之。"此證为证明之证。"当乃明实，否则证空"（潘岳《关中诗》），明实是以言当"明示事实"，"理否者"证明之词落空（参见李善注）。证明之明是甲骨文中出现的最古老的汉语字符之一,它也是《说文》的第 239 个部首。

在追求天人合一的中国文化里,"名主其形,理主其数","名起于立法之后,理起于立法之前"(焦循《加减乘除释》自序)。名与明既通于音,亦通于形。名从夕,要认识夕,先认识月。月亮围绕地球转,地球围绕太阳转。太阳落山之时,一轮月牙亦伴随夕阳西下,此情此景,古人创造了"夕"这个字符,故孙海波先生说"月夕二字之意同取于月初见"。从形符观察,月夕同源。邹晓丽先生说:"甲文一期至四期'夕'字形作'月',五期以后才固定为'夕'。"[1] 夕是《说文》的第 241 个部首。许慎以暮训夕。后来人们发现,甲骨卜辞中的"夕"在大部分情况下是"暮"的意思。

"名主其形"之名是"书同名"(《管子·君臣上》)之名。"书同名"即"书同文"。"书同文"即书文一致。书是六艺之一。六艺中的书文不但有关于书写(writing),而且有关于逻辑(logic)。在逻辑学的意义上,名学是发明之学。"论莫定于有证"强调论证,"事莫明于有效"强调事效。论证就是证明,事效就是实效。在证明学的意义上,"理主其数"之理主张"循名究理"。"是非有分,以法断之;虚静谨听,以法为符。"(长沙马王堆汉墓帛书《经法》)实际论证之效与实验论证之效不同,前者偏于演绎,后者偏于归纳。1623—1630 年,中国学者李之藻(1565—1630)和传教士傅汎济合译西学逻辑,《名理探》一书第一次以"名理"翻译了"逻辑"。名理逻辑所探讨的思维规律近似于《墨经》中所谓"法"(law)。"法,所若而然也。"(《经上》)焦循所谓"立法"(legislation)是如此吗?这需要进一步研究。

---

[1] 邹晓丽:《基础汉字形义释源》,北京出版社 1990 年版,第 220 页。

不管怎样说，焦循的"名起于立法之后，理起于立法之前"的论断具有深刻的思辨意义。为人文立法有关于名理逻辑，但中国的名理不同于西方的逻辑。"名起于立法之后"，后（post）相对于前而言，所以名学的演绎推理和逻辑证明必须建立在公理（axiom）的基础之上。"理起于立法之前"，前（front）相对于后而言，所以理学的归纳推理和逻辑证明必须建立在试验（trial）、实验（experiment）、经验（experience）的基础之上。G.W.莱布尼茨之后，第一个用现代数学析《易》的中国学者焦循将六十四卦的代数式表述为 a 加 b 之和的 6 次方。

"6"这个数"兼三才而两之"。焦循以测天之法测《易》，以数之比例（proportion）实测经文、传文。实测之测与演绎之演虽然均从水，但偏于归纳的实测容易出错，而偏于演绎的数学证明则不是这样。数之比例追求部分（portion）和整体的协调性，数学证明追求公理系统的协调性。人文性的经文、传文和科学性的比例、数理并非能够机械等同，但在追求协调性的大方向上二者依然具有互补的可能。

200 多年前的焦循留下了一段经验之谈："余初不知何为相错，实测经文、传文，而后知比例之义出于相错，不知相错则比例之义不明。余初不知何为旁通，实测经文、传文，而后知升降之妙出于旁通，不知旁通则升降之妙不著。余初不知何为时行，实测经文、传文，而后知变化之道出于时行，不知时行则变化之道不神。未实测全《易》之先，胸中本无此三者之名。既实测于全《易》，觉经文、传文有如是者乃孔子所谓相错；有如是者乃孔子所谓旁通；有如是者乃孔子所谓时行。"[1]

---

[1] 《易图略》序，《焦循诗文集》，广陵书社 2009 年版，第 295—296 页。

时行之时从日，正如证明之明从日。时行之行是《说文》的第 37 个部首。时与明都是甲骨文中出现的字符。时行与实行通而不同。实行是依照实际而行。时行是适时而行。实测是自然科学术语，证明是数学术语。实测之名理虽然立足于自然科学，但它也可以相错、旁通于社会科学和人文科学，证明之逻辑虽然立足于数理科学，但它也可以相错、旁通于社会科学和人文科学。相错和旁通按照实际原则适时而行。

40. 怜悯

心是有关于情感和思维的字符。《辞海》第 65 部为竖心，第 125 部底心，竖心在左，底心在下。怜悯（pity）相对于恐惧（fear），正如恻隐相对于怵惕。《孟子·公孙丑上》："今人乍见孺子将入于井，皆有怵惕恻隐之心。"恻隐是伤痛感，引申对别人的为同情。朱熹释恻为伤之切，释隐（憶）为痛之切。怵就是西文的 fear，惕是因 fear 而引起的警觉。古籍云："无日不惕，岂敢忘职"（《左传·襄公二十二年》）；"虽杼轴于予怀，怵他人之我先"（陆机《文赋》）；"怜其不得所，移放于南湖"（白居易《放鱼》）；"能怜钝拙诛豪俊，悯弱摧强真丈夫"（周昙《咏史诗》）。

西哲柏拉图认为感情为人性之卑劣，诗人逢迎人心之非理性，使人之精神理性失去了对感觉的操控。亚里士多德认为感情是人所不可少的，是对人有益的，他仔细地分析了人的愤怒、友爱、恐惧、怜悯等感情。在《诗学》的第 9 章和第 13 章，亚里士多德详细论述了悲剧的功用在于引起怜悯与恐惧之情，人在宣泄、陶冶和净化这种感情的过程中能够获得心理的平衡。第 9 章写道:"悲剧不仅模仿完整的行动,而且模仿恐惧的、令人怜悯的事件。最好的悲剧效果产生于事件发生于人们的意料之外,并且它们相互之间又具有因果关系。"(Tragedy is an imitation not only of a complete action, but of events terrible and pitiful. Such an effect is best produced when the events come on us by surprise; and the effect is heightened when, at the same time, they follow as cause and effect.) [1] 第13章写道:"正如我们所看到的那样,完美的悲剧构想安排不是简单的而是复杂的。而且,构想安排应该模仿引起怜悯和恐惧的动作,这是悲剧模仿的独特标志。显然,第一,被表现的命运变化不必然是好人从兴隆到厄难之沧桑劫波,因为这既不能引起怜悯,也不能引起恐惧;它仅仅能使我们错愕。第二,被表现的命运变化也不必然是坏人从厄危到鸿运当头,因为这和悲剧精神格格不入。这不合乎悲剧的性质。它既不能满足道德感觉,也不能唤醒怜悯或者恐惧。第三,也不应该显示恶棍的衰落。这种情节无疑会满足道德感,但不会激起怜悯和恐惧。因为怜悯是由不应遭受的厄运引起的,恐惧是由厄运引起的,遭受厄运的人类似于我们自己。"(A perfect tragedy should, as we have been, be arranged not on the simple but on the complex plan. It should, moreover, imitate actions which excite pity and fear, this being the distinctive mark of tragic imitation. It follows plainly, in the first place, that the change of fortune presented must not be the spectacle of a virtuous man brought from prosperity to adversity; for

---

[1] *The Great Critics*, An Anthology of Literary Criticism, New York. W. W. Norton & Company. INC. Publishers, 1951, p.38.

this moves neither pity nor fear; it merely shocks us. Nor, again, that of a bad man passing from adversity to prosperity; for nothing can be more alien to the spirit of Tragedy; it possesses no single tragic quality; it neither satisfies the moral sense, nor calls forth pity or fear. Nor, again, should the downfall of the utter villain be exhibited. A plot of this kind would, doutless, satisfy the normal sense, but it would inspire neither pity nor fear; for pity is aroused by unmerited misfortuny, fear by the misfortune of a man like ourselves.) [1]

  关于怜悯，法国启蒙思想家卢梭说过这样两段耐人寻味的话："尽管怜悯是人心与生俱来的，但如果没有想象的推动，他将永远处于沉睡状态。我们怎样才能产生怜悯之心呢？走出我们自己并与受苦者打成一片。我们相信他在多大程度上受苦，我们也在多大程度上受苦。我们感受的痛苦不在我们自己身上而在他人身上。"怜悯"这种情感以大量已有的知识为前提。我怎能想象我不了解的疾病呢？如果我不知道他人在受苦，如果我不知道他与我具有某种共同点，我在看到他人受苦时怎么会感到痛苦呢？没有反思能力的人不可能宽厚，不可能有正义感，也不可能有怜悯之心；他也不可能成为恶毒、报复性强的人。没有想象力的人只能感受到自己，他孤零零的生活在人类中间"。这两段话出自逝世后才出版的卢梭的著作《语言起源论》。《语言起源论》是该著作的简称，其完整的名称是《语言起源短论，兼及旋律和音乐模仿》(*Essay on the Origin of Languages, Which Treats of Melody, and Musical Imitation*)。[2] 卢梭

---

[1] *The Great Critics*, pp.40-41.
[2] 该著的英文译本见 John H. Moran and Alexander Gode, eds, On the Origin of Language, 芝加哥大学出版社 1966 年版。

1778年7月2日去世。《语言起源论》的手稿保存在卢梭的《论音乐》中。1781年收藏卢梭手稿的迪佩鲁（Du Peyrou）将《论音乐》公开出版，《语言起源论》才被学者研究。

卢梭是从知言、知音、知情的角度来理解怜悯。卢梭之后约200年，德里达精细地理解了卢梭文字的精神内涵并从解构主义的角度对其进行发掘。德里达的"怜悯"论就是着眼于卢梭的这篇"鲜为人知的短文《语言起源论》"，他的"批判性解读"赋予卢梭短文以特殊地位。他在《论文字学》第二部分首先对"卢梭时代"进行了导论。该部分的第三章专门论述了这篇短文的"形成与结构"（genesis and structure）。在我写我对怜悯的理解的时候，我发现德里达在本章下的一个小标题，斯皮瓦克教授对它的英译是：The Present Debate:The Economy of Pity（现存的争论：怜悯的经济）；汪堂家先生的汉译是：当前的争论：关于怜悯的结构。将"经济"译作"结构"似有不当。因为"经济"的意思虽然涉及"经济结构"，但"结构"不就是"经济"。

德里达在钻研了卢梭的著作以及有关研究卢梭的著作后写道：卢梭的思想"只能从《语言起源论》向《论科学与艺术》的方向生发，因为在1754年后，他的信念在这一点上看来没有变化。因此，从系统和历史方面看，《语言起源论》早于《论人类不平等的起源和基础》。卢梭对人类状态的思索包括基本情感的考量，而基本情感的考量在卢梭那里就是怜悯。简单地说，《论科学与艺术》将怜悯看作自然的情感或禀赋，认为它出现于使用反思之前；但在《语言起源论》中，卢梭似乎认为，怜悯最初被判断唤醒"。在《论科学与艺术》这部著作中，"卢梭毫不含糊的确认，怜悯比推理和反思活动更原始。这是它的普遍性状态"。(It could only have evolved from the Essay to the Discourse, since the doctrine will seemingly no longer vary on this point after 1754. Thus, systematically and historically, the Essay is anterior to the second Discourse. And that would appear from an examination of the status given by him to that fundamental sentiment which according to him is pity. Briefly, the Discourse makes of it a natural feeling or virtue, coming before the use of reflection, while in the Essay, Rousseau seems to think that it is previously aroused by judgment. In the Discourse, Rousseau affirms there unambiguously that pity is more primitive than the work of reason and reflection. That is a condition of its universality.) [1]

> 第十一：在文学那里，在与不在相错综；在易学那里，形象与数论相互旁通。证明偏于科学，论述深入人情，证论是科学与哲学的相互结合。

41. 不在

如果要用一两个字来概括存在主义与解构主义的区别，那么，我们可以这样说，存在主义强调在，而解构主义强调不在。在，在场（present），与不在场（absent）相反。不是《说文》的第 432 个部首。A- 在西文的希腊形式中具有 not、without 意义，正如 pre- 在西文的拉丁形式中具有 before、in front 意义。德里达在他的著作中

---

[1] *Of Grammatology*, pp.127-173.

广泛使用"在场"、"不在场",这没有什么奇怪。钱钟书在《管锥编》的第 1170 页也使用了 absent 这个词,这是值得注意的。钱钟书是在这段话中使用了这个词:"王沉《释时论》。按即《答客难》、《宾戏》、《解嘲》之属,而变嘻笑为怒骂,殆亦随时消息也。讥訶世俗处,可与干宝《晋纪总论》、刘峻《广绝交论》、卢思道《劳生论》映发。'德无厚而自贵,位未高而自尊;眼罔向而远视,鼻仰上而刺天';刻画倨傲之态,与李康《运命论》中刻画便佞之态,妙笔堪偶。烟霞散人《斩鬼传》第二回捣大鬼'谈笑时面上有天,交接时眼底无物',即王《论》所状张致,西语谓之给予当场在坐者以'缺席款待'(absent treatment)。《金瓶梅》第二四回:'春梅似有如无,把茶接在手里',又七三回:'春梅也不瞧,接过苹果、石榴来,似有如无,掠在抽屉内';'似有如无'尤写生入神,'罔向远视'、'眼底无物'復相逊色矣。司马相如《子虚赋》:'游于后园,览于有无',谓有见有不见、'未能遍睹',非此意。"

不在就是缺席。缺席需要增补。钱钟书论中国文本中的"缺席款待"与德里达扎根于西方文本中的"缺席增补"有值得比较之处。"缺席款待"是入神的,似有如无。"缺席增补"是入世的。解构主义虽然总是说 no,但它并未走向虚无的出世。中文"古出字取足形出入之义"(孙诒让《名原》)。印欧语系中 itera 的梵文词源意谓反复的(repeated)或被改变的(altered)。

虽然说不在就是缺席,但于在前加不和于席前加缺所形成的含义有所不同。这要从入神的角度理解。诗云:"肆筵设席。"(《大雅·行苇》)设席、出席、主席是人和人情的实在。缺席是人和人情的缺席,不在是自然的不存在。缺席的席的字形由人为的用具提示社会性,不在的在由非用具的土才会意自然性。

当语言缺席时，用文字增补。当原文缺席时，用译文增补。译文和原文不管有多么不同，它们"都相互结合、互相补充，从而在生成过程中构成了一个更大的语言，也改变了它们自身。正如我们所看到的那样，译者的母语也相应改变了——本雅明说得很清楚，原文在译文中扩展了，它扩大自身而不是使自身增殖。我还要加上一句：它就像孩子一样，它无疑是自己的孩子，但有自己独立说话的权利"[1]。

42．证论

证偏于科学，论偏于哲学。证论是从逻各斯中分化出来的东西。逻各斯是世界可理解的规律，可理解的规律立足于语言（discourse）和理性（reason），证论均从言，用语言来说明。逻各斯丰富含义之一是说明，说明依靠言说，言说是证论的共性，证用不脱离证据的理性言说，论用圆和的人文知识言说。证论也可以叫考论，但严格讲来，二者有所不同。考证偏于历史科学，考论偏于历史哲学。证明是几何学研究的内容，理论是思想学说研究的内容，证论是使用证据证明某物或某理论为真的活动。20 世纪大学者王国维的学问就充满了证论色彩，王国维并没有投入精力研究几何学，但他对西学之科学研究方法则心领神会。对文物和文献的相互释证是王国维学问的突出特点之一。他说："吾辈生于今日，幸于纸上之材料，更得地下之新材料。由此材料，我辈因得据以补正纸上之材料，亦得证明古书之某部分全为实录，即百家不雅训之言亦

---

[1] 德里达：《巴别塔》，载郭军、曹雷雨编：《论瓦尔特·本雅明：现代性、寓言和语言的种子》，吉林人民出版社 2003 年版，第 68 页。

不无表示一面之事实。"(《古史新证——王国维最后的讲义》)"纸上之材料"是文献,"地下之新材料"偏重于文物。文献和文物是王国维做学问所依赖的二重证据。但事实上,王国维不仅仅"取地下之实物与纸上之异文互相释证",而且"取异族之故书与吾国之旧籍相互补正","取外来之观念与国有之材料相互参证"(陈寅恪《王静安先生遗书》序)。在中国,王国维是将西方逻各斯思维引入中国考论进行证悟的第一位学者。

43. 旁通

旁和通都是甲骨文中出现的字符。至《易·乾·文言》,旁通始连文。《同人》主张"类族辨物",《文言》强调"旁通于情"。陆绩(187—219)说:"乾六爻发挥变动,旁通于坤,坤来入乾,以成六十四卦。"(唐李鼎祚《周易集解》引)钱大昕(1728—1804)说:"旁通者,乾与坤、坎与离、艮与兑、震与巽交相变也。"(《潜研堂集》)"类族辨物"可旁通事情,六十四卦三百八十四爻可通达万物之情。

旁从方,方是《说文》的第 310 个部首。对《周易》和《论语》都有精深研究的杨雄主张"旁明厥思"、"旁通厥德"(《法言·问明》);前者有关于哲理,后者有关于德行。《辞源》释旁为边,繁体边为邊从臱,臱从方。《汉语大字典》第 3048 页说,籀文籩为臱,为竹器。通从甬,甬与用同源。用是《说文》的第 95 个部首。甬、桶,古今字。甬上为桶柄,甬下为桶身。作为竹器的筵用边。作为容器的桶用中。象形文字有象征(symbol)意义。形下之器用旁通于形上之义用。

语言有形音义。象征用形旁通义。西文象征的前缀 sym- 有共同（together）、合同（with）、相通、相似、相关等意义。中文旁通就是要从方向上"类聚辨物"，从应用上把握相似、相像和相关。應（应）用之应与旁通之情都从心。杨雄著《方言》，所研究的是四方之言。愈是边远之地，愈是过多的使用方言，方言的存在自有其本身的合理性。与四方之言相对的是通语，通语是各地都能通用之语。通语能弥补普通方言之不足。印欧语系中的 general（通用）其基因（gene）有关于"类聚辨物"之类（genus）。"类聚辨物"有明显的科学意向，类概念是逻辑思维的基础。

旁通是易学术语。旁转是音韵学术语。易学中的旁通之转，正如音韵学中的旁转之通。轉（转）从專，專从叀。叀是古代的纺织机械。叀是一个甲骨文字根，同时也是《说文》的第 125 个部首。汉魏易学认为：本卦阳爻变为阴爻，阴爻变为阳爻，转化为其对立的卦，本卦与转化的卦可以旁通乃至相通。旁通是一种卦变的方法。六十四卦可归结为 32 对旁通卦。18 世纪末 19 世纪初，焦循研究《周易》时说："余初不知其何为'旁通'，实测其经文、传文，而后知升降之妙出于'旁通'，不知'旁通'，则升降之妙不著。"（《易图略》自序）这里所谓"升降"源于东汉荀爽（128—190）的象数说。"阳在二者当上升坤五为君，阴在五者当降居乾二为臣。"（惠栋《汉易学》）乾坤两卦为基本卦，此二卦爻位的升降是八卦乃至六十四卦的基础。

荀爽不但以乾升坤降说解经释传，而且以阴阳爻位之升降解释其余各卦，他认为，爻位中的阳升阴降会使此卦旁通为彼卦。虞翻（146—233）更具体指出，比与大有旁通，小畜与豫旁通，履与谦旁通，同人与师旁通。焦循实测其经文、传文之后，从数理上感悟到升降之妙出于"旁通"。

俞樾(1821—1907)将旁通联系于变化,认为旁通者通正,通正者变化于正。通于它卦谓之通,不通于它卦谓之穷。穷于它卦,而自变其阴阳不正以为正,谓之变化。易是《说文》的第368个部首,正是《说文》的第31个部首,爻是《说文》的第96个部首。

在易之三百八十四爻中,"阴阳得正者一百九十二爻,失正者亦一百九十二爻",失正则适宜化其不正为正,"于旁通之卦,彼此互易,此一百九十二爻中阴阳可得而易者亦九十六爻,阳遇阳、阴遇阴不可得而易者亦九十六爻,可易斯谓之通,不可易斯谓之穷。穷则有变而通之之法,变则化,化则不正者可以为正"。"欲知穷通,必先知升降,此荀爽之说也。欲知升降,必先知旁通,此虞翻之说也。参用升降旁通而为一事,此近儒焦循之说也。"(《俞楼杂撰》之一《易旁通变化论》)

数学中也有旁通。易学旁通基于易之基因中的象数变化而通。数学之象是几何学中的形状。形与数相通,故有解析几何也,有代数几何也。象形之象不但旁通于象数之象,而且旁通于数论之数。利用椭圆曲线旁通于数论的道理,怀尔斯(Andrew Wiles)在1995年已经证明了费马大定理。利用一种新的几何理论,黎曼在1859年提出了一个相当深奥的数学猜想。这个猜想认为,ζ函数旁通着数学理论的核心,它的所有的非平凡零点的实部都是二分之一。

44. 相错

相错者,相互错综也。相从木,始于甲骨文。甲骨文中出现了4500多个字,可识者约三分之一。相是其可识读的字符之一。该字用目木会意。因为工师用木,必省视其长短、曲直、刚柔及其所适宜。错从金,"治玉石曰错"。"它山之石,可以为错。"(《小雅·鹤鸣》)综从糸,机缕也。机缕持丝交结于推而往,引而来者也。

"八卦相错"(《说卦》),"错综其数","相杂为文"(《系辞》)。"六十四卦皆不外此错。""错者,阴与阳相对";综者,上与下颠倒交合。错综渗透在形象中。"父与母错,长男与长女错,中男与中女错,少男与少女错。""八卦既相综,所以象即寓于综之中。"两卦卦符相互颠倒谓之相综。如《噬嗑》"利用狱","《贲》是相综之卦,亦以狱言之。《旅》、《丰》二卦,亦以狱言者,皆以其相综也。有以上六下初而综者,此自外来而主于内;有以二五而综者,柔得中而上行"。"《损》《益》相综,《损》之六五即《益》之六二,特倒转耳",故其象皆"十朋之龟"。"《夬》《姤》相综,《夬》之九四即《姤》之九三",故其象皆"臀无肤"。(《易经来知德注》)

易传重视 3 和 5 这两个素数,认为"叁伍以变,错综其数,通其变,遂成天地之文"(《系辞》)。文化之相互(inter)作用,不但左右杂错,而且上下错综。文化是错综交易的结果。来知德(1525—1604)认为:伏羲之卦主于错,文王之卦主于综;"一左一右谓之错","一上一下谓之综"(《周易集注》)。一左一右是一种排列,一上一下是另一种排列。列,分解也,正如比例(proportion)之分解也。

比是《说文》的第 291 个部首。许慎以密释比。比,亲近也,紧密也。错综与象关系紧密,象寓含在错综之中。"乾错坤为马,故坤利牝马之贞。履卦兑错艮,艮为虎,文王即以虎言之。革卦上体乃兑,周公九五爻,亦以虎言之。"(《周易来知德集注》)《周礼》称八卦为经卦,六十四卦为别卦。六十四卦中同卦相重者八。此八被命名为八纯卦。八纯卦中两对立卦所属各卦符上下颠倒谓之正综。八纯卦之间所属尾二卦之卦符上下颠倒谓之杂综。如《乾》之属自《姤》至《剥》顺行与《坤》所属相综；《坤》之属自《复》至《夬》逆行与《乾》所属相综。"如《乾》初爻变《姤》，《坤》逆行，五爻变《夬》与《姤》相综，所以《姤》综《遁》，《遁》综《大壮》，《否》综《泰》，《观》综《临》，《剥》综《复》，所谓《乾》《坤》之正综也。""《乾》《坤》所属尾二卦，出于《乾》《坤》之外，非《乾》《坤》五爻之正变，此谓之杂综。"（《易经来注图解》）

　　许慎以比释例。段玉裁以例释比。列是例的古字。比有例义。人类识认事物"必察小大之比以成之"（《礼记·王制》），这是科学认识。郑玄说"已行故事曰比"，这是历史认识。焦循说"余初不知何为相错，实测经文、传文，而后知比例之义出于相错，不知相错则比例之义不明"（《易图略》序），这是突现了数理比例的认识。数学有正比例、反比例。易学有正综、杂综。正是《说文》的第 31 个部首。

　　《系辞》说"物相杂故曰文"，"物相杂"之杂与相错之相咸从木。杂的繁体为雜。雜从隹。集亦从隹。具有文学意味的文集虽然不同于具有数学意味的集合，但在强调"相错"与"比例"相互关联的中国文化看来，此二者不见得没有相通之处。诗云："春日载阳，有鸣仓庚。"（《豳风·七月》）仓庚即黄离。黄离外观之五色杂错，其歌喉之圆润清新，足以让刘勰"五色杂而成黼黻，五色比而成《韶》《夏》"（《文心雕龙·情采》）自惭形秽。但杜甫有"两个黄鹂鸣翠柳，一行白鹭上青天"（《绝句四首》其三）之句。无论从人文性的"相错"，还是数学性的"比例"来衡量，这 14 个字都堪为超妙绝伦。

第十二：厚积而薄发。积淀是历史的，增补是科学的，扬弃是哲学的。解构主义既有批判的基因，也有扬弃的神韵。

45. 积淀

积淀是李泽厚先生缔造的具有中国特色的学术话语。积从禾，正如淀从水。积累的历史性和奠定的基础性通过"我"发挥作用，第一主体我早在《说文》中已经成为部首。李先生在《历史本体论》中说："人作为历史的存在者，'我'便难以否认地怀有过去，积淀着过去，过去成为我的一部分，不管自觉意识与否"（《心理本体与乐感文化》）；"生活——人生所产生的，不只是语言——文本，也不只是随写随抹的文字，而是抹不掉的作为人类历史的积淀实体的文化心理结构。只有'心理'才能成为人所诗意栖居的家园。'人活着'产生出它，它却日渐成为'人活着'的根本"（《实用理性与吃饭哲学》）。

从实虚结合上说，我是我的身体（包括肉体）、我的心体和我的文体的统一。身肉心文这四个原符承载着人的根本意义。肉身偏于承载人的生物学生命，偏于负责人的动物性机能之运转。文心偏于承载人的文化学生命，偏于负责人的价值学走向。从横向上看，李泽厚的文心理论结构积淀说强调"人类历史总体的东西积淀为个体的，理性的东西积淀为感性的，社会的东西积淀为自然的"（《康德哲学与建立主体性论纲》）。这种观点吸收了西方文化的丰富营养。

但历史本身是偏于纵向的，积淀也是纵向的。研究家的任务是对这种积淀进行探讨和发掘。譬如说："我们要发现一座建筑物并且对它作出解释：它的上层建于 19 世纪，底层上溯至 16 世纪，对建筑的更细致考察显示，它是在 2 世纪的一座地堡的基础上建造的。在地窖里，我们将会发现罗马时代的地基，地窖之下还埋藏着一个填满了的洞穴，我们在洞穴的上层发现了燧石器具，在更深的几层中发现了冰河期的兽类遗骨。这大致上就是我们灵魂的结构。"[1]

46. 增补

增补在钱钟书的著作那里叫增订。在西文里有两个词可以对译：augment，supplement。斯皮瓦克选择后者作为英文的"增补"表达。在德里达的著作里，supplement 对于 supplementarity 的基础意义，正如 gram 对于 grammatology 的基本意义。复旦大学汪堂家先生将 supplement 译作替补。我的感觉，替补与增补意义之间的距离远远大于增订与增补意义之间的距离。为了通达方面的原因，我们姑且将不同方面的东西尽量考虑得少些。不过原则上的区分，还是应该首先说明：增订在钱钟书那里是科学的，是学术积累在著作中的运用，是心知肚明的锥指管窥，是力求完善的微积分。增补或者叫增订在德里达那里是非科学的。虽然是非科学的，却是哲学性的、启发后现代的辩证法性的。

钱钟书非常喜欢增订自己的著作，而德里达非常喜欢对 supplement 进行沉思。《谈艺录》1948 年印行，其后又多次再版。钱先生在 1983 年的增订引言中说："乃稍删润原书，存为上编，而逐处订益之，补为下编；上下编册之相辅，即早晚心力之相形

---

[1] 荣格：《分析心理学论文集》，法译本，Stock 出版社，第 86 页。

也。"1986年的补订本又增加文字70余则，计15000余言。我所具有的1992年出版的《谈艺录》目次：正文共91条，补遗18条，另有补订、补订补正之两三种。增补的内容超过了原作的内容。

我在进入大学校门后的几年已知《管锥编》出版，但直到20世纪末以前一直未能购置此书。钱先生1972年的序云："瞥观疏记，识小积多。学焉未能，老之已至。遂料简其较易理董者，锥指管窥，先成一辑。假吾岁月，尚欲赓扬。又于西方典籍，裋小有怀，绠短试汲，颇尝评泊考镜，原以西文属草，亦思写定，聊当外篇。敝帚之享，野芹之献，其资于用也，能如豕苓桔梗乎哉？或庶几比木屑竹头尔。命笔之时，数请益于周君振甫，小叩辄发大鸣，实录不负虚往，良朋嘉惠，并志简端。"1978年记云："初计此辑尚有论《全唐文》等书五种，而多病意倦，不能急就。已写定各卷中偶道及'参观'语，存而未削，聊为异日之券。"1982年识语云："初版字句颇患讹夺，非尽排印校对之咎，亦原稿失检错漏所致也。国内外学人眼明心热，往往为一二字惠书订谬；其纠绳较多者有施其南、张观教、陆文虎三君；而范旭仑君尤刻意爬梳，是正一百余处。洵拙著之大幸已；应再版之需，倩马蓉女士荟萃读者来教，芟复汰重，復益以余所雠订者，都勘改五百余处。亦知校书如扫落叶，庶免传讹而滋蔓草尔。"《管锥编》70年代末问世，1994年荣获首届国家图书奖。在这之前，钱先生亦将其增订多次。1994年重印时，将增订之一、之二、之三合为《管锥编》第5册。

替补之替具有替换（change）的意义。《牛津高阶学习者词典》第6版和《美国遗产词典》第4版都没有supplement的"替换"义项，但现代学者似乎有将该词当作"替换"使用的强烈意图。德里达将其作为哲学概念来进行塑造。他这样写道："卢梭总是手淫并自责自己手淫,而手淫是利用现有的手并召唤缺席的美女来满足自己的情欲。"(Rousseau will never stop having recourse to, and accusing himself of, this onanism that permits one to be himself affected by providing himself with precences, by summoning absent beauties.) [1] 性行为是在异性之间进行的,手淫是在自体之中进行的。自体的手替换了性行为中的异体。增补或者叫替补是《论文字学》第二部分的关键词之一。德里达从自然、文化、文字的角度挖掘了增补的哲学意义。"增补概念在卢梭的文本中是一个盲点,这个盲点是既开阔视野又遮人耳目的不被看见的东西。"(The concept of the supplement is a sort of blind spot in Rousseau's text, the not-seen that opens and limits visibility.) [2] "写作和手淫难以分割"(difficult to separate writing from onanism) [3] 的原因不是二者都用手,而是因为发生在历史长河中的连绵不断的增补。"所增补的是虚无,因为它增补给的完全在场是外在的。言语是对直觉在场的增补,书写是对活生生的自在言语的增补,手淫是对所谓道德的性经验的增补,文化是对自然的增补,邪恶是对无知的增补,历史是对起源的增补,还有其他种种增补。"(What is added is nothing because it is added to a full presence to which it is exterior. Speech comes to be added to intuitive presence; writing comes to be added to living self-present speech; masturbation comes to be added to so—called normal sexual experience; culture to nature, evil to innocence, history to origin, and so on.) [4]

---

[1] *Of Grammatology*, p.153.

[2] *Ibid.*, p.163.

[3] *Ibid.*, p.165.

[4] *Ibid.*, p.167.

47. 扬弃

扬弃这个词来源于德国古典哲学。它是具有否定和肯定双重意义的辩证概念。德语 aufheben 音译作奥伏赫变。原是一个常用的普通词，该词义中拾起与取消、保存与废除共存。康德首先从哲学意义上使用它，其后费希特多从否定意义上使用此词。到了黑格尔的体系里，扬弃被作为同时具有否定和肯定双重含义的概念使用。马克思主义哲学也批判地吸收了黑格尔的这一概念。黑格尔在他的著作《小逻辑》第 96 节以"扬弃"概念为例，夸耀"德国语言具有思辨的精神"，因为"它超出了单纯理智的非此即彼的抽象方式"。20 世纪 60 年代，德里达在《论文字学》的第二章中说：最近有人提议将作为扬弃的奥伏赫变译作升华（sublimation），这是值得商榷的。德里达的解构概念虽然不能等同于德国人的奥伏赫变，但在辩证思想方面，二者有相同的基因，德里达从德国哲学里吸收了丰富的营养。德里达认为："唯有肯定的无限性能去掉远迹，能将它升华"（only a positive infinity can lift the trace, "sublimate" it），虽然将奥伏赫变翻译成升华值得怀疑，但将升华与扬弃并列使用很有意思。

《管锥编》第 1 册开卷言及中文"一字能函多意"，"数意可以同时并用，合诸科于一言"。又云："黑格尔尝鄙薄吾国语文，以为不宜思辨；又自夸德语能冥契道妙，举奥伏赫变为例，以相反两意融会于一字，拉丁文中亦无义蕴深富尔许者。其不知汉语，不必责也；无知而掉以轻心，发为高论，又老师巨子之常态惯技，无足怪也；然而遂使东西海之名理同者如南北海之马牛风，则不得不为承学之士惜之。"奥伏赫变将相反两意融会于一字，此类似于中国所谓"反训"，但是，"两义相违而亦相仇，此特言其体尔。若用时而只取一义，则亦无所谓虚涵数意也。心理事理，错综交纠：如冰炭相憎、胶漆相爱者，如珠玉辉映、笙磬和谐者，如鸡兔同笼，牛骥同槽者，盖无不有"。中文典籍中"赅众理而约为一字，并行或歧出之分训"用作合训，使悖者交协、相反者互成之事例很多。"以奥伏赫变而论，黑格尔谓其蕴'灭绝'与'保存'二义，顾哲理书中，每限于一义尔。"

钱钟书先举康德、席勒和歌德的哲理书说明其局于"灭绝"一义，又举席勒《美育书简》和谢林《超验唯心论大系》说明其"同时合训，虚涵二意"。前者第七、第一八函等言"分裂者归于合，抵牾者归于和，以奥伏赫变与合并、会通连用"；后者"连行接句，频见此字，与解除并用，以指矛盾之超越、融贯"。钱钟书紧接着说："语出双关，文蕴两意，乃诙谐之惯事，固词章所优为，义理亦有之。"钱先生为这句话加注云："黑格尔说奥伏赫变，亦引拉丁文中西塞罗趣语（Witz）佐之。按西塞罗用一字（tollendum），兼抬举与遗弃二意，同时合训，如吾国言架空、高搁或西语'一脚踢上楼'、'一筋斗栽上楼'；苏伟东《罗马十二帝传》转述此谑，即未着合训之用也。"

意译"扬弃"二字，音译"奥伏赫变"四字。"相反两意融会于一字"，这叫二生一。Aufheben 冥契道妙，一字含多意，这叫一生多。德语一词被译成汉语四字，这叫一生四。奥，即《文心》中"源奥而派生"之奥。伏，即《雕龙》中"伏采潜发"之伏。赫，即《大雅·常武》中"赫赫明明"之赫。变，即《通变》中"负气以适变"之变。钱钟书所谓"词章所优为，义理亦有之"亦可以从多学科方面理解，义理的扬弃是哲学的，词章的优为是文学的。

48. 解构

由上海译文出版社出版（1989年初版，2003年第7次印刷）的《英汉大词典》第811页将"解构"解释为文学批评用语。认为该词意谓"找出文本中自身逻辑矛盾或自我拆解因素，从而摧毁文本在人们心目中的传统建构"。这应该是解构主义风行欧美并流传到中国时的客观意义。可是，解构主义的鼻祖德里达晚年否定解构的"摧毁"意义。虽然2001年9月14日德里达在上海社科院当着许多中国学者的面否定"解构"一词的"摧毁"意义，但事实是不能否定的。在这里，有一个早与晚的问题。解构的摧毁意义为早年德里达所强调，到了晚年，他的思想有所变化。所以，他在上海时说："解构"并不是否定性的，解构要把现成的、既定的结构解开，并对其质疑、分析、批判，解构和历史上的批判传统一脉相承。

不管德里达怎么说，解构这个词中有 de- 是不容置疑的。早在拉丁语中，de- 这个前缀中就有 from 的意义，而 from 有起始、起源的意义。西语中 de- 的意义，对应于中文"解"的意义。解，判也，从刀判牛角，甲骨文字形象两手分解牛角，金文、简文中手被省略，但牛角和刀的构形依旧历历在目。理解解构主义固然应该警惕文字游戏，但解构主义 de- 是要对结构、结构主义说不，这是很明显的。解构主义目有全牛，但它是站在怀疑、批判、扬弃的立场上剖解对象。对象事实如牛，他者之语言如刀，剖解之 de- 使得既定对象的结构消解。

晚年德里达出版了《马克思的幽灵》，马克思的思想徘徊在解构主义鼻祖的幽灵中。即使在批判的意义上，马克思主义与解构主义的不同也是显而易见的。马克思主义与解构主义都产生于西方文化之土壤中，后者不可能不从前者中吸取营养，但前者主张科学的批判分析，而后者主张非科学的批判剖析。作为两种不同的批判主义，马克思的思想基础偏于立足于科学的经济学和社会学，而德里达的解构批评更多的是偏于从非科学的语源学乃至哲理文学中吸取营养。从19世纪到20世纪，我们已经从黑格尔、马克思的扬弃批判那里获益良多。从20世纪到21世纪，我们也已经从胡塞尔、海德格尔、德里达的解构批评那里获益良多。可以肯定，今后我们将会继续从中获益良多。

在访问中国时，德里达说他对汉字文化非常感兴趣，因为象形汉字是一个完整的世界，它从来不像西方文字那样对声音亦步亦趋。德氏访问上海社科院时说："在我用法文使用'解构'这个词之前，已经有很多人使用了。在法文字典中，这个词的意思是一种分析和揭示某个组织的结构方式，它有某种技术的含义。"[1]法文或者西文中de-被置于"结构"、"结构主义"之前时应从否定之否定的扬弃的意义上来理解。汉字文化中"解构"的解和拼音文化中否定结构的de-是天然的知音，由此也可以想象德里达对汉字文化感兴趣的原因。De-在解构的解的意义上的技术含义，我们完全可以从先秦庄子庖丁解牛的技术文化乃至技艺文化的意义上去展开理解。

解构是扬弃，但de-主要强调批判。德国哲学之扬弃在黑格尔、马克思那里已经在世界范围内形成影响，后起的胡塞尔、海德格尔在超越扬弃中也已卓有成效。和胡塞尔、海德格尔一样，德里达也是沿着超越扬弃的路子超前走，但胡塞尔的现象学、海德格尔的存

---

[1] 杜小真、张宁主编:《德里达中国讲演录》，中央编译出版社2003年版，第155页。

在主义德里达已很难超越。要想超越他们，必须要有更大的勇气和更坚实的步伐，德里达的解构批评主要在这方面给 de- 赋予了新的意义。

正因为如此，解构主义的创始人出现在法国而不是德国。德里达在上海时很谦虚地说，他试图以自己的方式从本体论上翻译一个德文词——海德格尔的 destruktion。这里何止是翻译一个德文词，这里也何止是赋予 de- 以新义。德里达是在用自己毕生的精力来贡献于一种对人类有益的活动，这种有益的活动在老一辈德国哲学家那里叫扬弃，在稍后的德国哲学家那里显现出对结构的否定意象。法国是德国的他者，德里达以他者的语言方式给 de- 富于创新意义，这种意义以德里达的方式蔓延到欧美乃至全世界，而且也使文学的解构批评异军突起。

第十三：点无大小，线有长短。离散坚白，融合同异。递归序列，比例分解。率者，自相与通也；同者，相与通同共一母也。

49．点线

看见"点线"这两个字，应该联想到一个汉语部首，这个汉语部首未首先出现在《说文》的部首中，但首先出现于辽释行均所撰的《龙龛手镜》中。行均费时五载撰写字书，有些字只取字的开头上面几笔作为部首，最典型的就是这个点线部首"亠"。

成书于 1671 年的《正字通》说："亠字，六书不用为字母，本无音义。犹人字在下之文作儿，亠、儿皆不独用，不烦训释。非如口乚匚凵宀广各有所指，各具音义也。"20世纪初，王云五发明四角号码检字法，并于1925年5月由商务印书馆出版了《号码检字法》。每个字四个角各取一个号码，四个号码组成的四位数按大小次序排列。四角号码将笔形归为"头、横、垂、点、叉、插、方、角、八、小"十类，分别用数字0—9表示。每个字四个角的笔形按其位置左上、右上、左下、右下的顺序取号。四角号码取号歌诀为："横一垂二三点捺，叉四插五方框六，七角八八九是小，点下有横变零头。"其中"点下有横变零头"说的就是点线符号"亠"。亠与头音同义近，头在上正如亢高之亠在上。亢或从页。页的本义是首，俗作头（head）。

汉字有五种笔画，点和横（线）是其中的两种。"点下有横变零头"这种符号将点和线综合成了一个符号，这个符号在自己的岗位上起着某种公理的作用，正像点（point）和线（line）在几何中起着某种公理的作用。《正字通》的作者张自烈云亠"不繁训释"，《几何公理》的作者希尔伯特亦未对点、线等进行定义。"亠"首先作为一个部首存在，其次作为一个查字法符号存在。组成"亠"的点和线自20世纪末以来，亦作为电脑输入法"五笔字型"符号而存在。

看见"亠"这个符号，应该想到欧几里得有关点与线的公理。两点成一线。在平面几何坐标里，两数交合成点，线是一个二元一次方成数。但是，是否过直线外一点，只能画一条这条直线的平行线，却是一个疑问。欧几里得的回答是yes。为什么是yes，这并非"不繁训释"。因为"对于古人来讲这条公理并不显然是自明的。因此他们试图用其他显然是自明的欧氏公理来推导出这条公理。能否找到平行公理的证明？世世代代的数学家们都曾努力地试图解决这个问题，但一直未能奏效。当然反复地求证失败并不意味着不能找到这个证明，就像迄今为止一直未能有效治疗一般伤风感冒，但这并不意味着人类永远得为此而流鼻涕一样。直到 19 世纪，主要是由于高斯、罗巴切夫斯基和黎曼等人的工作，从其他公理推导出平行公理的不可能性才得以确认"[1]。

所以，我们可以看出，"在数学中，每当遇到一个表现为混沌的现象时，最终都会表明，原来都是具有某种意外的、隐藏着的模式的；但是，每次都需要有新的创造力去辨认出这些模式，然后还需要有进一步的创造力去严格证明这些模式"（霍夫斯塔特语，见《哥德尔证明》中译本序）。数和数字是不同的。数是数学的，数字是沾染了言文的。早在前哲学时代，逻各斯中已经蕴含着数学和语言学的基因。在大多数情况下，一般人不知道纯数学所谈的是什么东西，但在具有非凡逻辑思维能力和言文能力的人那里，他们会找到一些方法将那些说不清楚的细微之处说得稍微清楚些，他们会在不可能中看见可能，或者在可能中看见某种不可能。"不"是《说文》的第 432 个部首。哥德尔的不完全性定理、海森伯的测不准原理，都是立足于"不"的创造发明。

从点和线我们想到了中文符号亠。从中文符号亠我们想到了"点下有横变零头"的"头"。"亠"是四角号码十种笔形中的第一种。"头"是"亠"之名，正如"数字"是"数"之名。"亠"是"头"之实，正如"数"是"数字"之实。元数学的元的字面意思

---

[1] 欧内斯特·内格尔、詹姆斯·R.纽曼著，陈东威、连永君译：《哥德尔证明》，中国人民大学出版社 2008 年版，第 7—8 页。

就是"头"。元数学的头脑痴迷于按规则、秩序演绎证明数学定理，正如从亠的亢奋头脑热爱从积极的思维角度推进人文理论。

50. 离散

离从禸，正如散从攵。禸是《说文》的第 511 个部首，有关于走兽蹄远之迹。攵与攴通。攴是与手有关的字符，在《说文》部首中列第 92 位。理解离散应结合言数：言随风飘，具有离散性；数从小到大，从有限到无限，亦具有离散性。数学之数、离散（discrete）数学之散都从攵，正如教学之教、模仿效法之效都从攵。计算数学常用离散化方法。小说常用散文写作（Novels are usually written in prose）。诗（verse）是有韵味的文体，散文（prose）是"乏味"的文体。在西语中，prose 有乏味的意思。在中文中，言与音同源。在英文中，散文与诗同源。中国古代诗歌从四言散化为五言。钟嵘认为："四言文约意广，取效风骚，便可多得，每苦文繁而意少，故世罕习焉。五言居文词之要，故云会于流俗。岂不以指事造形，穷情写物，最为详切者也。"（《诗品序》）指事造形、穷情写物之详切，后世叙事文学和抒情文学其着眼点不同，现存的网络艺术和网络技术其着眼点亦有不同。

言随风飘，文随手写。自从有了殷墟甲骨文，言文虽然不再随风而飘了，但离散的倾向一直存在。主张"惟古于词必己出，文从字顺各识职"（韩愈《南阳樊绍述墓志铭》）的唐代散文为奇句单行，不讲对偶声律。讲对偶声律的诗文，其诗歌从先秦的风骚、汉魏的诗赋，到唐宋的诗词就一直在散化。元曲中的散曲散化程度更高。"五四"运动后，新诗以白话俗语入诗更是语体的散化。

在字形，散碎之肉与并行之马相对。在文体，散文与骈文相对。清代李兆洛说："自秦迄隋，其体自变，而文无异名；自唐以来，始有'古文'之目，而目六朝之文为'骈俪'。"(《骈体文钞序》)先有实体，后有名目。古文早在先秦就有，"古文"之名目在唐代才出现。散文早在周秦汉唐就有，其后始有"散文"之名目，这正像旧体诗早在古代就有，但至"五四"运动，才出现"旧体诗"这个名目。从六朝骈文，到唐宋古文，再到明清古典小说，再到现代白话小说，诗文之文也一直在散化。清代姚鼐在《古文辞类纂》中将古代散文区别为13种。现代散文指有别于诗歌、小说和戏剧文学的样式。

散文之散，通于离散数学之散，但离散之散与收敛之敛含义相反，尽管散敛二字都从攵。调和级数是发散的。但级数令人惊奇的是，不在于有些级数是发散的，而在于有些级数是不发散的（例如，将 $x=2$ 代入调和级数，其值会收敛于六分之 π^2）。这正像人的精神意识并不让人惊奇，令人惊奇的是人的无意识世界一样。所以，霍夫斯塔特说："从事数学，事实上是挑战最伟大的人类心灵，因为和机械式的自动操作相反，它不断地要求产生新的思想。"(《歌德尔证明》中文译本序)从事文学和哲学，又何尝不是如此？

部分和数列是收敛的。例如，一加二分之一，再加四分之一，再加八分之一，一直如此加下去，其和会收敛于二。再譬如，收敛于二的平方根的数列是一分之一，二分之三，五分之七等等，这个数列的后一个分数的分母是前一个分数的分子与分母之和，其分子是前一个分数的分子与二倍的前一个分数的分母之和。又例如，收敛于 π 的数列是一分之四，三分之八，九分之三十二等等。这个数列的第 N 个数可以这样得到：如果 N 是偶数，用 N 加一分之 N 乘前一个数；如果 N 是奇数，用 N 分之 N 加一乘前一个数。对数列的发散或非发散的发现，正如对精神的意识或潜意识的发明，也正如对文学的理性或非理性的感悟。

"离坚白"的离，就是离散数学之离。公孙龙所谓"见与不见谓之离"应该结合西语觉察（discern）来理解。手拊能得其坚而不能得白，目看能得其白而不能得其坚。在拉丁文系列中，"离散"、"识别"、"觉察"（discernere）是以 dis-（分离）为根的同一个词族，而"分开"、"发散"、"遭散"是以 di- 为根的同一词族。以 dis- 为根的词族又与以 di- 为根的词族结成了关系密切的血缘词族。反对逻各斯中心主义的德里达具有强烈的分离主义倾向，离散的 dis-，分开的 di-，分解的 de-，都汇聚成了一股不容忽视的分离主义思潮。

51. 递归

递归（recursion）能将一个大型的复杂的问题一层一层剥离成一个较小的问题来解决。递归能用有限来接近无限，表达无限。递归以序，最典型的是软件工程中的编程序（sequence computer data）。递归以列，最突出的是数列（sequence）。例如，斐波那契（fibonacci）数列就以递归的方法来定义。这个数列从 0、1、1、2、3、5、8、13、21、34、55、89 开始可以无限延伸。它所延伸的规律是前两项之和构成了第三项。这个数列愈是向后，其前项与后项之比就愈逼近黄金数。这个奇妙的递归数列完全由自然数组成，但它的通项公式在一百多年前被发现原来可以用无理数表示。这个公式的发现者是法国人敏聂（J.P.Marie Binet，1785—1856）。敏聂公式中的无理数涉及 $\frac{1+\sqrt{5}}{2}$，$\frac{1+\sqrt{5}}{2}$ 是 $x^2-x-1=0$ 的根。人们惊奇递归与代数方程之间的神秘联系，正如人们惊奇代数方程根的个数与方程的次数之间的神秘联系一样。

52. 比率

　　源于欧洲古代和中世纪的哲学概念逻各斯中包含着"比率"（ratio）的意思。包含着比率的数都可以写成 m/n 的形式。在西文中，比率与有理的（rational）同根，有理的是有理性（reason）的，理性的是理科的。要理解理性的比率，必须综合把握逻各斯中另外一种意义，这种意义是言说（speak），或者叫言说文（word）。言文是话语的，话语的是文科的。文科的有关言文的话语与理科的有关比率的话语在逻各斯那里是有机地融会在一起的，在历史的发展过程中，它们也是若即若离的。

　　在汉语里，比和率是两个单音词，都是甲骨文中出现的字符。汉代这两个字符成为两个部首。仅止于此是不够的。还应该对比和率的形式再进行追溯和分析。清代徐灏的《说文解字注笺》认为："匕、比，古今字。"匕是《说文》的第 289 个部首。《汉语大字典》认为匕的本义同比。许慎认为，比，密也。匕之相与比叙也，正如密之比叙也。比是《说文》的第 291 个部首。比喻的比偏于人文的文学意义，比率的比偏于人文的数学意义。数学的数与幼音近。幼从幺，正如率从幺。幺是《说文》的第 123 个部首。玄从幺，正如率从玄。玄是《说文》的第 126 个部首。比率中充满了玄机，对这种玄机可以进行玄学的或哲学的探讨，也可以进行数学的或科学的探讨。

西语 proportion 分为前后两个部分。前缀 pro- 是"按照"的意思，前缀所加的后边部分意谓"部分"。合比率的是合比例（proportion）的，合比例的是和谐的。汉符比率的率发律音。发律音的比率不是率的本义。率的本义发率领之率音。率是个象形字，象形大索，率字"上下两端象绞索之具，中象索，旁象麻丝之余"（周伯琦《六书证伪》）。至迟产生于西汉的《周髀算经》已在比率之率的意义上使用率。

比率意义上的率是分数，大索意义上的率象形网。许慎（58—147）是象形文字专家，他从象形本义角度解释率为："捕鸟毕也。象丝网。上下其竿柄也。"畢，1956 年简化为毕。毕不是部首，但毕的上部与下部分别是部首。毕的下部是《说文》的第 121 个部首。畢从田为田网，毕下部分为所张田网之具，张衡《东京赋》"悉率百禽"中的"率"是其使动用法。周原卜甲中有一个长柄持网捕捉鸟兽的字符。刘复认为，《说文》的第 121 个部首"与畢本一字，或从田者，盖亦象网形，非谓田猎也。"[1]

后于许慎 100 多年的刘徽（生活于公元 263 年左右）是数理科学家，他在《九章算术注》中从相比关系理解率的问题："凡数相与者谓之率，率者，自相与通；有分则可散，分重叠则可约也；等除法实，相与率也"（《方田十八》）；相与即相关，相关率相关于分数的同通，"同者，相与通同共一母也"（《方田九》）。分母相同的分数既可以通分，也可以统分，因为它们是同类数。同类数之可以通分、统分，正如同族字词之可以统一理解。

---

[1] 刘复、宋文民：《说文五百四十部首正解》，江苏古籍出版社 2003 年版，第 96 页。

人文中的人是区别为种族的,"非我族类,其心必异"(《左传》)。人文中的文字、字词也是区别为字族、词族的。字族是文字的,词族是语言的。《说文》第 121 个部首与畢的同族性首先是同字族的,其次才是同词族的。就其同词族而言,它们是声音相通、并且意义相近的同源词。就其同字族而言,在历史长河中形状或简或繁、意义或近或同的这两个字符亦可能有某种古今的意味。

比率的率不但发"律"音,而且在法度意义上被使用时亦通"律"。高诱注《淮南子》时认为"率与律同"。朱骏声《说文通训定声》认为"率假借为律"。最著名的比率是圆周率。祖冲之(429—500)所提出的约率是 22/7,密率是 355/113。其中密率领先世界约 1000 年。著名数学史家钱宝琮写过一篇著名的文章《圆周率 3927/1250 的作者究竟是谁》[1]。钱先生、华罗庚等人认为是刘徽,李俨、李迪等人认为是祖冲之。刘徽《九章算术》中的 157/50 是从计算圆内接正 192 边形得来,其更精密的 3927/1250 是从计算圆内接正 3072 边形得来。

文献记载,古希腊毕达格拉斯(Pythagoras)曾经有一次走过一个铁匠铺,他突然从铁锤敲打的声音里听到了数的和声(harmony)。通过研究铁锤和铁锤的和声,他感悟并认识到"那些彼此间音调和谐的锤子有一种简单的数学关系——它们的质量彼此之间成简单比,或者说简分数。就是说,那些重量等于某一把锤子重量的 1/2,1/3 或 1/4 的锤子都能产生和谐的声响。相反,敲打时发出噪声的锤子,它的重量和别的锤子的重量之间不存在简比关

---

[1]《数学通报》1955 年第 5 期。

系"[1]。乐声比的理论被应用于乐器里拉（lira）的制造。

数学与科学之关联可以缩小到数学与物理学之关联，亦可以再缩小到数与物之关联。将弦这种物固定在乐器上，就可能产生不同数量的震动之音。这种音可能是和谐的，也可能是不和谐的。"和音只在非常特殊的一些位置出现。例如，在弦上恰为一半处固定弦，再拨弦会产生一个与原来的音和谐的高八度的音。类似的，在弦上恰为 1/3，1/4 或 1/5 处固定弦，就会产生其他的和音。然而，如果在整个弦的长度的非简分数处固定弦，那么产生的音是不会与上述这些音和谐的。"[2]

比率的精义与律吕的精义之相通，正如率与律之相通。律从彳，正如徽从彳。刘徽的徽，即徽州的徽与律都从彳。发律音的率在法度的意义上通于比率。发帅音的率在本义上通于徽。《说文》和《玉篇》都训徽为索。系琴弦的徽亦为索。琴的徽位系按纯律排列。用纯五度和大三度确定音阶中各音高度的律制为纯律。纯律音响协和。关于律吕的精义涉及明代乐律学家朱载堉（1536—约1610）所发明的十二平均律。十二平均律是一种将八度分为十二个音程相等的半音的律制。此律制各相邻两律之间的震动数之比均为 2 的开 12 次方（1.05946）。有了十二平均律，音乐中的转调将变得比较方便。近代键盘乐器、竖琴等均依此律制定弦。平均律中，除八度外，其余各律与纯律微有出入。

---

[1] 西蒙·辛格著、薛密译：《费马大定理》，上海世纪出版集团 2005 年版，第 13—14 页。
[2] 同上，第 15 页。

第十四：实事求是的精神中既寓含着正义，也寓含着真理。物理是科学的，玄理是哲学的。定义和定理是理性思维所必需的。

53．物理

在先秦，老子主张"道法自然"，但在宋代的邵雍（1011—1077）看来，"老子五千言，大抵皆言物理"（《观物外篇·十二》）。在西语中，自然（nature）的是土生土长的（native）。在汉语中，自然的是物理的。亚里士多德有关于自然哲学的著作叫《物理学》(Physika)。老子"皆言物理"的书叫《道德经》。牛顿的《自然哲学的数学原理》是一部物理学著作，更准确地说，是一部奠定了经典力学基础的著作。但是，这部著作的名称却用了"自然哲学"。这里所谓"自然哲学"，实际上意谓我们今天的自然科学，或者专指物理学。物理学在邵雍的《皇极经世书》里被称为"物理之学"。在邵雍之前700多年，西晋杨泉曾著《物理论》16卷。

物理之物从牛，正如義理之義从羊。从牛从羊都是从动物。虽然万事万物之物未必都是有生命的，但动物肯定是有生命的。"理犹性也。"（《礼记·乐记》）"凡以知，人之性也；可以知，物之理也。以可知人之性，求可以知物之理"（《荀子·解蔽》），文明使之然也。文明使物趋于理为自然科学，使义趋于理为社会科学。義不但从羊，而且从我。物理学的定义、定理有关于我所思考的科学，它"或有所通，或有所不通。不通可以强通，强通则有我，有我则失于理而入于术"（邵雍《皇极经世书·观物外篇》）。

笛卡尔说"我思故我在"。我所思的物理世界与义理世界是通而不同的。世界是物质的，物质世界中的物理是偏于自然的，义理是偏于社会的。物理与义理的通而不同，正如自然与性命的通而不同。"穷理尽性，以至于命"（《说卦》），在邵雍看来是物之理也。性从生，源于生命的植物形式。物从牛，源于生命的动物形式。在西语中物理学与生理学（physiology）同源。在汉语中生命之理与性命之理同源。

人有目能观万物之色，有耳能听万物之声，有鼻能嗅万物之气，有口能尝万物之味，有手能感觉万物之质。食色，性也，生理也。命者，令也，生性之极在于感悟并遵守自然规律之命令也。"一叶且或迎意，虫声有足引心"（《文心雕龙·物色》）有关于文学家的穷理尽性。"以物观物"、"以我观物"有关于哲学家的穷理尽性。

聪明者神圣，神圣者能"观天地，俯万物，推历律，定制度，兴礼乐，以前民用，化至感若，皆物理也"，"惟神而明之者知之"。神圣者"言义理，言经济，言文章，言律历，言性命，各个专科，然物理在一切中"（《物理小识·总论》引《潜草》，《潜草》为方以智的父亲方孔炤著）。在邵雍之后约600年，方以智在《物理小识》中继承和发展了中国的大物理观。当然，方以智的物理观也因西学之启迪而具有中西会通的分析性。

先有方以智对知识的分类，后有金岳霖的《知识论》。知识是理，有物理，有宰理，有至理。"考测天地之家，象数、律历、音声、医药之说，皆质之通也，皆物理也。专言治教，则宰理也。专言通几，则所以为物之至理也。"（《通雅·文章薪火》）通，研究、融会之谓也。测，观察、验证之谓也。在方以智那里，如果说通雅是偏于通文科，那么，通几是偏于通理科。方以智质测什么呢？他在质测物理。质测物理所呼唤的是自然科学。宰理是治教之理，治教之理呼唤社会科学。

　　董光璧先生将"专言通几，则所以为物之至理"中的"至理"理解为哲学，独到之精思也。虽然"在逻辑明见性的领域，以前后一致的形式所进行的演绎和推论，经常起着本质的作用"，但是"我们也必须注意到那些建构性的主动性"。[1] 方以智因追求至理而通几是想把哲学置于科学的基础之上。他所做的工作正是时代所呼唤的主体性的主动性。

54. 玄理

　　• 玄的上下结构，正如 philosophy 的左右结构。后者的左右结构从"爱智"获得哲学意义，而前者的上下结构从"形而上"获得玄学意义。从西方语根看，"形而上学"是从"物理学"之后获得玄学意义的。人文为了交接，我们只能用 meta- 引导"玄"，或用"形而上学"来表达玄理。玄理之玄是《说文》的第 126 个部首。玄源于三玄。玄是道家的根本，老子的玄妙，庄子的玄远，《淮南子》的玄默，嵇康的玄居，郭象的"独化于玄冥之境"，玄脉缤纷，从未中断。在西方，德里达的哲学本来也是玄而又玄，但是，他的锋芒直接指向"形而上学"，特别是指向在场的形而上学。形而上学在中文中也可以叫做玄学。德里达会反对玄学吗？解构主义的玄机能够在形符、义符、言符和音符等符号的阐释中昭然若揭于天下吗？

　　玄之又玄，众妙之门。玄理与玄妙不同。玄立足于哲学，理更

---

[1] 德里达著、方向红译：《胡塞尔〈几何学起源〉引论》，第 136 页。

靠近科学，妙在情感上接近文学。文学多喜欢从非理性中寻找韵味，侈谈玄理，"平典似《道德论》"的玄言诗在文学史上多被人诟病。然而借山水言玄，促进玄言诗向山水诗的转变，谢灵运善莫大焉。山水何以能言玄？思考这个问题会使人联想到"智者乐山，仁者乐水"的话题。山水玄默，但山水诗并不玄默，因为山水诗人"兴多才高，寓目辄书，内无乏思，外无遗物"，"名章迥句，处处间起，丽典新声，络绎奔会，譬犹青松之拔灌木，白玉之映尘沙"（钟嵘《诗品》）。

山水不但营养着人，而且营养着人的仁智。诗以言符，正如画以形符。言符以语言创意，形符以形容创意。后者利用视觉艺术营养人文精神。山水画强调"得山之骨"，"与水传神"，山水的骨神中蕴含着人的韵致："春山淡冶而如笑，夏山苍翠而如滴，秋山明净而如妆，冬山惨淡而如睡。"（郭熙《林泉高致》）

入诗入画的艺术中有一种自由的运动和游戏，这种运动和游戏是一种能够引起无限想象和联想的不清晰（ambiguity）的美。西文语根 ambi- 意谓"二"，"二"不同于"一"。相对于"一"，"二"的两可性是不清晰的。科学的本性不喜欢两可性，但美学未必完全拍科学的马屁。哲学如果喜欢拍科学的马屁，那它就应该设法克服两可性。然而，两可性在自然语言中是不可避免的。"语言文字为人生日用之所必须，著书立说尤寓托焉而不得须臾或离者也。顾求全责善，啧有烦言。作者每病其传情、说理、状物、述事，未能无欠无余，恰如人意中之所欲出。务致密则苦其粗疏，钩深赜又嫌其浮泛；怪其黏着欠灵活者有之，恶其暧昧不清明者有之。立言之人句斟字酌、慎择精研，而受言之人往往不获尽解，且易曲解而滋误解。'长恨言语浅，不如人意深'，岂独男女之情而已哉？'解人难索'，'余欲无言'，叹息弥襟，良非无故。语文之于心志，为之役而亦为之累焉。"[1] 人的心志既役用语文又会被语文所累，这正是钱钟书从中西典籍出发所阐释出来的"正反依待之理"。

从一到二是必由之路。立足于逻各斯，理（ratio）与言（oratio）分道扬镳为名理学和语言学。立足于爱（philo-），滋生出语文学（philology）和哲学（philosophy）。立足于元（meta-），滋生出形而上学与证明学（metamathemantics）。关于一分为二，《老子》第二章从有无、难易、长短、高下、音声、前后角度列为六门；亚里士多德《形而上学》第1卷继承了毕达格拉斯的观点，从奇偶、一多、左右、雌雄、动静、黑白、善恶、直曲、有限与无限、正方与长方等角度列为十门。

老子"'有无相生，难易相成'等'六门'，犹毕达格拉斯所立'奇偶、一多、动静'等'十门'，即正反依待之理"。本来，"身求存而知欲言，真情实事也；无身无言，玄理高论也。情事真实，逃之不得，除之不能，而又未肯抛其玄理，未屑卑其高论；无已，以高者玄者与真者实者委蛇而为缘饰焉。于是，言本空也，傅之于事，则言辩而遁；行亦常也，文之以言，则行伪而坚"[2]。

钱钟书在谈到老子"道可道，非常道"之玄理时，也从打通的角度引用了西哲海德格尔的观点："人乃理性之动物"本意为"人乃能言语之动物"[3]。海德格尔说："希腊人的日常活动主要在于交谈；虽然他们也有眼能看，但他们无论在前哲学的此在解释中还是

---

[1] 钱钟书：《管锥编》第2册，第406页。
[2] 同上，第413—414页。
[3] 同上，第408页。

在哲学的此在解释中都把人的本质规定为理性的动物。"[1]

55. 真理

真理不就是真和理,但真和理组合成真理是有缘由的。真原作眞,明代以来俗化为真。眞很好理解,也很难理解。眞的形状为什么由四部分组成?这需要分析。眞从目,真理是直观的。就此而言,可以思考维特根斯坦的话:"请不要想,而要看。"眞从匕,匕是 femal,femal 能生,正如精能生。雌雄动物的生殖细胞内有一些"窈兮冥兮"的东西,"其中有精,其精甚真,其中有信"(《老子·二十一章》)。萧统所谓"真理虚寂"言及真理的抽象性。《世说新语》称"林法师神理所通,玄拔独悟","令真理不绝"言及人的精神可以把握真理、延续真理。神理既可以理解为精神之理,也可以理解为宗教之理。

精神之理依靠理性,宗教之理相信天启。阿拉伯学者伊本·路西德(Ibn Rushd,1126—1198)认为:原自天启的宗教真理可以"适应大众的需要,由理性获得的科学和哲学的真理仅为少数人所理解",此二者各有认识范围。真正的宗教不应该反对哲学真理。真正的哲学也不应该反对宗教,当然,它应该排斥宗教对科学和哲学的干扰。

眞从乚,正如直的繁体从乚。《说文》乚部释其为隐。在许多时候,真理也是隐藏着的。正因为真理是隐藏着的,所以需要寻找真理,发现真理,追求真理。而且这从古至今始终是一项艰苦的劳

---

[1] 海德格尔:《存在与时间》,三联书店 1987 年版,第 201 页。

动。眞从八。八者,分也,分至于八,必成极致也。八是阴数。八是一个甲骨文字根。真肯定与人有关,但也未必是人。然而,《庄子》一书中有所谓"真人"。真被许慎释为"仙人变形而登天",八被许慎释作仙人登天"所乘载也"。"有真人而后有真知"(《大宗师》),有真知而后有真理。真理的境界需要真意体悟。

美善不空,才高知深之谓也。美善不空呼唤真实,而在真实出现以前,呼唤真理的声音也从来就没有停止。"阴阳者天地之大理。"(《管子·四时》)"理也者,明分以谕义之意也。"(《管子·心术上》)按照孟荀,心之所同然者为理义,"物理"有关于天行自然,"事理"有关于古今社会。"道理"有关于自然和社会的统一。从客观上看,真理是理义的;从主观上看,真理是意义的。

《庄子·缮性》首先将道理之道和真理之理联系起来。许慎释理为动词性的治玉源于《韩非子·和氏》。但在《韩非子·解老》篇理已经娴熟为抽象名词。"万物各异理而道尽稽万物之理"是韩非子贡献给世人的最具闪光点的真理之一。在人的思维和行为的合规律性方面,道、理相应,"理也者,是非之宗也"(《吕氏春秋·离谓》)。是为《说文》的第 32 个部首。是从一。一是真一。"专守真一者,则头发不白。"(陶弘景《真诰二》)是亦从正,真正之谓也。是其所非,非其所是,就会"失道理之实"。丧失了道理之实,也就丧失了真理的基础。

真理是实体的"实事求是","务得事实,每求真是"(《汉书·河间献王传》及颜师古注)之谓也。"实事就是客观存在着的一切事物,'是'就是客观事物的内部联系,即规律性,'求'就是我们要去研究"(毛泽东《改造我们的学习》),"实事求是"是从具体到抽象。具体"是许多规定的综合,因而是多样性的统一"。抽象是用分类的方式把握具体。把握真理还要使用从抽象上升到具体的方法。这个方法"是思维用来掌握具体并把它当作一个精神上的具体再现出来的方式"[1]。

具体的具与真理的真形近，真理的真与正直的直形近。在印欧语系中，实体（substance）扎根在 stand 中，stand 是正直的，直观的，同时也是脚踏实地的。Stand 为立，立是《说文》的第 404 个部首。在汉语里，实体的正直、直观由实所从的宝字盖明示。简体实突现头脑的作用。繁体實突现财经（finance）的作用。在更早的古代，寔通實。寔字浓缩了古代先民的实事求是。寔亦通實。寔是實，意谓追求真理。實，寔也。追求真理就应该实事求是。古人的思维多半是从具体走向抽象。

实体的实事求是有赖于人的认识，人的认识就形式而言是主观的，就内容而言是客观的，人们说某种认识为真理，这意味着它是某种不依赖于人或人类的客观东西。"人的思维是否具有客观的真理性，这并不是一个理论的问题，而是一个实践的问题。人应该在实践中证明自己思维的真理性，即自己思维的现实性和力量，亦即自己思维的此岸性。"[2] 这里的思路是从抽象上升到具体，由于要从抽象上升到具体，所以，它不是一个理论的问题，而是一个实践的问题。从抽象到具体是近几个世纪以来的思想。

56. 义理

在追求逻辑规律的进程中，今人用定义（definition）、定理

---

[1]《马克思恩格斯选集》第 2 卷，第 103 页。
[2]《马克思恩格斯选集》第 1 卷，第 16 页。

(theorem)分析了义理。其实,义也、理也在先秦多是分开使用的。《孟子·告子上》有"理义之悦我心"之语。理义即义理。"义理,礼之文也。"(《礼记·礼器》)"左氏传多古字古言,学者传训诂而已。及歆治左氏,引传文以解经,转相发明,由是章句、义理备焉。"(《汉书·刘歆传》)解经包括分解《易》,将其一分为二或一分为四。一分为四即象、数、义、理,一分为二即象数和义理。象是形象,形象在艺术意义上有象征(symbolism)的味道,在科学意义上有模型(pattern)的味道。"规定着经验形象和象征符号关系的是数。义是象在数的关系中所呈现的意义及其凝结成的概念。意义和概念进一步发挥为命题和判断并系统化,便形成为理。"[1]

先有义理,后有义理之学。"义理之学,亦须深沉方有造,非浅易轻浮之可得也。"(《张载集·经学理窟》)"古今学问之途,其大致有三:或事于理义,或事于制数,或事于文章。""圣人之道在六经。汉儒得其制数,失其义理;宋儒得其义理,失其制数。"(《戴震文集》卷九《与方希原书》)六经的整理始于孔子。六经之学始于汉。汉儒之制数偏于章句训诂。魏晋王弼等人明确指出:"存象者非得意者也","忘象者乃得意者也。"(《周易略例·明象》)寻求逻辑规律的思想在中国从来就没有停止。文以意为主呼唤意义,正如文以气为主呼唤气质,义理之学既是有意义的,也是有气质的。

义理之学既成就了玄学,也成就了理学。章句之学既成就了经学,也成就了训诂学。训诂学多着眼于单形根符或双音义符本身的解析,即刘勰所谓"释名以彰义"。义理学则多着眼于刘勰所谓"敷理以举统",推崇义理者即使在解析单形根符或双音义符时,

---

[1]《中国儒学百科全书》,中国大百科全书出版社1997年版,第284页。

也绝对不放弃体系性的建构。司马迁通古今之变着眼于历史。萧绎所谓"古人之学者有二，今人之学者有四"（《金楼子·立言》）着眼于文学。程颐所谓"古人之学者一，今之学者三"（《二程集》卷一一）着眼于理学。

研究古与今的关系是偏于历时性的学问。"道术将为天下裂"是历史文化的必然趋势。1500多年前的萧绎在义理的单形层面既一分为二地辨析了"儒"和"文"、"美文"和"应用文"，也在一分为四的基础上辨析了正面的人文（儒）、学术性的人文（学）、应用性的人文（笔）和审美性的文学。940多年前程颐从义理之学的双音乃至四音层面一分为三地区别了文章之学、训诂之学和儒者之学。

学问在思维层面上是逻辑的。逻辑用类概念判断、推理。"类"在春秋时期开始成为逻辑的。文献是义理的，整理文献的孔子是义理的奠基者，曾经学于儒的墨子及其后学是逻辑思维形式的建设者，孟子、荀子、董仲舒、杨雄、王充、王弼、何晏、葛洪等人为义理之学的拓展者，至宋，义理之学达到前所未有的高峰。

义理之学源于易学，通于科学。后人所谓象数之学、义理之学，在前人那里，只是易学。易是《说文》的第368个部首。南宋王湜著有《易学》。"论说辞序，易统其首。"系辞、诸子是中国论说文的渊薮，入道见志，博明万事，适辨理论，离不开论说文，偏于历史的《太史公自序》，偏于哲学的《庄子序》，偏于文艺学的《文赋序》、《诗品序》都是用论说文写成的。程颐所谓"古人之学者一"，这个"一"是总体性的。他所谓"今之学者三"，这个"三"意谓"多"。专门研究过论说文的刘勰主张"乘一总万"（《总术》）。

儒家尊《易》为"群经之首"，道家崇《易》为三玄之一。玄学是义理之学的先驱。玄是《说文》的第 126 个部首。老子认为"无"、"有"同出而异名，同谓之玄。先秦人认为"易极深而研几也"。幺是《说文》的第 123 个部首。从双幺的幾（几）是《说文》的第 124 个部首。魏晋人极深于玄学义理之时，佛学的浸淫促进了儒道文化之融合。宋明人极深于儒学义理之时，道家和释家的东西更多地被整合进来。易学之发展不能仅专注于极深之义理学，而且应该结合于象数之研几学。

中国的研几学在方以智那里被称为通几。在方以智之前，徐光启（1562—1633）已经用"几何"翻译了西方数学中的 geometry。幺是甲骨文中出现的字符。从幺的玄和幾都是金文中出现的字符。玄学重义理进入了哲学。宋明理学作为义理学在邵雍那里有数学内容。明代徐光启翻译《几何原本》开启了另一个世界。研几学应该具有数理科学的眼光，在这种眼光下，"名理之儒谬言数有神理，能知来藏往"的神话将会破灭。研几学知微见著的特性能纠正义理学之偏颇，数理性的研几学喜欢将义理从科学的角度破解为定义定理来把握，定义偏于通几，定理偏于质测。

> 第十五：就形式而言是文辞，就科学而言是数理，就易学而言是象数。物与文相通，物质与精神相通，象数与数理相通。

57. 物文

非物质文化遗产可以简称为"非物文"，"非物文"是相对于

"物文"而言。物从牛,其本义为杂毛色牛。许慎云:"牛为大物,天地之数,起于牵牛,故从牛,勿声",勿之三撇即象形牛的杂毛色。殷商人将包括杂毛色牛在内的物质性、生物性和动物性的牛刻在甲骨上,这颇有一些非物质文化的味道,但这种"非物文"依旧必须附着在龟甲和兽骨上。甲骨文、钟鼎文、石鼓文、简牍文、帛文、纸文、电文都是非物文,这些非物文都必须附着在甲骨、钟鼎、石鼓、简牍、帛、纸、电等物质上。

如果说物质文化是文物性的,那非物质文化在早期是文字性的,文字附着在文物上。文字源于图画,中国的图画已有7000多年历史,最初的图画画在陶器、岩壁上。图画是形象的记忆,这种记忆通过象形极易文化为记号。20世纪50年代在半坡出土了许多彩陶,彩陶上有记号,一个陶片一个记号,彩陶记号可能是表示陶器所有者或制作者的符号,而不是用于记录口语的符号,这种符号可以看作是图画向文字的过渡,但还不是文字本身。殷代才出现连缀起来的字节,这些字节"以肖物形为主,不拘字画之繁简向背"[1]。

作为牛的物演化成万事万物之物,这是甲骨文之后很长时期社会历史生活实践的结果。《系辞传》所谓"物以群分"还带有牛群遗传基因的说辞,但"物相杂故曰文"则倾向于打通物与文之间的关系。物文由此得以奠定。在石器时代,石器是物文,石壁上的图画是非物文。在半坡时代,陶器是物文,陶器上的图画、记号是非物文。在金属器时代,金属器是物文,金属器上的钟鼎文是非物文。

---

[1] 罗振玉:《殷商贞卜文字考》,1910年,第7页。

"物相杂故曰文"这一断语打通了物文。有历史意义上的物文,有文学意义上的物文。考古性的溯源意义上的文物是历史意义上的物文,文字出现以前活在人类口头上的歌谣是文学意义上的物文。后者在形态上已颇具非物文的意味。

物与文的打通使得人们对物有了一种新的认识。物从个体性的牛泛化或广化为万事万物之物,从具体的牛升华为抽象的具有哲理性的"先天地而生"之物(《老子·二十五章》),从具象性的牛升华为具有逻辑性的"大共名"(《荀子·正名》)。至西汉董仲舒《春秋繁露·玉杯》,则干脆说"志为质,物为文"。志质物文强调物质文化,物质文化是汉文化强盛的基本条件。

非物文不同于物文。非物文中的"志质"常常会超越(transcend)物质,不但文学之"志质"常常会超越物质,而且历史之"志质"也对超越物质跃跃欲试。历史和文学都需要描叙事情,历史"叙述已发生的事",文学"描述可能发生的事"(亚里士多德《诗学》第9章),后者的志质性强于前者。文学作为非物文描述可能发生的事全然不脱离感性的氛围,从感性切入理性。文学活动比历史活动更具有哲学意味,但哲学的逻辑学意味重,哲学的超越是一种理性的超越,此与史论实事求是的总结有所不同。

58. 辞理

刘勰说:"辞理庸俊,莫能翻其才。"(《体性》)这里的才,是抽象的才气。抽象的才来源于具体的才。才,草木之初也。楚,丛木。一曰荆也,从林。唯楚多才。在春秋战国及其以前,中国至少有关东、关西和长江流域三个文化圈。楚文化是长江流域文化圈的主体。楚位于周之南，位于周公旦封地之南的简称周南，位于召公奭封地之南的叫召南。甲骨文中已出现"楚"的雏形。楚从林源于木，木源于才。質从斫源于斤。斤字象形手持斧劈木。辞理有关于才质。才质通于才性，正如本质通于性质。性言其质偏于心，才言其用偏于生。刘勰所谓"山木为良匠所度"，"木美而定于斧斤"，是就人文实用而言，他所谓"经书为文士所择"，"事美而制于刀笔"是就人文文化而言。人文如此研思，"无惭匠石矣"（《事类》）。

辭理的辭在明代前后俗化为辞。辞从舌。言辞之易乱，正如丝之易乱。乱，治也。辞，讼也。言文之于辞理，正如口舌之于辞讼。刘勰又说："明理引乎成辞，征义举乎人事。"（《事类》）辞理之辞本身就包含着人事。辭的左半部被收入《汉语大字典》第2036页。这个符号有关于治丝。治丝即理丝。治丝要用手传授，故辭又写作辝。辝从受，受从爪从又。爪又合，成为《说文》的第129个部首。籀文辞从司。司是《说文》的第336个部首。司从口，正如可从口。可是《说文》的第154个部首。可和司都是甲骨文中出现的基本字符。可和司所从的口是比可和司更基本的字符。可从口表示许可（yes），司从口表示主管。在可之前，《说文》的第155个部首是兮。兮虽然不从口，但与从口的啊意义相近。

辞理有关于楚辞。兮是楚辞。辞从舌正如词从言、言从口。楚地广及江汉、江淮，楚歌、楚谣丰富。据刘向《说苑》记载，公元前6世纪有《楚人歌》。《论语·微子》中的楚狂《接舆歌》，其"凤兮，凤兮"是楚辞。楚歌辞的辞理在《周南》、《召南》中有表现，在其他古籍所保存的歌谣中也有表现。《汉广》、《螽斯》、《摽有梅》等诗，隔句用一"思"字，"兮"字缀在句末，很有规律。楚歌谣不像中原民歌那样用四言体，它们都在隔句末尾用语助词"兮"。

楚辞之实虽然"轩翥诗人之后，奋飞辞家之前"（《辨骚》），但其名最早见于西汉前期。《史记》、《汉书》记述西汉之事，或者以《春秋》与楚辞对举，或者把六艺与楚辞并列。这种对举和并列，催化了辞理的成熟。

文以气为主，但理气与辞气并不必然同步。"孔融体气高妙，有过人者，然不能持论，理不胜辞。"（《典论·论文》）辞理之辞与意内而言外之词通而不同，正如《说文》第129个部首与第336个部首通而不同。通于辞理的词从司。《汉语大字典》说："金文司均作嗣解，而有司、司徒、司工、司马之司，金文均象理丝之形。"司，主也。土司即司土。元明清时，在境内分封了许多世袭的少数民族的官职，名其为土司。司言为词。司比辞古老，辞比词古老，辞理比理趣古老。虽然"辞理庸俊，莫能翻其才"，但才和气是不同的。才和气之不同，正如辞理和风趣之不同。

追溯辞理的源远流长，更容易体味文本的根深叶茂。"明理引乎成辞"：言舌引用了口，司可亦引用了口，辞词引用了舌言司。"征义举乎人事"，人事离不开对人的史事实情的记录，离不开人手的操劳写作，离不开人口的言谈说明，离不开言文词句的叙述把持。文本同而末异，性言其质偏于心，故云，情因物感，文以情生。文以气为主，才言其用偏于生，故云，心生而言立，言立而文明。文明（civilization）与文化（culture）同步于文学的辞理，如果说文明是金的文化，那文化是木的文明。就金的文化而言，文学的辞理脱离不开质理，但太质理也会偏离文学的本性。就木的文明而言，文学的辞理脱离不开生理，但太生理也会偏离文学的本性。人不是纯粹的科学性的动物，而是人文辞理、辞章结合着的动物，人文的艺术性会为人的生活开辟出一条生动活泼的道路。

59. 数理

　　数与数学正如物与物理。数学物理，统谓数理。"数学"（mathematics）这个词来源于古希腊文。理解这个词的根义更应该结合"学"而不是"数"。学之为言觉也，以觉悟所不知也。mathēma 这个语符首先意谓对观照的实体或所要处理的事情的觉知，因为"只有当'数'是这些预先觉知到的事物的性质时，才运用计数学于这些事物"[1]。数学之数，偏于人文；数理之数，偏于自然。

　　数理的理，即"理工农医"之理。理（physic）在希腊语中立足于"自然"，正如万事万物之物在中文中立足于"天地"。"天地有大美而不言，四时有明法而不议，万物有成理而不说。圣人者，原天地之美，而达万物之理。"（《庄子·知北游》）"理工农医"之理基于"万物之理"，通于易理之理，延展为数理逻辑之理。数理之二会生成"四"，比利时籍华人沈宜甲在《科学无玄的周易》（中译本1984年由中国友谊出版公司出版）第四章言及数理易理时谈到"四"的重要性。人的"衣食住行"之四，人文的"言文史哲"之四，社会的"政经管法"之四，自然的"理工农医"之四，都是重要的四。易理之四就是"两仪生四象"的四，它是二的平方。四象生成的八卦是二的三次方，六十四卦是二的六次方。生成四象的两仪之二是二进制的二，走向数字化的我们的现时世界所依据的就是这个被电子计算机二进制用来编码并改变着我们世界的"二"。这个"二"不但主宰着逻辑世界，而且主宰着文理世界。

---

[1] R. 阿恩海姆著、滕守尧译：《视觉思维》，第316页。

马克思说："只有在成功地运用数学时,科学才算达到了真正完善的境地。"[1] 思维数学化的问题早在 17 世纪已由莱布尼茨提出,但直到 19 世纪,这一问题才由布尔代数转化为数理逻辑。形式是数理逻辑,实质是思维演算。在古英语、古法语和古德语中,reckon 这个词既有计算的意思,也有想的意思。想这种转化信息的脑力劳动,其思维的痕迹局外人是很难捕捉的,但计算本身是可以捕捉的,因为它应该是合理的。

尽管在古代西方语根里,物理的和自然的是统一的,但是到了后来乃至今天,情况发生了变化。若说数理是数学的,那是着眼于演绎逻辑而言。若说物理不是数学,那更多是着眼于前者是一门自然科学而言。"从数学不是一门自然科学的意义上说,数学并不是一门科学。它的正确性不是用实验来检验的。"[2] 20 世纪 80 年代,钱学森在一封信中也提出,在人类整个知识系统中,数学不应该被看成是自然科学的一个分支,而应该提高到与自然科学和社会科学同等重要的地位。

中国古代用"结绳"的方法记事并储存信息。结绳的信息既是思想的,也是计算的。以 cal- 开头的西语有 calx,这个词的意思是小石头。由于人们最初用小石头计算,所以,以 cal- 开头的某些词都有了计数的意思。如计算(calculate)、微积分(calculus)等。在西文中以 cal- 开头的计算和以 com- 开头的计算意思有区别,这正像以中文"器"提示的 machine 和以中文"机"提示的 machine 意思有差别一样。微积分固然强调"分",但计

---

[1] 保尔·拉法格:《回忆马克思》,载《回忆马克思和恩格斯》,莫斯科,1956 年,第 66 页。
[2] 《费曼讲物理入门》,湖南科学技术出版社 2004 年版,第 46 页。

算并不排斥"合"。"计算机"一词的西文前缀 com- 就是"合"（with）的意思。

数理之分合，正如物理之开关，分合开关之关在机器那里被称为"机关"。机所以发为"1"，关所以闭为"0"，这是数和物，或者说数字和物理，或者说数学和物理学爱恋后形成的"机心"，也是计算机科学所依靠的数理逻辑的"核心"。这个核心是由人的大脑发明的，但"芯片"（chip）是由手工所造。人脑发明了电脑，并指示手根据数理和物理的结合原理制造包括电子计算机在内的机器。集成电路（ic）要完成"乘一总万"（刘勰语）的任务必须遵循二进制编码的"逻辑控制"原理。"逻辑控制"原理在二进制编码的电脑那里是计算的，在"乘一总万"的人的大脑那里是思想的。虽然在语词 reckon 那里计算的和思想的是一体的，但人的大脑已经顽强地将物理和自然进行了区分，同时也将物理和计算进行了区分。

数学不是自然科学，物理学是自然科学的一个部分。没有被充分认识的自然容易混同于广义物理学，掌握了规律并能用计算把握的自然偏于狭义的物理学或者被归入计算机化了的物理学。集成电路之集成（integrated）与整数论之整数（integer）在西语中是同一语根。总体性（totality）之总（all）在中文中也有"整数"的意思，例如《老残游记》第十九回"银子成总了"之总就意谓"整数"。虽然二进制编码整合了物理学和计算机科学，并且智能机器的发展造就了亿万"傻瓜"和计算机的奴仆，但人的"治繁总要"（《文心雕龙·奏启》）思想和人文的"乘一总万"梦想在电子计算机时代总的来说是朝前推进了。

60. 象数

阿恩海姆说："假如没有直接的知觉活动对原材料的最初造型，就谈不上对这些材料的进一步装配和加工。"[1]甲骨文中已出现豕象夂等字符。《左传》最早用龟筮阐释象数，并云"物生而后有象，象而后有滋，滋而后有数"（僖公十五年）。龟筮之于象数之学，正如算筹之于数学。先有具体的豕象，后有抽象的形象。象数所内蕴的数学规则，离不开对形象的观察和思考。"象起于形，数起于质。""天之象数，可得而推。如其神用，则不可得而测也。"（邵雍《皇极经世书·观物外篇》）可以进行推测的象数当然可以用起于文字的名言和起于实用的心意来进行论说。

兼三才而两之易，既两仪为阴阳，又三裁为象数理。历史长河，滔滔不绝。在"道术将为天下裂"之大势下，正像今日之教育必然会分门为文理一样，中国的易学在古代也必然会别类为象数和义理。象数兼三才而两之，两之以四为阴阳刚柔，两之以八为日月星辰水火土石。二、四、八为偶，偏于阴；三才五行为奇，偏于阳。"叁伍以变，错综其数，通其变，遂成天下之文。"（《系辞传上》）至齐梁刘勰著《文心》，极尽"因革通变之数"（《通变》）而有成体系之理论。

《系辞传上》亦云"极其数，遂定天下之象。"汉易重象数，目的在于预言灾变。孟喜以阴阳说易于卦气，涉及四时、十二月、二十四节气。京房以八卦配五行、五方、干支，推探阴阳消息，并论及飞伏，以卦见者为飞，不见者为伏，飞为未来，伏为既往。郑

---

[1] R. 阿恩海姆著、滕守尧译：《视觉思维》，第 142 页。

玄以兼三才而两之六爻配合地支所蕴含的十二时辰、十二音律。"画八卦，由数起"（《汉书·律历志》），还是由象起？这是一个困惑人的问题。易有太极，太极从木，木为植物，正如象为动物。龟筮为象数，龟为动物，筮所从竹为植物。

　　易所象征的动植物，既有象，又有数；既有义，又有理。从先秦到魏晋南北朝，易学逐渐趋于象数和义理两大流派。其后，汉代象数学至宋代逐渐趋于数学与象学，而魏晋义理学至宋明逐渐趋于理学和义学。董光璧先生说："宋代重建象数学时，以数生象的形上观为指导原理发展出数学派，而以象生数为指导原则导致象学派的形成。这两派虽在数的形上观上针锋相对，但因前者把象看作数和理的中介，而后者把数看作理和象的中介，都兼及象、理、数。在这种意义上，宋代象数学兼容了魏晋义理学派的某些合理因素。"[1]

　　文学的视觉性质主要靠"立象以尽意"，但象和数在许多情况下是不可分离的。刘勰所谓"玄黄色杂，方圆体分"（《原道》）是在论文。"玄黄色杂"是象，"方圆体分"是数。天玄地黄，兼三才而两之玄黄是象学的。天圆地方，兼三才而两之方圆是数学的。《易经》用数而不言数，其中有象数原理。文学用象而较少言及如何用象，其中亦有文学原理。刘勰曾经用"圆者规体，其势也自转；方者矩形，其势也自安"（《定势》）来说明文学的体势。这也是用数而不言数的一个例子。象与数以及象学与数学在易学中的关系，正如义与理以及义学与理学在哲学中的关系。

　　古文献记载："禹治洪水，始用勾股弦，称其为大衍数。"（《周

---

[1]《中国儒学百科全书》，第288页。

髀算经》)"大衍之数五十,其用四十有九。"(《系传上》)大衍数的形象背景在宏观上为方圆。中国古书《九术通考》记载,边长为7的正方形,周长为28。边长为7的正方形的内接圆的周长约为22。22/7是圆周率的约率。22与28之和是50,为大衍之数。[1] 大衍之数在直角三角形那里是勾3股4弦5的平方和。刘勰论文,亦"彰乎大易之数",大易之数即大衍之数。50与1同余于7,七七四十九为有用,其一不用。不用之用相对于七七四十九之用。这里又涉及一与多的问题。

> 第十六:几何是数学的,知几是哲学的。圆形是几何的,圆通是美学的。义贵圆通,π能通神,几何学与文、史、哲理论可以共和。

61. 几何

中国古人云:"口所以言食也。"口言食所形成的人文三角关系,正如勾股弦所形成的数学原理关系。口所言食如果是具有科学性的,那这种言食是几何的。在《诗经》的时代,几何的本义是多少。在古希腊,geometry的字面意思是测地(measure the land)。现代几何的空间和形式的语言(the language of space and form)意义,正如现代文化完善程度上的测量意义。"每一种文化都有测量,只是在完善程度上有低级和高级的不同。"事实的历史的测量,包

---

[1] 参见茅以升:《中国圆周率略史》,《科学》1917年3月4日,第411—423页。

括测地、量路和绘图等等，都"保证了文化的进步"[1]。

几何是数学的，正像如何是文学的。胡塞尔追溯几何学的起源所立足的是源于古希腊文并影响至今的 idea，德里达引论《几何学的起源》也是立足于 idea。Idea 在希腊文中的原义是看（see）或看见的东西。用目看见的东西是形象的，形象的是文学的。用目看见的东西是包含着多少的，多少的是数学的。古希腊的柏拉图排除了 idea 的感性意义，用其指谓理智或理智的对象，即理解或理解的东西。理智、理解在客体上需要看的对象等实物，正如理智、理解在主体上需要看的视觉等感觉。如果强调 idea 的目见性，那它是观念的；如果强调 idea 的非目见性，那它是理念的。胡塞尔在论及几何起源时说："正如我们所看到的，这是一种理念的客观性。这种理念的客观性是文化世界的整整一类精神产品所独具的，全部科学构成物和科学本身都属于这类精神产品，而且例如文学作品这种构成物也包括于其中。"[2]

历史地看，如果说马克思的哲学是奠定在经济基础上的哲学，那么，胡塞尔的哲学是奠定在数学起源上的哲学。德里达说："数学对象似乎是享有特权的例子，它是胡塞尔思想中最为持久的主线，因为数学对象是观念的。它的存在穷尽在它的完全透明的现象中，然而它又具有绝对的客观性，也就是说，它完全摆脱了经验主观性，它仅仅是其显现之物而已。因此，它总是已经被还原到其现象的含义上。对纯粹意识而言，它的存在一开始就是对象的存在。"胡塞尔总是从起源的意义上思考，他的 1891 年出版

---

[1] 胡塞尔著、王炳文译：《欧洲科学的危机与超越论的现象学》，第 455 页。
[2] 同上，第 431 页。

的"第一本重要著作《算术哲学》已经可以题名为《算术的起源》了",1936年写的《关于几何学的起源》沿袭了前者的思路。[1] "数字是精神的创造,只要它是我们对具体内容进行操作的活动结果;这些活动所创立的东西并不是一种新型的绝对存在,我们也不可能在空间或'外部世界'中的某个地方重新找到它。它是一种奇特的关系概念,它总是不断地被产生,可在任何地方都不可能被现成地发现。"德里达在《引论》第1章第1页的注释里说,胡塞尔的这段引人关注的话,首先出现在他的1887年的《论数的概念》中,后来又出现在《算术哲学》的第1章中。几何理念的产生不就是原初的历史,但通过向感知结构以及具体的主观行为的回返能重新激活(reactiver)统一的算术观念的原初含义。这种原初含义可以被人文言说手写。但胡塞尔本人只是从哲学的一般历史性的角度进行了解读。

  目见日月等的现象学明见性意义,正如角刀牛手等的解构学的批判性意义。对起源感兴趣的哲学家,宛若对古籍感兴趣的学问家。哲之口、文之心正如论之言、史之魂。恁心文体,史论数形,岂在开端之外?所以,《文心雕龙·情采》云:"夫以草木之微,依情待实;况乎文章,述志为本,言与志反,文岂足征?"怀疑论的态度在研究中有助于对复杂问题的谨慎判断,乐观的通达论在探索中有助于树立克服巨大困难的信心。"从事实上看,胡塞尔的彻底性是登峰造极的。"这种登峰造极的内涵是:他发现了"观念对象性的历史性即它们的起源和传统服从异乎寻常的规则",在这种规则中,"科学的诞生和变化必定可以为一种前所未有的历史直观所

---

[1] 德里达著、方向红译:《胡塞尔〈几何学起源〉引论》,第4页。

通达,在这里,对含义意向性的重新激活必定先于对事实的经验规定并成为这一规定的前提"。[1]

在这种意义上,经验论与先验论的相互不可分离便成为不可避免的了,科学与哲学之间的相互不可分离也成为不可避免的了。

62. 圆形

哲学中的形而上学能简洁地言说、直达真理,正如文学中的诗歌能敞开心扉、直抒真情。雅斯贝尔斯在《论真理》的第 50 页说:"每一个此在看起来本身都是圆的。"(Jedes Dasein scheint in sich rund.)这个圆的意义在几何学家那里具有数学意味,在形而上学家那里具有哲学意味,在诗人那里具有文学意味。

对于人来说,在天成象意谓天象是圆的,在地成形意谓地上的事物是有形体的。要理解事物就应该从形象上抓住事物,从情性上感受事物。科学家所立足的数理与文学家所立足的情理是不一样的,与哲学家所立足的哲理也是不一样的,与历史学家所理解的事理依旧是不一样的。但是,越是朝产生"在天成象,在地成形"意识的时代追溯,以上所谓"不一样"就会越来越淡薄;越是向未来发展,以上所谓"不一样"就会越来越浓厚,难道不是这样吗?

圆形是象形,象形是天地性的。"在天成象,在地成形"标志着意识的原始性,在遥远过去的某个时刻,这种意识必然而又偶然地闪现在东方先祖的某些个体的聪慧的大脑中,并用文字的形式将其传播开来,难道不是这样吗?从起源上讲,圆,元(meta-)也。

---

[1] 德里达著、方向红译:《胡塞尔〈几何学起源〉引论》,第 2—3 页。

古人所谓"形而上"，今人所谓"元"。圆的空间意味重，元的首脑意味重。

自然科学在亚里士多德的时代就是物理学，所以吕克昂学院的第 11 代传人安德罗尼柯将亚里士多德研究自然运动变化的著作归类为《物理学》，又把一些杂乱的讨论抽象问题的文章归类为《形而上学》。《形而上学》是亚里士多德的哲学代表作。physics 之于 metaphysics，正如器之于道。器物具体，故为形而下；道体抽象，故为形而上。象形文字用上、下等符号指事，拼音文字用 meta-、dia- 等符号缀联。

Meta- 之于 dia-，正如形而上学之于辩证法（dialectics）。在古希腊，最博学的人是亚里士多德，亚氏的第一哲学叫形而上学，但其内容中包含着辩证法。后代关于形而上学与辩证法的斗争，实际上是亚里士多德内部矛盾思想的延续。亚氏思想中有一个圆形的东西，形而上学是位于这个圆形的圆心原型，辩证法是笼罩在这个圆心原型上的光环。

西文用缀联法表达思想。西学中的许多术语可以音译或意译成中文。中学里的许多术语也可以音译或意译成西文。圆形，原型也，原性也。原性偏于精神分析，但原性的精神分析在存在论规定的方向上不可能全然有效。"当形而上学家告诉我们存在是圆的时候，他一下子就移走了所有的心理学的规定。他使我们摆脱幻想和思想的过去。他召唤我们进入存在的现实性。精神分析学家几乎从不关注这种紧紧裹在表达的存在本身之中的现实性。他由于这种表达的极端稀有而判定它对人来说微不足道。然而，正是这一稀有唤起了现象学家的注意力，并且现象学家提请精神分析学家用全新的眼光,从形而上学家和诗人所指明的存在视角去看。"[1]

63. 圆通

圆谓性体周遍,通谓妙用无碍。周遍无碍是正常的生理,有碍为病理,有碍用药以使其无碍为医理。在圆通里,性体的思想与妙用的诗意完全串合在一起。思想的东西与诗意的东西是同一个事物的两个方面,哲学与文学是同一体性中的两个不同性体。不脱离感性的理性体沉潜于哲学,正如不脱离理性的感性体沉迷于文学。胡塞尔、德里达在哲学的意义上追溯、引论几何学的起源,有点类似刘勰、钱钟书在人文学的意义上分析、谈论文艺学的规矩。《文心雕龙》主张"圆者规体,其势也自转;方者矩形,其势也自安"(《风骨》)。文势执持气力,"随性适分"(《明诗》),"义贵圆通"(《论说》)。"思转自圆"(《体性》)是思维科学的体性,"虑动难圆"(《指瑕》)说的是思维主体的局限性,"骨采未圆"(《风骨》)是风骨形式的瑕疵。"理圆事密"(《丽辞》)追求哲理与史实在文化或文明意义上的完美融合。

就其理性而言,"行文者总不越规矩二字,规取其圆,矩取其方"。文取其圆是取其圆熟、圆通,文取其方是取其骨劲有力。毕达哥拉斯所谓"万物皆数",可以追溯到泰勒斯的"直径分圆",径取其直,圆取其曲。就协同性而言,"行文不越规矩二字"意谓要在义理的内容和形式等方面处理好曲和直的关系。规矩之方见天分,规矩之圆见学力。笔圆意谓熟练地驾驭事物,意圆指谓完全地

---

[1] 巴什拉著、张逸婧译:《空间的诗学》,上海译文出版社 2009 年版,第 259 页。

控制内容，神圆意谓自如地把握境界。《文心》所谓"势若转圆"（《声律》）是在切韵意义上说的，所谓"鲜能通圆"（《明诗》）是在意境和精神上说的。

在义理上源于西文的协同之"同"（syn-）与中学的圆通之通同音。圆通之通与协同学（synergetics）之同在义理学上相通。德国的天文学家开普勒早年认为宇宙是和谐的，因为几何学是和谐的，几何学中的毕达格拉斯定理和黄金分割率是和谐的。尺规作图，矩直规圆，但圆通不只是几何学的专利。

"文之为德也大矣"（刘勰语），大就大在圆熟。"圆之时义大矣哉"（钱钟书语），大就大在圆通。圆通从辵，辵谓行之妙用；圆通从甬，甬谓音声之妙用。音言同根于口，音声同根于耳，音象同根于见。佛典既言圆通，又言圆觉。梵言菩提（bodhi），鸠摩罗什译为道，玄奘译为觉。言觉以音觉悟，视觉以目觉悟，听觉以耳觉悟。释慧远云："觉察名觉，如人觉贼；觉悟名觉，如人睡寤。"（《大乘大义章》卷二十）

圆通之通从辵甬声，甬声提示应"合"（syn-）于实践之用。几何学这门二级学科相对于数学这门一级学科，类似于文学理论这门二级学科相对于文学这门一级学科。"终始若环"，所以黑格尔用哲学比圆；"智圆形方"，所以普罗提诺说"心灵之运行，非直线而为圆形"。哲人不为物役，因为哲人的精神能假借于道行。周敦颐以圆象太极，正如文艺家以阳光刻画道行。威尔士诗人 Henry Vaughan（1622—1695）用"《六合》诗比道体无垠，为巨圈普括，光明澄澈（Ring of purelight）"。德国作家 J.L.Tieck（1773—1853）"谓真学问、大艺术皆可以圆形（Kreis）象之"。不列颠作家 Vernon Lee（1856—1935）云"谋篇布局之佳者，其情事线索，皆作圆形

(circle or ellipse)"。君子法天运，天运圆通。所以，中国明代大学士李廷机（1542—1616）在《举丛琐言》中说："行文者总不越规矩二字，规取其圆，矩取其方。故文艺中有着实精发核事切理者，此矩处也；有水月镜花，浑融周匝，不露色相者，此规处也。今操觚家负奇者，大率矩多而规少，故文艺方而不圆。"[1]

通是从实践应用上说，圆是就周全丰满上说，圆通是就系统的协合融通上说。古人以为天圆地方，事实并非如此。楷书圆所从之"囗"在《说文》中并不如此方正。地球是圆的或椭圆的。况周颐（1859—1926）云"能圆见学力，能方见天分"（《蕙风词话》卷一。《谈艺录》引）。天分能方在科学的数学方面使人联想到方程（equations），学力能圆使人想到教育学（880）的强大威力。

圆通是困难的，因为圆通是复杂的。圆通是美好的，因为圆通是许多因素和力量协同的结果。英文中有一个来源于拉丁文的 office，它的现代意义与它的本原意义有关。中文中有一个来源于甲骨文的力，在《说文》中成为一个部首，许慎释其本义为筋，徐中舒释其本义为耒。办公室的办，简繁体均从力，居中。繁体辦亦有从刀者。"辦，致力也。"（《说文新附》）从"刀取判别之义"，从"力取致力之义"（钮树玉《新附考》）。西文 com-（合）、syn-（同）是协同学（120.2040）的字源。甲骨文中的劦象三耒合力并耕，劦孳乳为協，協简化为协。Com- 是劦的组合，syn- 是劦的协同，圆通是系统内各元素与子系统的完满合作。

Office 是一个协调工作（work）的系统，圆通是多种力量

---

[1] 钱钟书引：《谈艺录》，第 112—114 页。

和因素协同工作的巧妙结合，这种结合（combine）具有协同学（120.2040）的意义。《说文》云："协，众之同和也。""古文协或从口作叶。"十言众口之多、众力之多。众力之协强调团队的力量，众口之叶强调语言传达信息的科学性。"延年以曼声协律"（《文心雕龙·乐府》）中隐含着语音流畅（articulation）的科学意义，正如几何学的起源中隐含着现象学的哲学意义。简单与复杂总是串通（complicity）着，复杂（complexity）的文学与数学乃至哲学之间有一种同谋关系。

64．知几

几何在科学上是源于古希腊的术语，知几在易学上是源于中学的术语。后者对刘勰、钱钟书的影响，正如前者对胡塞尔、德里达的影响。胡氏、德氏从几何学的起源中钻研哲理，正如刘氏、钱氏从变化之学中析义知几也。知几之几，繁体作幾。幾从幺，幺是一个最基本的语根，对这个语根应从文理两个方面把握。幺之幾，正如几何之幾。幺之微，正如微积分几何之微。

易学的象数意义，类似于现象学的观念的对象性意义。所以，易学中的知几、研几可以从现象学的观念的对象性意义方面来进行分析。这方面的文献和文学性的经典分析的经验材料可参见《管锥编》中对《系辞》的研究。从观念的对象性上说，几理无形，"不可以名寻，不可以形睹"。从存在的有无说，几形"离无入有"，"去无入有"，譬如"合抱之木，生于毫末；九层之台，起于累土，千里之行，起于足下"（《老子·六十四章》）。钱钟书解释说："萌芽毫末渐至于拱把合抱，假以为例，似与亚里士多德以来所称'潜能'或'潜力'（potentiality）相混淆。潜能者，能然而尚未然；几者，已动而似未动，故曰'动之微'。"[1]

几何依靠精神领会，"朗然玄照"之精神能使无形之几理在现象学的通达中蓦然回首于历史的直观。知几凭"朕照而判断，特其朕兆尚微而未著，常情遂忽而不睹"。知几"能察事象之微，识寻常所忽，斯所以为神"[2]。知几果然是精神所为吗？胡塞尔所谓"数字是精神的创造"，也许对此作了间接的回答。但是，钱钟书经验性的举例更容易理解："譬如地震或天变伊始，禽虫失常变态而人蒙昧不省；盖灾之初动，于禽虫已为'显露'，于人犹属'纤微'，故禽虫无愧先觉，而人则不知'几'焉。然禽虫何故变态，人固不得而知，禽虫作诸变态，人自可得而见；苟博物深思，于他人不注目经心之禽虫变态，因微知著，揣识灾异之端倪，则知几之神矣。"[3]

知几的"因微知著"具有观念的现象性。这种观念的现象性既可以从几何学起源的哲理的角度引论，也可以从知几的因微而著的文理的方面说明。人类作为语言生物对点、线、面、形十分敏感，象形文字的形象性具有能重新被激活的资质与可能性。"文字的、文献的语言表达的重要功能就是，它无需直接或间接的个人交谈，就使传达成为可能，它可以说是潜在化了的传达。由此，人类的共同体化也提高到一个新阶段。纯粹从物体方面来看，文字符号是直接地感觉上可经验的，并且总是有可能在主观间共同

---

[1] 钱钟书：《管锥编》第1册，第44—45页。
[2] 同上，第44页。
[3] 同上，第45页。

地经验的。"[1]

《管锥编》第1册第44页引《老子》第一十四章"视之不见名曰夷"时说："夷"一作"几"。视之不见的平易性具有现象学的性质，但现象学的"几"似乎并不平易。"事物初动之时，其理未著，唯纤微而已。若其已著之后，则心事显露，不得为几；若未动之前，又寂然顿无，兼亦不得称几也。几是离无入有，在有无之际。"（孔颖达《正义》系辞）

钱钟书借诗人佳句对知几进行深入解析，认为白诗"柳条无力魏王堤"庶几见春之几，苏诗"春风如系马，未动意先骋"庶几见春风之几，"野雁见人时，未动意先改"（亦为苏诗）庶几见雁之几。曾巩《探梅》用"含""欲"字阐发"雪含欲下不下意，梅作将开未开色"，堪为知几者。《管锥编》第1册第46页引《阴符经》下篇"心生于物，死于物，机在目"，认为"机"即"几"。又引骆宾王《代李敬业传檄天下文》"坐昧先几之兆"，并用《韩非子·解老》"先物行、先理动之谓前识，前识者，无缘而妄意度尔"，糅合《南史·周弘正传》"智不后几"论对"知几"进行综合阐发。钱先生的卓见是："'先几'是在'几'之先，即尚'无缘'；'知几'则已有'几'可知，非'无缘妄度也'。"周弘正"智不后几，体能济胜"，"未失《易》意，有'几'即见，非前识亦非后觉也"。先验之所识与后验之能识总是会在现象与本质的反对中错位，前识之所指与后觉之所能也总是会在明见性与隐晦性中区别。

---

[1] 胡塞尔著、王炳文译：《欧洲科学的危机与超越论的现象学》，第437页。

第十七：游艺不排斥沉思，比喻用类似思维。神与物游之风，畅达逍遥之旨。风雅者雅洁，风骚者忧愤，风趣者幽默。

65. 游戏

游戏是一种动物本能，本能和本源同为本，但所本不同。本能本于能，能是《说文》的第 380 个部首。本源本于泉，泉是《说文》的第 416 个部首。能与泉的关系，正如本能与本源的关系。动物的生理学本能是内在的，游戏的本源是内外结合的。游戏之于智力之心，正如操练之于体力之身。心身操练就本能（instinct）而言是内在的（in-），就操练（excercise）而言是外在的（ex-）。内在的操练偏于思维意识的表现，外在的操练偏于实践动作的模仿。

先秦游与戏多分。角力之戏与游玩之游意近。双音词"游戏"最先见于《韩非子·难三》。孔庄著作中的三言句多具有人文语根的基因意义。1987 年发表的鲍昌先生的关于文学的本质和本源的理论可以结合这些三言句来理解。"16 世纪的马佐尼，在倡导模仿说的同时，披露了'文艺是游戏'的观点。德国哲学家康德，进一步把诗歌看成是'想象力的自由游戏'。到了席勒，正式形成了艺术起源的'游戏说'。席勒认为人在现实生活中受到物质与精神两方面的束缚，渴望运用过剩的精力去达到自由；而艺术活动，即在游戏中导源。"[1]

---

[1] 《中国大百科全书·中国文学》，第 948 页。

所谓渴望"达到自由",在中国古代以庄子的《逍遥游》为最。所谓"想象力的自由游戏",很容易使人想到庄子的"鲲鹏展翅,九万里"。所谓"模仿",在孔子那里就是追求"依据":"据于德,依于仁。"孔子所谓"兴于诗","游于艺",就礼乐而言是艺文的,就射驭书数而言是艺法的。庄子所谓"能有所艺者技也",是技艺结合的理论,但技艺分化在庄子之后是大的趋势。"游于艺"用"于"打通了游与艺文之间的关系。"逍遥游"用"逍遥"确立了游的自由方向。刘勰的"思理为妙,神与物游"是专业的文艺理论。

中国古代形象思维之奇妙堪与现代西方逻辑分析比美。蒯因(W.V.O.Quine,1908—2000)笔下的"词与物"(word and object)和刘勰笔下的"神与物"在逻辑关系方面能引起人们一些联想。传说安斯康姆(G.E.M.Anscombe,1919—2001)曾向艾耶尔(A.J.Ayer,1910—1989)直言:"如果你讲得不是如此快的话,人们就不会认为你如此聪明。"艾耶尔回答说:"如果你讲得不是如此慢的话,人们就不会认为你如此深刻。"在"思理为妙"的形象思维者那里,"神与物游"的敏捷者是聪明的,聪明者是高明的。在人文风格那里,高明与沉郁相对。在人文者的风格那里,聪明与深沉相对。

游戏与审美之间的同谋关系,正如本源和本质之间的同谋关系。同谋以同(com-)为根,正如"乘一总万"以"一"为根、宗教以宗为根。弗洛伊德从潜意识推论宗教的本源和本质,认为宗教信仰和精神病一样,起源于童年时代潜意识冲动受到压抑的经验。德里达在最初创立自己的话语体系时也涉及人文科学的本源和本质问题,他认为"结构的构成性能够被理解成一种类似于不同符号游戏的功能",解构主义作为一种新的批判性话语,"最令人着迷的是对全部涉及一个中心，一个主体，一个涉及赋予特权的事物，一个起源，或者一个绝对的始基的被宣称了的放弃"。这个最迷人的放弃虽然立足于 de-，但它也照顾到了 com- 的复杂性。因为游戏与审美之间的同谋关系，以及本源与本质之间的同谋关系都涉及 com- 的复杂性（complexity），德里达打开了这种复杂性，正像潘多拉（Pandora）打开了那个充满了希望和绝望的盒子。

在不可还原的本源那里，游戏的本质既可以追溯到动物性的玩耍，也可以追溯到人文性的神话。在西方话语中，潘多拉的 pan- 是总（all）的意思。在中国话语中，"乘一总万"的总，其简体从心，其繁体为總从糸。诗云："羔羊之缝，素丝五總。"（《召南·羔羊》）从糸之總的总体意义，正如从糸之经的经典意义，这两个语符都抽象化了。繁体總未抛弃总的文心意义，但简体总更突现了总的文心意义。

在有关游戏的本源和本质那里，总体性既强调经典的意义，也强调复杂性的意义。在关于人文的"原始而表末"的历时性那里，"原始"是要追溯本源。在关于人文的"扶理而举统"的"举统"那里，"扶理"和"扶质"都立足于文学的本质和本源。文学的本质和本源是复杂的，人文本质、本源由许多因素复杂地交织在一起。拉丁文 plectere 意谓交结成的丝绳或丝绳的交结（braid），这很容易使人联想到中国古人所谓"素丝五總"。"五总"就是交叉结绕地缝合。

66．风趣

刘勰说："风趣刚柔，宁或改其气。"（《体性》）这里的气，是抽象的才气。文辞的使用，可能不仅仅是"词达而已矣"(《卫灵公》)。文体的性质，风趣是一个考察标准。中文部首中有一个毛饰画文的符号，这个符号隐藏在修辞(rhetoric)的字形中，它的意思被"言而无文，行之不远"具体化了。文以气为主还是以意为主？文体以辞理为主还是以风趣为主？这都是问题。联系到原始文字和拼音文字文化，我们更能体验到这些问题的复杂性。亚里士多德的《诗学》偏于文理的探讨，《修辞学》偏于风趣的探讨。一分为三，文体可从修辞、文法、逻辑方面考察。一分为四，文体可从辞理、风趣、事义、体式方面考察。

德里达认为，以意为主的意音"文字不削弱言音，它融合言音进入系统"(writing did not reduce the voice to itself, it corporated it into a system)。在文字的形、音、义中，意是心之音。"我们很早就知道中文和日文这样的非拼音文字很早时就包含着拼音元素，在结构上它们被意符或代数所支配。在逻各斯中心主义之外运行着一个强有力的非逻各斯中心主义文明。"(We have known for a long time that largely nonphonetic scripts like Chinese or Japanese included phonetic elements very early. They remained structurally dominated by the ideogram or algebra and we thus have the testimony of a powerful movement of civilization developing outside of all logocentrism.) [1] 非逻各斯中心主义文明具有独特的风文化传统。风文化传统强调风教。风教流化，故曰风流。风流有关于人性、文性，正如风格有关于人性、文性。人文之风趣，贵在能从氛围中"不着一字，尽得风流"(《二十四诗品·含蓄》)。

---

[1] *Of Grammatology*, p.90.

风趣与风格的关系，正如风趣与兴趣的关系。兴趣（interest）不是风马牛不相及的东西，它是存在（esse）于事物之间的（inter）相互。事物之间的相互作用是风趣的。大块噫气，其名为风，风这个字难于象形，但春风吹，春雷鸣，惊蛰动，这就是许慎所谓"風动虫生"。虫和生是两个基本的生命语根。"风动虫生"是就自然而言。"心生言立"是就人而言。言和立是两个基本的人文语根。人的直立早于言立。直立至少在150万年之前，言立至少在20万年之前。风趣有关于直立之走，诗文中的"来朝走马"（《大雅·緜》），"兔走触株"（《韩非子·五蠹》）都是有风趣的。

从本原上看，中文风趣之趣有关于人的行为。西文风格（style）与铁笔（stylus）同源。铁笔的书法具有独特的式样，style的式样含义来源于此。流行的式样（fashion）追求时尚，时尚的款式在于做（doing），这种做（facere）当然是别出心裁的创造。中文风格之格源于自然之木。格就是"草树混淆，枝格相交"（庾信《小园赋》）之格。以风格论人，葛洪有所谓"行为高简，风格峻峭，啸傲偃蹇，凌侪慢俗"（《抱朴子·行品》）；刘义庆有所谓"风格秀整，高自标持"（《世说新语·德行》）。以风格论文，刘勰说："陆机断议，亦有锋颖，而腴词弗剪，颇累文骨，亦各有美，风格存焉。"（《议对》）

文学是人学，文学的风趣有关于人的行为。风趣之趣所从走是人的行为。人的行为是实，风趣是虚。趣与趋通而不同，趋是实，趣是虚。文学的风趣有关于文学的倾向性和艺术性，就倾向性而言是趋，就艺术性而言是趣。人的行为有关于人的手足和五官所及。趣所从走立于足。文学之學立足于手。《汉语大字典》第3037页收录了《说文》的两个形状近似的部首，其中的一个是臼，列《说文》部首第 295 位。另一个列《说文》第 67 位的部首，许慎释为"叉手"，它的形状隐藏在文学之學中。学，觉悟也。學和覺都有关于《说文》的第 67 个部首。东汉人认为，学之为言觉也，以觉悟所不知也。文学的觉悟是文心的，诗的觉悟是诗心的。

中国诗学认为，诗有六义，风冠其首。风作为风流教化之本源和志气之符契是总体性的。风骨作为风体的主干应该是风趣的。趣和起都从走，引譬连类的興（兴）是风趣的。风趣之興应从言文本根解读。首先，它间接地涉及《说文》的第 67 和第 62 个（廾）部首；其次，它直接地涉及《说文》的第 66 个（舁）部首。興作为共举之力在舁那里是实的。通过给舁上加同，共举之力在诗的风趣那里开始虚化，也正是这种虚化，使得风趣中的兴趣成为一种精神性的、审美化的韵味。

风趣趋于从实到虚，兴趣起于从下而上。诗能启发人的兴致，所以孔子说"兴于诗"。诗的风趣可以移风易俗，诗的兴趣有关于审美判断。曹丕第一个将诗置于文下，刘勰第一个将风趣区别为刚柔。经过数百年的浸淫滥漫，风趣的诗意蔚然成为大国，诗化意兴、气象也终于在唐代形成高峰。其后，严羽在《沧浪诗话》中将兴趣归纳为诗之法之一。

67. 比喻

比喻是类似（analogy）思维。Ana- 在希腊文中的意思是类似。似偏于文学，类偏于科学，类似最初的说法是类似于逻各斯，逻各斯中的文学话语承载着科学的内容。比喻之比从匕，匕和比是《说文》的两个原符。比喻之比方有利于思维的扩容，比喻之晓喻有利于思想的明确。比喻有明喻有隐喻：明喻如日月之明，其本体与喻体之关系好理解；隐喻如阜丘之隔，其本体与喻体之关系较难理解。

万物有二柄（Everything has two handles），类似思维以明、隐二柄比喻。明，显也；隐，晦也。柄之木手为操作，喻从口言为理解。类似比显用明喻，婉譬兴微以隐喻。宋人李仲蒙认为：比谓"索物以託情"，兴谓"触物以起情"，赋谓"叙物以言情"。钱钟书说："'触物'似无心凑合，信手拈来，复随手放下，与后文附丽而不衔接，非同'索物'之着意经营，理路顺而词脉贯。"[1]

中国人以"索物"、"触物"言比兴。西方人以模拟逻各斯言类比。类比思维就比而言是形象思维，就类而言是逻辑思维。从科学上讲，逻辑思维立足于物理。西文 metaphysics 的后边部分意谓"物理"，metaphor 的后边部分意谓"运载物"。索物托情、触物起情在中国走向文学。对"物理"的思考在西方走向"形而上学"。亚里士多德在《诗学》中对"隐喻"作了形而上学的解释，但隐喻不应该是形而上学的，然而在西方语言中，隐喻和形而上学却天然地同有了一个前缀 meta-。在西方语根中，类比思维之 ana- 不但追随逻各斯，而且追随逻各斯的各种子孙，所以，meta- 在追随物理之后并与物理学一起构成了不同于自然科学的形而上学。但是，在现代，形而上学是哲学这个一级学科下的一个部类，而元数学（metamathematics）、元化学（metachemistry）则分别是数学和化学这两门一级学科下的部类。元数学有关于数学基础中的证明，元化学有关于纯理论化学和原子结构化学。

---

[1] 钱钟书：《管锥编》第 1 册，第 63 页。

诗人比兴，触物圆览，触物以起情是审美的，情志、情感、情思与情商思想连通，情商更密切的关联于人伦思想和历史。哲人类比，索物圆览，索物以托理是爱智的，数理、理智、智慧与智商哲学相连通，智商更密切的关联于自然科学和数学。但是，类比思维之元在逻各斯那里是一个尚未分化的混沌。比喻思维类比逻各斯，类比逻各斯的子孙，它在类比自然之物时所诞生的形而上学有一个对手。这个对手的名字叫辩证法（dialectics）。

逻各斯之逻各（logo-）中有言语基因，言语是语言，语言分布在地球人口的广大空间内。辩证法作为形而上学的对手虽然是哲学性的，但辩证从言，西文 -lect 意谓"一种语言的地区品种"。方言（dialect）和辩证法（dialectics）的西文语符区别仅在于后者在前者的后边添加了三个字母组合成的 -ics，后边的添加使得具体的语言性的"方言"抽象化为哲学性的"辩证法"。西文 dia- 这个前缀的含义与人类跨时空的交流活动相关，一种语言的地区品种与另一种语言的地区品种之间的对话（dialogue）蕴含着全球化的萌芽。方言与方言之间的对话虽然存在着困难，但并非不可能。

对这种对话的求证思考虽然离不开哲学中的辩证法，但文学不喜欢数学性的求证。文学用比喻、隐喻思维，譬如，文学会将精神性的生命和非精神性的火苗联系起来思考。"在联结生命与火苗的形象的双重性中，要同时写出火苗的'心理'和生命之火的'体力'。""在烛火使智者思考的遥远的知的世界，隐喻就是思维。"[1]

跨时空的交流性的对话立足于 dia-。从 dia- 起步，人类既在语言学的方言与方言之间展开了对话，亦在哲学性的形而上学与辩证

---

[1] 加斯东·巴什拉著，杜小真、顾嘉琛译：《火的精神分析》，岳麓书社 2005 年版，第 128 页。

法之间展开了对话。偏于文学性的对话多使用比喻，而"比喻有两柄而复具多边"。语言学中的所指与能指拿到思辨领域看亦"有两柄而复具多边"。比喻思维由一趋多，总一乘万。"盖事物一而已，然非止一性一能，遂不限于一功一效。取譬者用心或别，着眼因殊，指（denotatum）同而旨（significatum）则异；故一事物之象可以孑立应多，守常处变。譬夫月，形圆而体明，圆若明之在月，犹《墨经》言坚若白之在石，不相外而相盈，或犹《楞严经》言空与土之在法界，二性周遍而不相陵灭者也。"[1]

68．雅洁

雅洁之于雅，正如风格之于风。雅之从隹为鸦，正如洁之从水为净。雅鸦同发牙音。雅与鸦通，正如隹与鸟通。《辞海》将雅置入牙部是取其左形。牙隹鸟都是甲骨文中出现的字符。雅是后来出现的字符。雅，夏也。鼓钟之礼乐，从夏至商，从商到周。雅乐文化主张："以雅以南，以籥不僭。"（《小雅·鼓钟》）洁是潔的简化字。淮南王刘安曾称赞屈原"其行廉，其志洁"。柳宗元主张"参之太史公以著其洁"。从文学义法的角度谈雅洁则始于清代的方苞。

雅洁之谓文学，正如仓雅之谓字学、风雅之谓诗学。按照汉儒，王道兴衰之所始由于风也、小雅也、大雅也、颂也。诗乐舞同源于人的活动，人有行有言，但"五方之俗不能强同，或意同而言异，或言同而声异"（刘台拱语），此之谓方言。与方言相对的是孔子《论语·述而》所谓"雅言"。雅言是诗书执礼之言。世界上最

---

[1] 钱钟书：《管锥编》第 1 册，第 39 页。

早的字书有中国的《仓颉篇》，最早的训诂书有中国的《尔雅》。尔雅，近雅也。孔子的雅言，负载着他的礼乐观念。这种礼乐观念也充盈在"郁郁乎文哉"的雅言中。

四始中包括二雅。"雅者，正也，言王政之所由废兴也。政有小大，故有《小雅》焉，有《大雅》焉。"（《诗大序》）孔子曾经说过"吾自卫反鲁，然后乐正，《雅》、《颂》各得其所"（《论语·子罕》）。司马迁也曾说孔子曾"弦歌三〇五篇以求合《韶》《武》《雅》《颂》之音"（《史记·孔子世家》）。《韶》《武》之乐，《雅》《颂》之音，都是王畿地区的乐音，这种乐音的曲调已经失传了，但负载这种曲调的文字还保存在《诗经》中。刘台拱（1751—1805）说："王都之音最正，故以雅名；列国之音不尽正，故以风名。""雅之为言夏也。荀卿《荣辱篇》云'越人安越，楚人安楚，君子安雅'，《儒效篇》云'居楚而楚，居越而越，居夏而夏'，是非天性也，积靡使然也。雅夏古字通。"（《论语骈枝》）

雅不仅是形式上的雅，而且是正统上的夏。这种夏经损益传至殷，再经损益传至周，又经周公、孔子完善沿袭通变于今，它是历史性的，也是历时性的。雅言是雅洁之言，汉代杨雄曾模仿《论语》的雅洁之言著《法言》。杨雄并不因崇尚雅言而忽视方言，他也撰著成了中国第一部比较方言词汇的著作。明代王廷相（1474—1544）雅洁慎思于孔学的心神之思，认为神是在内之灵，见闻为在外之资，"物理不见不闻，虽圣哲亦不能索而知之"（《雅述》）。雅洁者"慎言其余"（《论语》语）而强调行，故王廷相说："学之术有二，曰致知，曰履事，兼之者上也。"（《慎言》）

雅之为正通政治（politics），正如政之为正通正义（justice）。正是《说文》的第 31 个部首。以夏训雅，此音训看起来是形式的，但实际上是内容的。因为它将雅正之雅,巧妙地联系到夏商周之夏。这是具有政治、正统意义的。就文学而言,雅颂之音是政治、社会、现实的代名词。"《大雅》久不作,吾衰竟谁陈?""正声何微茫,哀怨起骚人";"自从建安来,绮丽不足珍"(《古风·第一》)。"大雅思文王,颂声久崩沦。"(《古风·第三五》)李白追溯周文王,赞美雅颂,宣扬"盛世复元古"主要着眼于壮大元气,呼唤正声,张扬清真之气象和声威。

李白之后大约千年,主张雅洁的方苞(1668—1749)说:"自周以前,学者未尝以文为事,而文极盛;自汉以后,学者以文为事,而文益衰,其故何也?文者,生于心而称其质之大小厚薄以出者也。"(《杨千木文稿序》)雅洁之正,在李白那里偏于"蓬莱文章建安骨",在方苞那里是"生于心而称其质之大小厚薄以出者也"。

在李白之前三四百年,谢玄在其子弟聚集之时曾经发问:"《毛诗》何句最佳?"谢安回答说:"昔我往矣,杨柳依依;今我来思,雨雪霏霏。"谢安说:还是"訏谟定命,远猷辰告"更有雅人深致。这些诗句分别来自《小雅·采薇》和《大雅·抑》两首诗。前一首虽为雅诗,但也具有风味。比方苞稍微晚十几年的曹雪芹通过慕雅女之口泄露出风雅的秘诀:"诗的好处,有口里说不出来的意思,想去却是逼真的;又似乎无理的,想去竟是有理有情的"(《红楼梦》第四十八回)。

生于心而称其质在"訏谟定命,远猷辰告"那里的确是有雅人深致的。诗文之雅洁,在不同的文体那里风味会有不同。诗话之风雅不同于诗文之风雅。上文《毛诗》之句出自《世说新语》。这证明《世说新语》中已有了诗话的萌芽。风雅之雅、雅正之雅、雅洁之雅,其根在质,这种质,既是政治的质,也是社会的质,还是现实的质。雅洁之雅，质系多维。

　　风雅通于风骨，刘勰将后者描述为志气之符契与化感之本原交相呼应，怊怅之述情与沉吟之铺辞互为辅佐。方苞认为："戋戋焉以文为事，则质衰而文必敝矣。"雅洁之文在古之圣贤那里是浑然一体的，因为他们"德修于身，功被于万物，故史臣记其事，学者传其言，而奉以为经，与天地同流"。雅洁之文在左丘明、司马迁、班固那里，"志欲通古今之变，存一王之法，故纪事之文传"。雅洁之文在荀子、董仲舒那里"守孤学以待来者，故道古之文传"。雅洁之文在管仲、贾宜那里"达于世务，故论事之文传"。所有这些，"皆言有物者也。其大小厚薄，则存乎其质矣"（《杨千木文稿序》）。雅洁之风骨，志质为其后盾。

> 第十八：艺术是我，科学是我们。理义是有意味的形式，艺文之悦我心，正如文艺之激活我们的情感。六义是自然的，释义是发散的，定义是收敛的，义法是综合的。

69. 六义

　　文以意为主在艺文的意义上是强调文以艺为主，六义与六艺的同源关系，正如义与艺的同源关系。在《汉书·艺文志》里，班固记载刘歆著录六经经籍，称为"六艺略"。然而，六艺更本源的含义是指礼乐射御书数。在刘歆之后约500年，刘勰体系性地提出了"文能宗经，体有六义"（《宗经》）的主张。

在易学的象数里,有阴阳两种数。奇数为阳,偶数为阴。六为老阴,所以阴爻叫六。六义之六是阴数。阴数能生出因子,故《系辞》传说:"兼三才而两之,故六。"义与艺通而不同,正如文与艺通而不同。就其通而言,明清时的"制义",也叫"制艺"。儒学认为:"义,理也,故行"(《荀子·大略》);"心之所同然者,理也,义也";"理义之悦我心,犹刍豢之悦我口"(《孟子·告子上》)。理义之悦于心与口,正如理论之悦于理性与感性。要理解六义,不但要理解六和义,而且要理解艺。古体的义和艺都是甲骨文中出现的字符。要理解它们,先要读懂《说文》的第74个部首。不带草字头的古艺字就收在这个部首下,它从木从土,其意为以手持木种之土也。

艺术是我,義从我。科学是我们,农业科学有关于种植。艺者,种也。李渔著《闲情偶寄》列有种植部。就古义而言,"义者,利也"(《墨子·经说下》)。利从禾从刀,正如義从我从羊。在春秋战国时期乃至以后,义和利逐渐分化成为一对哲学范畴。孔子说:"君子喻于义,小人喻于利。"孟子对梁惠王说:"王何必曰利,亦有仁义而已矣。"孔孟咸重义轻利。重利并且贵义的墨子主张:"发以为刑政,观其中国家百姓之利。"

重利之利和刑政之刑都从刀。强调重利和刑政也符合法家韩非的思想,但董仲舒的仁人理念是"正其谊不谋其利,明其道不计其功"(《汉书·董仲舒传》)。宋儒承袭汉儒义利之说时认为:"大凡出义则入利,出利则入义,天下之事,惟义利而已。"(程颢语)甲骨文中義和利中都有刀戈的身影,義和利的意义在语言中逐渐演化成道义(morality and justice)和功利(utility)。道义和功利在人类社会中难道真的是水火不容的吗?

在人与自然的关系中,至少在字形上,"艺"反映了人利用植物的关系,"义"反映了人利用动物的关系。后世所谓"六义"和"六艺"是在义和艺的前面组合了数词六后形成的。在它们形成的时候,"义"和"艺"已经从具体走向抽象,"六"也已经从一个数字变成了一个部首。伏羲画八卦,八卦正于八,变于六。八和六都以二为因数。一分为二的二隐含着对立,古与今的对立,实和虚的对立,具体和抽象的对立都是二的对立。

先有六艺,后有六义。先有学校教育内容意义上的六艺,后有六经意义上的六艺。诗有六义在先,书之六义在后,体有六义更在后。中国的六艺教育,起源于夏商,成熟于西周。至迟成书于西汉的《周礼》用礼乐射御书数概括当时的教育内容(《地官·保氏》)。许慎在《说文》序里说:"周礼八岁入小学,保氏教国子先以六书。"

孔子整理传统文化,成就了六艺之经。司马迁记载孔子的话说:"六艺于治一也,《礼》以节人,《乐》以发和,《书》以道事,《诗》以达意,《易》以神化,《春秋》以道义。"(《史记·滑稽列传》)礼乐射御书数之艺,具有教育科目的意义。这些教育科目的意义,经过历史的熏陶和积淀,后来成就了六经之艺。六经之艺的意义,首先是经典(classics)之义。这种经典之义,是总体性的意义,文史哲之根,科学和艺术之本,都会在这里寻觅到一些蛛丝马迹的东西,文艺学、文献学和文字学也会在这里寻觅到一些蛛丝马迹的东西。后世的许多六义都是从这里发源的。

在文献学的六经之艺成熟的基础上,诗学意义上的六义、文字学意义上的六义也逐渐形成。礼乐射御书数之乐中本来包含着歌舞诗,其书中本来也包含着文字读写,但文化的发展总是不会满足于就此止步。《周礼》以风赋比兴雅颂为六诗,《诗大序》以其为六义。章太炎《国故论衡》认为风赋比兴雅颂是六种诗体。孔颖达认为，风雅颂是诗之异体，赋比兴是诗之异词，大小不同而得并为六义，以异词为用，以异体为形，二者相辅相成。

诗有六义是对 305 篇诗歌的总结，书有六义是对 1 万多个汉字的概括总结，画有六法是对书法绘画的概括总结，体有六义是对"文能宗经"所提出的要求，知音六观是对披阅文情提出的要求。"书有六义焉：一曰指事，上下是也；二曰象形，日月是也；三曰形声，江河是也；四曰会意，武信是也；五曰转注，老考是也；六曰假借，令长是也。"（《晋书·卫恒传》）"气韵生动、骨法用笔、应物象形、随类赋彩、经营位置、传移模写"（谢赫《古画品录》），此画之六法也。奇文共欣赏，欣赏应从位体、置辞、通变、奇正、事义和宫商六个方面把握。疑义相与析，析义应从情深不诡、风清不杂、事信不诞、义直不回、体约不芜和文丽不淫六个方面着手。

书画之义法，通于文史之义法。文史之义法，通于经史之义法。義从羊，故云言之有物为义。法平如水，故云言之有序为法。姚鼐说："《春秋》之制义法，自太史公发之，而后之深于文者亦具焉。义即《易》之所谓'言有物'也；法即《易》之所谓'言有序'也。义以为经而法纬之，然后为成体之文。"（《又书货殖传后》）

书之六义由许慎进行了总结，体之六义、知音之六观由刘勰进行了总结，义法之理论由姚鼐进行了发掘。许慎是文字学意义上的，刘勰是文论学意义上的，姚鼐是文法学意义上的。

70. 释义

释义有关于解释学（hermeneutics）。亚里士多德《工具论》中的《解释》有关于逻辑学。中世纪 A. 奥古斯丁和 16 世纪马丁·路德著作中的释义有关于宗教学。中国训诂学中的释义虽然有关于语文学，但《周髀算经》中的"大哉言数"将"形容"、"言语"、"数字"浑然思维。《管锥编》管锥虽小，但其贯通穿透力强，该著作第 171 页云："积小以明大，而又举大而贯小；推末以至本，而又探本以穷末；交互往复，庶几乎义解圆足而免于偏枯，所谓'阐释之循环'（der hermeneutische Zirkel）。"

西方"解释"一词的词根 hermes 有关于神的消息。赫尔墨斯是希腊神话中的一个神。这个神行走如飞，多才多艺，首创了字母、数字，作为众神的使者，为其传递信息。关于神这个字的意思，中国人、印度人和西方人的观念虽然是不一样的，但大自然这个上帝也为这种不一样提供了各自独立创造和相互沟通掘进的许多方式。

人用精神释义，并用精神理解意义。精神之神的形符是示，音符是申。赫尔墨斯的意义可以联系中文符号示来理解。许慎所谓"天垂象以示人"所示的是否为神的消息呢？赫尔墨斯作为众神的使者所传递的是否是神的消息呢？赫尔墨斯创造了字母（alphabet），字母是拼音文字的载体。赫尔墨斯创造了数字（number），数字是数学的载体。中文神字的音符申，其状与电字形近。在人类文明的远古时期，认识雷电的确不是一件容易的事。人类文明发展到今天，认识人的精神也的确不是一件容易的事。祖先神是宗法性的，祖宗神是宗教性的，天神是自然性的，乃至建立在神经上的精神（spirit）是科学性的。

释义之释从釆。釆指谓鸟兽蹄远之迹，此迹可以联系德里达的 trace 范畴来理解，但德里达的思想中存在着不可理解的东西。

释义之解释和释义之解构是不同的东西。解释立足于赫尔墨斯所创立的字母和数字，而解构则可能来源于对赫尔墨斯所创立的字母和数字的警觉。赫尔墨斯所创立的字母和数字孕育了赫拉克利特开创的逻各斯精神，但逻各斯中心主义遭到了解构主义的强烈批判。源于赫尔墨斯的 hermetic 有密不透风的意义。解构主义否定意义的封闭结构，德里达认为意义应该是一个开放的，趋于无限延伸的过程。

根据字母所负载的拼音文字语言和数字所开创的数学理性来开展、交流、示意、释义，并根据此二者之交流、示意、释义来理解"神之消息"，康德的《纯粹理性批判》发现并奠定了自然科学的哲学基础，而狄尔泰的《精神科学中的历史世界结构》以及未完成的《历史理性的批判》奠定了人文科学的解释学基础。自然科学中的因果原则是数理性的，但对这种原则的解释说明应该是人文性的。

精神科学中的理解作为文化现象是解释性的，但在解构主义看来，理解的愿望中可能会包含着误解，有待理解的东西中具有不可理解的因素，完全的认同将意味对话的终止。尽管对话和辩证法在西语中的前缀同为 dia-，但解构主义的 de- 来势汹汹，1981 年 4 月，在巴黎歌德研究所举行的"文本与阐释"学术讨论会上，德里达与伽达默尔进行了一次直接交锋。这次直接交锋可以用如下话语概括：在相隔万里的无数山峰中，解构与解释企慕约会并热恋，但二者的方言阻隔了交通。Dia- 认为言语是沟通对话的桥梁，de- 认为语言是隔断对话的屏障，二者在辩证法与形而上学之间相互指责并吵得不可开交。

有一种悖论出现在这次交锋中，dia- 虽然有一个名叫方言的子孙，但它企图通过对话（dialogue）和超越的方法进入对方并理解对方，但 de- 不领情。德里达和伽达默尔作为共同的西方世界的孩子，他们被迫言说的概念语言是他们的历史命运，他们的交锋和争吵反映了西方文化本身的复杂矛盾。不同于语音中心主义，解构主义所企慕的汉字文化有助于破除以 meta- 为元首的形而上学的欧洲中心主义。亦不同于德里达和伽达默尔之间的相互指责，以释义训诂为古代传统根基的当代中国的文本语根综通研究认为解释学和解构学都是释义学的子孙。

在释义性的文本语根综通研究那里，对科学和技艺的崇拜与对它们的警觉一样多。甚至，这种研究对文本语根综通本身也一样保持着崇拜和警觉。从崇拜方面说，它虔诚地从事着它所心爱的这种工作；从警觉方面说，它时时刻刻提心吊胆地注视着前方，以避免自己钻进"字源的遁逃所"。综通研究认为字源不是研究者的遁逃所，而是它的根据地。立足于这个根据地，综通研究可以大有作为。

在释义那里，定义立足于逻辑学，定理立足于数学。在德里达与伽达默尔直接交锋前 60 多年，在当时的英国的剑桥而不是法国的巴黎，有关于释义的"神的消息"出现在数学研究的合作中而不是哲学讨论的争吵中。合作的双方来源于东西方不同的国度：英国的哈代坚持严格的、西方风格的数学证明，而印度的拉马努扬的定理据他自己说则来自女神 Namagiri 的启发。拉马努扬总是会提出许多创造性的疯狂的公式、定理，而哈代则善于检查拉马努扬的工作，并使其粗糙性趋于严谨合理。出于对数的热爱，合作的双方分别能从合作那里探索对方的数学思想，并分享彼此都拥有的相似的精神。这是数学史里少有的令人憧憬的一段佳话。

71. 义法

中国古代文论义理讲究义法。清代桐城派方苞创立义法理论，后由刘大櫆、姚鼐进一步完善。义法之义，强调事信；义法之法，强调言文。刘大櫆说："作文本以明义理，适世用。而明义理，适世用，必有待于文人之能事。"(《论文偶记》)中国人根深蒂固的文论观念之一是"物相杂故曰文"，变易着的物文之能事遵循义法规律，"义即《易》之所谓'言有物'也，法即《易》之所谓'言有序'也。义以为经而法纬之，然后为成体之文"(方苞《又书货殖传后》)。

義法的義，是甲骨文中出现的字。1956年简化作义。此义从乂。乂也是甲骨文中出现的字符。此符像剪刀之形。乂加立刀成刈。乂加点成义。主义的点表示一，一会分叉。义被作为義的简体时，编辑出版者说，从乂加点之义不可误作叉。乂是刈的古字。刈和利都从刀。利是犁之初文。乂是刈之初文。《辞海》将义作为它的第19个部首，从乂的义是义部的第一个字。

义法对于司马迁、姚鼐，正如义理对于孔子、孟子。墨子贵义，《墨子·经说下》对义的理解，涉及义的本义。刘勰说："三极彝训，其书言经。"(《宗经》)经史子集之经义，不但通于经史子集之史义、子义，而且通于经史子集之集义。按易经义："利者，义之和也。"(《易·乾》)按史义，《春秋》之制义法，自太史公发之，其后深于文者亦具焉。

义的本义之谓利，正如体的本体之谓义。由于墨学历史上的断乏，人们多从义理的角度理解义。义是最古老的文体之一，"本其理而疏之谓之义，若《礼记》所载《冠义》《祭义》《射义》"（明徐师曾《文体明辨》）都涉及义体。但这些义体都不是义的本义，义的本义既涉及义，也涉及利。乂之刈的工具义，利之犁的利用（utilize）义，都有关于义的本义。它们是比许慎所谓"己之威仪"的偏于儒学的义更古老的义。利之为义的逻辑基础类似于实之为名。利是实，义是名。实名相符与利义相符之一致是墨子的思想。墨子在《非攻下》中曾批评天下诸侯"有誉义之名，而不察其实也。此譬犹盲者之与人，同命白黑之名，而不能分其物也"。

在从具体走向抽象的过程中，义法之义以适宜为例。义，宜也。"义者比于人心，而合于众适者也。"（《淮南子·缪称》）诗云："弋言加之，与子宜之。宜言饮酒，与子偕老。"（《郑风·女曰鸡鸣》）宜，肴也。商承祚说，"宜与俎为一字"，"甲骨文、金文皆象肉在俎上之形"（《说文中之古文考》）。宜从且。且是《说文》的第494个部首。刘复说："古置肉于俎上祭祀先祖，故称先祖为且，卜辞以且为父祖之祖。"[1]

事义之宜，正如义法之义。义法之宜，亦如事义的适宜。《尔雅》以事释宜，正如《释名》以宜释义。以适宜为例追求义例之事情。正因为如此，司马迁在"王道备，人事洽"的基础上提出了"约其文辞，治其繁重，以制义法"（《十二诸侯年表》）的主张。《春秋》之制义法，启发了司马迁。司马迁约文治繁的义法理论，启发了方苞。以方苞为首的桐城派，既从"文家王都"之《史记》中感悟偏于叙事之义法，又从"一字褒贬"的经学中感悟《春秋》笔法，从而成就了影响深远的文章义法理论。

---

[1] 刘复、宋文民：《说文五百四十部首正解》，第395页。

法从义起、从艺起、从经起。方苞说："诸经之义，可依文以求。而《春秋》之义，则隐寓于文之所不载，或笔或削，或详或略，或同或异，参互相抵，而义出于其间。"古人所谓六艺，或指礼乐射御书数之艺，或指六经之艺。书之艺有书法，《春秋》之艺有笔法，作文有文法。"考世变之流极，测圣心之裁制"（《春秋通论序》），义法之奥妙全在于此。义理与义法不同，义理必载于文字，义法未必载于文字。《春秋》、《周礼》中有文字所不载而义理寓焉的东西。圣贤一心营度于条理精密之义例，故其文章中未尝有一辞之溢焉，但能用一字二字尽事物之理而达其所难显。

72. 定义

文字有形音义。形满足手写目视，音满足口说耳听，义满足情感思想。成熟的文字都是有定形、有定音、有定义的文字。埃及圣书字（hieroglyphics）由形符、音符、定符组成。在5000年前这种文字创始的时候，其符号总共700多个，后来不断增加，到公元前500年左右达到2000个以上。形符是表意的象形字，音符由形符转化而来。定符是规定意义类别的记号，类似于汉文形声字的部首。

字母文字的形是字母。字母在表音中同时表意。例如，英文或法文中，有些词读音相同而拼法不同，有些词附带不发音的字母，这些由于历史或其他原因形成的因素，今天成为区别词义的标志。

朱骏声于1849年著成《说文通训定声》。该书以谐声之声提纲,"就五百四十部舍形取声,贯穿联缀",析之为 1137 个声符,并按音将其归类为古韵 18 部;本训《说文》定义,通训引申义和假借义;最后以上古韵文之用韵证明古音。同韵相押谓之"古韵",临韵相押谓之"转音",阐明字音谓之"定声"。

定义是确定概念内涵或语词意义的方法。定从正,正如象从豖。正是《说文》的第 31 个部首。豖是《说文》的第 140 个部首。象,断也。定义之定,正如象断之象。定从宀,正如象从彑。宀是《说文》的第 45 个部首。宀,交覆深屋也。彑是《说文》的第 364 个部首。彑,豖之头也。豖之头是愚蠢的,但象断活动并不完全愚蠢。象断是定义的朴素形式。《字汇》以决释定略别于《说文》以安释定。决,夬也。夬是 64 卦第 43 卦。决,确定也,判定也,断定也。"以法为分,以名为表,以参为验,以稽为决,其数一二三四是也。"(《庄子·天下》)

定义之法必须分析。定名用语词表现,以事物参验,以考察决断。某个(a)、某些(some)、全部(all)等量的概念总是会渗透在定义中。亚里士多德在《论辩篇》中认为定义是"表明事物本质的短句"。从口耳而言,人是语言的动物;从手而言,人是能制造工具的动物;从头脑而言,人是要掌握本质的动物。短句是语词的,工具是逻辑的,本质是定义的。正确的定义能够正确地掌握事物的本质。下定义的过程就是认识事物的过程。

定义和推理之于逻辑学,正如语法和修辞之于语言学、数量和形状之于数学。虽然说事物的量和质不可分,故定量(quanlum)和定义不可分,但定义主要是定性和定质。性质和本质(essence)通而不同,正如定义和界说通而不同。质(quality)有关于事物的类(what kind),定义有关于事物的类的界定。量(quantity)有关于事物的多少（how much）。黑格尔认为，量具有排他性，定量是规定的量，"完全规定的限量是数"[1]。

定义是认识的，但形式逻辑的发展使定义愈来愈与认识论有了明确的界限。定义是把握本质的形式，但如何把握本质的问题越来越不属于形式逻辑研究的范围。定义（definition）涉及划界（boundary）。划界意谓区分。区分离不开限定（limit）。西文"定义"这个拼音语词用 de-（from）加 finis 会意"界说"的意思。定义之义的语词定义被《说文》界说为"己之威仪"。许慎亦云："《墨翟书》義从弗。"

在中国，儒家的定义偏于义理，墨家的定义偏于义法；偏于义理者偏于人文，偏于义法者偏于逻辑。关于定义之义的不同，这两家不只是表现在意义本身上，而且表现在意义之义的形体上。孔孟使用从我之义，墨子使用从弗之义。弗，不也。有发生定义，有功用定义。发生之发（發）与弗咸从弓。从弓提示科技性的真实。孟子说："义理之悦我心，犹刍豢之悦我口。"（《告子上》）从我的义（義）提示人文性的善。

列宁说："所有的定义都只有有条件的、相对的意义，永远也不能包括充分发展的现象的各方面联系。"[2] 所以，必须坚持辩证发展的观点，并强调持续不断的"把人的全部实践包括到事物的完整的定义中去"[3]。

---

[1] 黑格尔：《逻辑学》上卷，中译本，第214页。
[2] 《列宁选集》第2卷，第808页。
[3] 《列宁全集》第40卷，第292页。

第十九：先有文本，后有文体。实诚融会在本同而末异中。裁制之体有形无意，心性之体有意无形。实质是经济的，实体是形体的。形体的是体式的，体式是心体的，心体是心性的。

73．本体

物有本末，本末从木；物有形体，体用本形。形（form），"格式塔"（Gestalt）之谓也。一个本形是一个"格式塔"。本体中本形和体性是不可分的，正如格式塔和意象是不可分的。就人而言，体用既用于本人，亦用于本身。体的繁体（體）从身。最初的人文意识是对上下的知觉。在现象层面，木下为本，木上为末。在非现象的道理层面，情况正好相反。因为末异、器用之物多为"形而下"，本原、本体之物多为"形而上"。在自觉意识的形上、形下层面，本原是元本的，本末是始终的，本质是物质的，本体是体制的。

西文在古希腊时代亦知觉到"形而上"之向上（ana-）。木是存在，木之上长是向上（on）。上长之向（to）是本根向上（up），本根成就了本体（onto）和本体论。德国经院学者郭克兰纽（1547—1628）第一个原创性地使用了逻各斯化的本体论（ontology）。奥地利学者厄棱费尔（Christian Freiherr von Ehrenfels, 1859—1932）第一个原创性地使用了"格式塔"。富有中国文化底蕴的日本人首先琢磨对西文 ontology 的翻译。他们从具有玄学意味的本末论那里拿来了"本"，又从具有理学意味的体用论那里拿来了"体"，并将二者合铸伟词为"本体"。本体既具有东方学的仙风道骨，同时也具有西方学问的形而上学况味。

本体的礼乐况味应该从人的需要方面理解，本体的仙风道骨况味应该从形而上学的角度理解，但本体的象形文字质素是朴素的。体的繁体为體。體从豊。体在礼那里的社会性，正如本在木那里的自然性。本之木与体之豊都提示视知觉（visual perception）。人活在世上不但需要具体的"形而下"之器，而且需要抽象的"形而上"之道。"抽象乃是感知与思维之间的不可或缺的链条，也是它们之间共有的最本质的特征。借用康德的话来说，没有抽象的视觉谓之盲，没有视觉形象的抽象谓之空。"[1] 有了本之木与体之豊，人类才会有"抽象的视觉"和"视觉形象的抽象"，人文才不会在盲目的空箱世界中胡乱瞎摸。

本体的本原与体性之间的紧密联系，正如目与精神的紧密联系、视知觉与格式塔的紧密联系。本体能"独与天地精神往来"吗？本体能"以神遇而不以目视"吗？本体能"官知止而神欲行"吗？这些都是需要深入探讨的问题。人的思维起步于感知，感知首先要感知本源，感知本源是发现真理的起始。感知到了真理的起始，才能进一步考虑把握真理的本体。通过感知，人们获得了"暗昧的知识"；通过理性，人们获得了"真理的知识"。古希腊第一个百科全书式的学者德谟克里特站在感知的立场上说："可怜的理智，你从我这儿得到证据，然后就想抛开我，要知道，我要是被抛弃了，你也就不存在了。"

在本原那里，体性之生成风格是客观的。在体性那里，本原的视知觉是主观的。人的体性能感知并把握充斥天地宇宙的"道"。道从辵从首。首，大脑之宅也。"格式塔"之形通过视知觉将信息

---

[1] R. 阿恩海姆著、滕守尧译：《视觉思维》，第 284 页。

传递给大脑，但大脑不会只听信视知觉。大脑会对视听触嗅味等知觉信息进行心理精神的综合判断。信息的本体是事物的，事物各个部分所引起的大脑刺激是精神的，知觉所把握到的事物间的关系不是纯粹的数量关系，也不是纯粹的拓扑关系，而是一种权衡了二维、三维乃至多维世界后所把握到的朦胧意识或非朦胧意识，这种意识虽然不是可靠的本体意识，但它可以而且也必然会成为把握事物本体的基础。

74. 实质

实质作为本质在西文中立足于实在（esse）。本质是内在的，内在的内是甲骨文中出现的字符。内（en-）从入与出相对，外从夕与内（in）相对，名从口与实相对。《说文》入内互训。入是从外至内，强调动作。内，里也，称名空间。在中国工具书里，《辞源》未见列"实质"词条，但实是有质的。与名相对，实是哲学的；与法相对，实是数学的；与虚相对，实是医学的。

实质是实体的基础。实体作为"这个"是实质的存在。实与寔通，寔与是通。是作为存在是名词性的。是作为判断是动词性的。是作为此包含着作为这个，在这种意义上它是代词性的。实体的存在为是，之所以为是，因为它是实质的。是的复杂性影响了实质的复杂性。实质从质的角度看是物质（matter）的，实体被称名为 substance，强调了占有空间的物质的实质。在逻辑学里，实体（entity）概念就是具体概念，实质（essence）定义就是真实定义。实体是具体的，实质是真实的。非实体的是不具体的，非实质的是不真实的。

实质的"这个"是理性的。"理扶质而立干","理扶质"所立为主干,这个主干在理念层面靠精神把握,在技术层面靠实践操作。独立的理质在精神和技术层面主导着实质的发展。如果说"理扶质而立干"是一,那"文垂条而结繁"就是多。文所垂条作为理质的多样性,正如属性(property)作为实体的多样性。所以,在理性的实体的具体那里,实质的独立的主干是无限多样性的,这种多样性不但在现象层面表现为"文垂条而结繁",而且在逻辑层面表现为多样性的属性的结繁。实质的新和新的实质作为"这个"在共时性的横向上既是统一的,又是多样性的。在思维的实质层面,中国人所谓"周虽旧邦,其命维新"的实体意义是建立在不断开辟的实行的多样性基础上的,这种多样性从历时性的纵向上看,始终贯穿着"理扶质而立干"的精神。

在一分为二那里,实质的"这个",是名与实结合的这个,是虚与实结合的这个,是出与入结合的这个,是内与外结合的这个,是主与客结合的这个,是主与宾结合的这个,是主与谓结合的这个,是形容词与名词结合的这个,是分析与综合的这个,是演绎与归纳的这个。实质的这个,不但可以从一分为二来理解,而且可以从二分为四来说明。实质是实体的知识,实体的知识在思维层面是不能脱离逻辑的。实质的这个,由于自身的运动和变化,产生了许多不同的属性和称谓,但实质作为实体在千变万化中有其统一的理质和本质。

《墨经》认为,知识的内容有名、实、合、为四种。人应该知名、知实、知合、知为。知名即名知。知名之知,知为动词。名知之知,知为主词。名是语词概念。人应该知道语词概念的含义,知名的人知道语词概念的含义。人文素质高的人有丰富的语言意义的知识。知实即实知。知实之实,指谓语词概念所包含的实际事物。

实知的实质是知道了实际事物的知识。知合即合知。合是名与实的综合。名与实的综合是语言与实际事物的综合。知合是知道此二者之间的综合关系，包括知道语词在具体情况下有或没有指谓事物。有指谓为真，没有指谓为假。知为即为知。知为之为是行为。为知之为亦如此。为知之为也可以理解成为什么知之为。知道了为什么知之为，就具备了如何对外界事物采取行动的知识，实际上这也就具备了实践理性的意志。

刘勰论文之体性，既从一分为二概括，也从二分为四发挥。刘勰的"才性异区，文体繁诡"论来源于陆机。就单音而论，文根源于才、气、学、习。就双音而论，文学所讲究的无非是才气和学习。才、气、学、习四根成就了文体风格。这四根如果用现代双音词表示应该是：才能、气质、学养、习惯。刘勰没有使用这四个双音词，而使用了"辞理"、"风趣"、"事义"、"体式"四词。如何从古今结合的角度拆解乃至理解这四个术语是一个需要深入思考的课题。

古人用具体概括抽象，最初想到的是水、火、土、气、木、金等实质性的事物。曹丕的"文以气为主"，其"气"指谓气质。围绕着大地的大气是具体的。人的气质是抽象概念。文的气质更抽象一些。文体的气质抽象程度更高。尽管气质概念具有抽象性，但它是实质的抽象。实质的抽象具有无限丰富的内容。在实质的抽象道路上，刘勰比曹丕走得更远，人的气质、文的气质、文体的气质在理论的体性、体系层面被刘勰把握到了。刘勰从"情动而言形"谈辞理，从"理发而文见"谈风趣，从"言隐以至显"谈事义，从"因内而符外"谈体式。这种谈论问题的模式为中国文论的发展奠定了永恒不灭的风范。

75. 实体

有简体的实，有繁体的实。简体的实从头，实体是人的头脑所把握到的真实。实所从宀有形、所从头能思。有形的形体是具有长宽高的实体，无形的心灵是能把握外在实体的精神。实体之实，繁体作實。知實之难，正如知实体之难。實从毌。毌是《说文》的第243个部首，正如"是"为《说文》的第32个部首。这种"如"是就意味而言。相对于"名"的"实"是哲学的"实"，相对于"法"的"实"是数学的"实"。实体是名实和法实的统一或总和。

"名者，实之宾"，"名是外、是宾"，"实是内、是主"（《庄子·逍遥游》及成玄英疏）。实体作为内主与名作为外宾是统一的。实名反映实体的真实。"名生于真"、"名者所以别物也"（董仲舒语）。实体与名称的统一是符号意味的，与法则的统一是规律意味的。从知实到知名，是从具体到抽象，应立足于"类"的辩证。从知名再向知实掘进需要现象学的本质明察，这种本质明察是对演绎和归纳的改进。

亚里士多德认为实体是"这个"，而不是"如此"。不是"如此"的"这个"是多样性的统一。统一的法则支配着万事万物，科学偏于从分析实验的角度把握实体，哲学偏于从综合思维的角度把握实体。实体实践理性的意志，实践理性的意志靠实行，"知之真切笃实"才能实行，"明觉精察"于既合规律又合目的的实行是理性的实践或实践的理性。

"这个"是独立的、分离存在的，但人的认知可以对其进行如此这般的描述。描述所用的语言是在"真"后面加个"如"，叫真如（Tathatā）。如果真理是偏于哲学的，那真如是偏于文学的。真如果是真理，那它就是公开展现在人面前的东西。但真理很难判定，不但真理很难判定，而且真假有时也很难判定。18世纪英国的G.巴克莱将"集体的知"看作实在的证据。稍晚于G.巴克莱的D.狄德罗认为，只有把理论同外部实在联系考察才能明确真假。L.费尔巴哈说："理论所不能解决的那些疑难，实践会给你解决。"似乎看到了真，但不能判定究竟，就姑且名为真如。真如者，如真也，如真之实也，如真实之真也。

在西文，实体（substance）之立（stand），正如本质（essence）之是（be）。实体是本质的，本质有本原，本原如种子，包含着实体范畴的萌芽素质。在古希腊，从泰利斯到巴门尼德，人们对本原的认识经历了从感性的具体上升到抽象的过程，最初将水作为万物的本原，其后得出一个一般范畴"存在"。实作为存在可以从三方面分析，并进行综合把握。實从宀，实体之宀作为存在是共时的。實从毌，实体之毌作为存在是历时的。實从贝，实体之贝作为存在是流通的。

存在之是，正如实体之毌。实体一元，持一而贯，最初为毌，其后毌下加贝。实体之毌，"从一横贯"，"穿物持之也"。持从手，正如"有"从手。实体为"持有"，金文孟鼎"有"为从手持肉。有是《说文》的第238个部首。实体作为持有是存有。存有在王夫之那里是实有。"实有者，天下之公有也，有目所共见，有耳所共闻也。"（《尚书引义》卷三《说命上》）从其实用而知其实体之有，这有什么可怀疑的？"用有以为功效，体有以为性情，体用胥有而相需以实，故盈天下而皆持循之道。"（《周易外传·大有》）体用从一横贯于道，正如太极统一阴阳为实体。（参见《张子正蒙注·太和》）

刘勰曾经批评颜延年"将以立论，未见其论立也"。实体之立，立足于本质。立是《说文》的第 404 个部首。王充曾经批评谶纬神学言过其实。实体之立，不能言过其实。言过其实就是言过其是。是从正，正是《说文》的第 31 个部首。言过其是为不正。实体之难，源于知实之难。实事求是的孔子主张，知之为知之，不知为不知。不实事求是的谶纬却称圣则神，以为孔子"前知千岁，后知万世，有独见之名，独听之聪，事来则名，不学自知，不问自晓"（《论衡·实知》）。

实立之体，能实行也。能立才能行，"行，人之步趋也"。步趋之行是《说文》的第 37 个部首。有强调持有，持有以手为功。墨子认为：人的认知"非以其名也，以其取也"（《墨子·贵义》）。实体之行，步趋用足行，取以手行。手足之行，是常见的实行。实体与实行相关，但并不等值。行是 practice，实体之行涉及 practice 的运动功能，这种运动功能的中文说法叫践履，践履就是实践。

76. 体式

中国的双音词，前后位置可以颠倒。例如，语文，王充在《论衡》里称为文语。再如，今人所谓介绍，鲁迅在作品里称为绍介。又如，魏代曹丕称"孔融体气高妙"，而清代陈廷焯《白雨斋词话》则称姜白石"气体高妙"。又如，式样，也可以叫样式。法式，也可以叫式法。式作为常守之法是体法，体作为常守之式是体式。

体式是体势吗？式从工，势从力。工和力是两个基本的人文语根。工和力组成功。工和功不同，正如工力和功力不同、体式和体势不同。"工欲善其事，必先利其器。"（《论语·卫灵公》）这里的

"工",不能更换为"功"。"书法之要,妙在能合,神在能离;所谓离者,务须倍加工力,自然妙生。"(宋曹《书法约言·总论》)这里的"工力",可以更换为"功力"。工程和做功之力都可以用公式计算,但 engineering 和 power 是截然不同的,正如体式和体性是不同的,体性和体势也是不同的。但体式依旧是体性的,"体式雅正,鲜有反其习"(刘勰语)。

体与式合为体式,正如义与理合为义理。义,己之威仪也。威仪是什么?答曰:"威仪是力。"力从何来?答曰:"从体来。"体有威仪,故有力。威仪之力着眼于精神层面的礼,在中国文化的古训中,体通于礼,"体貌大臣"(《汉书·贾宜传》)是礼貌的对待大臣,"体貌英逸"(《时序》)是礼貌的对待俊贤。"古训是式,威仪是力。"(《大雅·烝民》)礼仪、威仪的义理遵循一定的法式,"古训是式"表明了对传统的尊重。古训之训从言。西方语言的时态和中国文化的体式都是有外观的。西语之 as-,类似于汉语之弋。西语时态(tense)之体(aspect)要求动词用外观(look)变化把握事物的动态,汉语文化所谓"古训是式"亦强调体式与体貌的一致。

体式是体用的吗?很难直接回答。还是让我们绕着圈子来说。体这个字符组合在人本,人本按儒学鼻祖的理解应该为仁,仁以人为本,仁是人本的。《系辞上》所谓"显诸仁,藏诸用",是就体用而言。体用是体性的,体性是精神的,精神变易无常,故《系辞上》又说"神无方而易无体"。如果纯粹单方面的强调体性精神的变易无常,那人文精神将会趋于游离无根。人文精神有根,根从木。草木无精神,但草木的生成有关于人文生命精神的基础。精从米,禾谷之米是植物生命贡献给动物生命的精华,处于高等动物顶端的人不仅仅能用"谁言寸草心,报得三春晖"等诗句来抒发对大自然的感恩，而且能慧眼明察地认识自然规律，并鬼斧神工地设法改造自然。

老子的生成论认为：一生二，二生三。从三往后，可以继续无限生下去。人能将万事万物都维系于一、二、三吗？体式的式所从弋的原始意义意谓木桩或木棍。人能将万事万物都维系于木桩或木棍上吗？古算筹以木棍计，一个木棍为弌，两个木棍为弍，三个木棍为弎。关于弌、弍、弎的计算，不但形成了数理模式，而且形成了思维义理的模式。理式的思维义理模式在起源那里通于数理模式。正因为如此，所以，古人才说："万物同宇而异体，无宜而有用为人，数也。"(《荀子·富国》)理式的思维义理模式在起源那里通于生命精神乃至全部生命的模式，所以，古人也说："人伦并处，同求而异道，同欲而异知，生也。"(《荀子·富国》)从具体到抽象，从弋从工之式积此为一身。人文精神虽然不可能有一个教条的公式，但是它应该具有一个大致可以想象和把握的"同求而异道，同欲而异知"的体式。

慧眼明察所认识到的自然规律是数学性的。对自然规律数学性的把握和操作所使用的木棍在人文符号中积淀为弋。从弋的弌、弍、弎是具体的数。式所从工示义具体的技术性的操作的使用（use）、实用（practical）和实施（implement）。人类想方设法改造自然，其所依托的就是这种使用、实用和实施。虽然柏拉图所强调的理式是抽象的，但人文作品中鬼斧神工的"顿挫之妙，理法之精"[1]的体式却是可以感觉的。

中国文化经历过一段"变乎骚"的历程。刘勰惊叹"楚人之多才"。鲁迅研究汉文学史时指出楚文化的浸淫："临危抒愤"，"而其

---

[1] 陈廷焯：《白雨斋词话》，人民文学出版社1959年版，第26页。

体式,皆楚歌也"(《汉文学史纲要》第六篇)。源远流长的中国诗词文化本源于风骚,从历时性上看,它的体式也是体用的。用清人陈廷焯(1853—1892)的话来说,叫做"温厚以为体,沉郁以为用,引以千端,衷诸壹是"(《白雨斋词话》自序)。文学发展的规律有其"形生事成,始末相承"的体势,"因情立体"要求根据内容来确定体式,"即体成势"要求根据体式来把握整体发展的趋势。

第二十:就对象而言,科学兼自然、社会、思维之三才而两之;就与实践的联系而言,科学兼理论、技术、应用之三才而两之。所谓两之,或曰数学也、哲学也,或曰质量也、数量也。

77. 科学

西文字符 sci 意谓切割,源于拉丁文,再上溯亦可参较梵文。汉语科学之學,许慎云"臼声"。臼是《说文》的第259个部首。學古老于科,學的原型可追溯到甲骨文。《说文》以程释科,正如《广雅》以量释程,《玉篇》以法释程。科和程都是《说文》中出现的字符。清人徐灏云:"科,谓诸率取数于禾者,从而区分,别其差等,故从禾从斗。斗以量而区分之也,因之凡诸程品,皆谓之科。"汉语语境之科源于农业,故科从禾,禾是《说文》的第253个部首。禾米以斗量,斗是《说文》的第496个部首。科学是知识的,知识需要切割分类,切割之分寸,分类之数量,都离不开人的意识和知觉,故许慎以觉悟释科学之学。

科之于学，正如艺之于种。但是《典论·论文》中的四科八体，不同于《论语·先进》中的孔门四科。德行、言语、政事、文学偏于社会科学，奏议、书论、铭诔、诗赋偏于人文科学。《辞源》未列"科学"词条。《辞海》列有"科学"词条，但未涉及"科学"的科举意义。《汉语大词典》的"科学"词条解释了"科学"的科举意义。在该义项下，所举出的宋陈亮所谓"科学之兴"就是"科举之兴"的意思，"科学之兴"即科学的兴起。

艺有种类义，正如科有科目义。古代科举有科目，古代的艺文亦有科目。汉以前的射御书数礼乐之六艺偏于人的才艺学。汉以后的《易》《书》《诗》《礼》《乐》《春秋》之六艺偏于人的艺文学。《易》中有数学。《乐》中有声学。《诗》中有生物学。《书》之《尧典》中有天文学，其《禹贡》中有地理学。《周礼》之《考工记》中有工学。

科之于技，正如工之于程。但是，在西文字符中，sci- 使人联想到切割和制造（made），tech- 使人联想到工艺技术。能有所艺者，技也。西语技艺有关于人工（art）。"制器者尚其象。"（《系辞上》）器，引擎（engine）之谓也。象，物象之谓也。工艺文明的创造离不开精神和意识的想象，想象离不开观察，观察中发现了"天下之赜"，然后"拟诸其形容，象其物宜"，此后才能开始 engineer 的工作。科技的技从手，手是《说文》的第 441 个部首。制器的制从刀，刀是《说文》的第 137 个部首。制器的器，即西文的引擎，其en- 意谓 in，其 -gine 意谓"产生"。

在科举中，科与举不可分。科举始于隋唐，科谓分科目考试，举谓通过科目考试选拔提举人才。在科学中，科与学不可分。在欧洲古希腊科学和近代科学革命之间，世界科学的高峰曾经先后在阿拉伯人居住的近东和远离欧洲的中国之间徘徊。在中国，魏晋南北朝时期的几何学，宋元时期的数学、物理学和天文学，晚明时期的医学、乐律学、农学等学科曾长期居于世界前列。科学是分析的，他能够使人从现象进入本质。在进入现象之前，不妨大胆的假设；入于本质之后，则需要小心的求证。

在中国人的学问中，天与人不可分。当然，道家偏于"以人合天"，儒家偏于"以天合人"（余敦康语）。就综通而言，科学的天人不可分，也意味着自然与人文不可分。但是，分析与批判也具有强大的力量，并成为趋势之一。偏于"以人合天"的自然主义和偏于"以天合人"的人文主义固然固守着自己的本分，但在发展的过程中也常常从对方中吸收营养，这正如不同的学科在固守本分时也会从其他学科中吸收营养一样。董光璧先生说：在中国历史中，"科学的繁荣出现在思想和政治不归一的时代，而技术的大发展则出现在政权统一的国立高峰期"。"儒家文化提供了中国社会科学的原型，而道家文化提供的是自然科学的原型。在这两种进路下发展起来的中国传统科学，是自然科学与社会科学一体化的科学。"[1]

78. 数学

当我们在理解 mathematics 这个词的时候，我们一方面要诉诸汉语单音词数和学的象形，另一方面还要联系到西语中相关词的还原。还原既涉及具体的问题，也涉及抽象的主义。在西方，较早的主义是柏拉图主义。柏拉图开办学园，崇尚数学，故本义为学的希腊文 manthanein 逐渐孳乳出数学（mathēmatikos）的意义。

---

[1]《中国儒学百科全书》，第 277、279 页。

《说文》以计释数，以会、筭释计。算筹所从竹是《说文》的第 143 个部首。筭筹所以记数。数为六艺之一，擅长六艺者堪为多才多艺者。据《孟子·万章下》记载，孔子宛若如此。"会计"（accounting）一词出现于先秦。孔子曾为"委吏"。委，原委。"委吏"负责实物保管、会计。会意谓合计，计算意谓点数。诗文云："计今人之数不若死者多，则道路之上一步一鬼也"（《论衡·论死》）；"聊将忧世心，数遍桥西树"（陈与义《夜步堤上》）；"囊中存米清可数，野菜和水煮"（陈毅《赣南游击词》）。

西文 number 源于 nim，这使人联想到数所从攴（take）。攴是手的动作，与数同源的 nimble 是"敏捷的"的意思。学习数学能使心灵敏捷，但 mathematics 的本义是"学"而不是"数学"，这个词后来乃至今天之所以承担起"数学"的意义，那是因为古希腊人认为，学习"数学"在人的学习中占的地位太重要了。

数学向来是中国人所擅长的学科。数所从攴是《说文》的第 92 个部首。如果说算筹所从竹提供了制造计算器（counter）的原料，那数所从攴突现的是用（com-）手或手的使用（with）。使用算筹计算是一种脑力劳动。用电子计算机（computer）计算的机器叫电脑。源于拉丁文的 -puter 这个字符，如果就数学而言就是计算，就用脑而言就是思考。

中国古人至迟在春秋时已普遍使用算筹。算筹记数有纵横两式。纵横相同。用空位表示零。可表示任何自然数，亦可表示分数、小数、方程或方程组。至元明时期，算盘代替了算筹，珠算代替了筹算。算盘分档横梁。梁上两珠，每一珠作数五。梁下五珠，每一珠作数一。运算时定位后拨珠计算。拨珠计算者是知识分子，是脑力劳动者。

筭与算以形别，不以音别。筹与筭，既以形别，又以音别。许慎释算，曰数也，从竹，从具。具，数具。何谓数具？这就涉及筹。许慎释筹，十分具体，云"筹长六寸，计历数者。从竹，从弄，言常弄乃不误也"。筹既与算有别，亦与算有通。枚乘"孔老览观，孟子持筹而筹之，万不失一"(《七发》)中的筹就与算相通。

尽管早在明代，西方的数学已对中国形成了影响，但直至 70 多年前，最为关键也是最难审定的依然是 mathematics 一词与中文的对译问题。当时有主张译为"算学"者，又有主张译为"数学"者。"算学"一词，作为传统中国培养人才的学校，隋隶国子寺，唐隶国子监，宋属太史局，元明未设，清属国子监。教学用书有《孙子算经》、《五曹算经》、《九章算术》、《海岛算经》、《张丘建算经》、《夏侯阳算经》、《周髀算经》等。

李迪先生说："1933 年 4 月，国立编译馆请教育部在南京召开的名词审定工作会议审定该词的译法，因意见不一，未予决定。中国数学会的名词审定委员会在 1935 年 9 月举行了为期一周的会议，由胡敦复主持，钱宝琮与会，审定通过了 3426 条名词，唯 mathematics 一词仍主两存。在 1936 年 8 月的中国数学会第二次年会上，仍然是议而未决。为慎重起见，教育部于 1938 年就 mathematics 一词的译法征询全国设有数学专业的院校的意见，至次年 6 月收到了 28 个院校的意见，其中主张译为'数学'者有 14 院校，而主张'算学'者有 13 个院校，1 个院校无主张，两种意见几乎各占一半，僵持不下。1939 年 8 月，教育部综合各种情况，通令全国各院校，一律使用'数学'作为 mathematics 的译名，至此，数学一词成为这个学科的正式代词。"[1]

---

[1] 《一代学人钱宝琮》，浙江大学出版社 2008 年版，第 369 页。

在近代乃至 20 世纪，西学的先进性已毋庸置疑。中国人用数学而不用算学表达了 mathematics，这表明了中国人勇于学习先进文化的抉择。在这之前好几百年，西方的拉丁人也借用阿拉伯数学家花拉子米（约 780—约 850）的著作名来表达数学中的学科名。至今 algebra 仍作为代数学的名称，在相关字族中，"算法"（algorithm）一词中也包含着它的基因。

79. 质量

在汉语里，质量之质（质）所从斤与哲学之哲所从斤形同义联。在西语里，作为物理学的质量（mass）与作为哲学的质量（quality）形义有别。质量是质料的还是形质的？下意识的质料的基质会成为存在的潜能吗？在汉语里，公母的母与部首毋在本源意义上有联系。在西语里，作为母亲的 mother（mater）与作为物质的 matter 乃至作为质料的 material 在词源意义上有联系。如果说文化也是有质量的，那这种质量不可能纯粹是物质的，文化质量既是有母体的，又是智慧的。

在本原话语层面上，质有关于"种类"（what kind），量有关于"多少"（how much）。种类是种子的，多少是几何的。诗云"人生几何"，即谓"人生多少年"。"何法名为种子？谓本识中亲生自果功能差别。"（《成唯识论》卷二）"本识"指唯识宗所讲的第八识。八识中第八识是根本识，故称为"本识"。第八识里储存着各种各样能"亲生自果"的"功能"，故名为"种子"。功能有差别，故种子种类繁多。

种从禾，种、种子借助植物之名为名。类（類）从犬，类比、类似借助动物之名为名。费尔巴哈认为:"类"是真理的尺度,人们共同一致的认识就是真理。真理是有质量的,质决定着真理的量,量规模着真理的质。真理的质量有关于度,在数学那里,真理的度(measure)是可以测量的;在实践那里,真理也是可以检验的。

质量不是质与量的简单相加,质量这个双音词义偏于质。偏义于质的质量有自身特殊的性质。性言其质有其量,正如才言其用有其体。质(質)从斤为工具,从贝为货币。以工具与自然之物发生关系,以货币与社会经济发生关系,此乃质的关系。但质的关系远远不止于此,质与量的关系,正如质与力的关系、质与能的关系。

刘勰说:"掰肌分理,唯务折衷。"人们在运用折中哲学时会下意识地想到折中之折与哲学之哲都从斤吗?可能不会。H. 斯宾塞说:"天演者,禽以合质,辟以出力。"力的知识背后有难以理解的物质的本原和物质的运动困扰着人。牛顿最早把质量概念确定为物理惯性和引力的量度,从而赋予其科学的含义。严复认为:"大宇之内,质、力相推,非质无以见力,非力无以呈质。"(《天演论》自序)牛顿认为物质的根本特性是懒惰的,运动源于外力,外力的第一次推动来源于神。这种观念的形成在西方有历史的原因。

牛顿力学早已进入中国中学的课本,但牛顿外力第一次推动源于神的观点在中国学术界没有地位。影响中国学术的有公元500年左右形成的"形质神用"论。"形者神之质,神者形之用;是则形称其质,神言其用;形之与神,不得相异。"(《梁书·范缜传》)形作为神之质,正如刀作为刀刃之质。神作为形之用,正如刀刃的锋利被作为刀体的使用(《神灭论》)。在《说文》中,刀、刃、力分列为第137、138、488个部首,它们都有关于人的衣食住"用"的使用(use)。

外来文化常常能够激活中国文化的发展。西方欧洲文化影响于严复，正如西方佛教文化激活于范缜。然而，严复的"质、力相推"论本身与范缜的"形质神用"论还是有某种基质和机制意义上的传承关系。语言文字会公平地成为自然科学和哲学的知识，但科学能够把握部分相关的知识，哲学能够把握完全相关的知识。牛顿的神是第一推动力的观点是将神学引入自然科学。严复的"质、力相推"论则是将自然科学概念引入哲学。质、力相推是运动的内在根据，但是，"一切生和死，不都是连续的渐进，倒是连续的中断，是从量变到质变的飞跃"（黑格尔语）。生命和社会的生和死都是从量变到质变的飞跃。

80. 数量

数（numbers）由量（quantity）规定，正如量由质（quality）规定。兼三才而两之，数、量、质在数量之于数学，正如文、史、质在文质之于文学。数量之史质在事实那里比文质严密，数量之文质在事实那里比史质华丽。数量在文史事实之同异，正如质量在数理哲学之同异。"量，称轻重也。"量之轻重多少与质之高低好坏是把握事物的两种不同思维取向。"人们可以根据实践的需要着重研究事物的某些方面的量，还可以在思维中把不同质的事物的量抽象出来作独立的研究，建立和发展像纯数学这样的科学。"质是某种被事物独特内在矛盾规定并联系着特定外在条件的量，"量是质之等级、规模、范围和结构"，数量结构"可以由数和形表示"。[1] 例

---

[1]《中国大百科全书·哲学》，1987年版，第1181页。

如，两个数的和平方实际上是一个边长为（a+b）的大正方形，这个大的正方形内既包含着 a 与 b 两个不同边长的小正方形，也包含着两个具有相同面积的（ab）小矩形。

在中国，文学本原于儒学，儒学是人所需之学。为了获得对外部活生生世界的真实把握，人总是会用心灵和意识来克服主体自身和客观世界的分裂，数书之学是人学的重要内容。意识是对事物的直觉和知觉，数量意识是数学的，书法意识是文学的。对"量"的把握只能靠"数"，但数意识发展较晚。数对事物数量媒介的计算，正如文对事物文质媒介的描述。"造化赋形，支体必双；神理为用，事不孤立。"(《文心雕龙·丽辞》) 所以，阿恩海姆说："任何计算，必须有对某种'组合'或'集合'的感性把握为前提，这是达到某些目的的唯一途径。"[1]

兼三才而两之，量、数、质之于数量、质量，学、数、哲之于数学、哲学，正如美惠三女神（Graces）之于优美、情理。支体必双，支从手，双是一双手。神，精神也；理，心理也。神从申，申，电也。天垂雷电之象于人，正如人秉持宗教偶像为神。事从史，事，职事也。故事职事于史，正如书法执法于文。文史之于质倾向于文科，数量之于质倾向于理科。质（質）从斤、贝。质是经济的、物质的、质朴的，但创造物质财富的人是文化的、精神的。"神理为用"总是倾向于读书、听故事和深入思考之三。3 的 2 次方是 9，在希腊神话里，有 9 个女神（Muses）主管着文艺和科学。兼三才而两之，量、数、质之于数理科学与哲学，正如诗、乐、舞之于文学与艺术。

---

[1] R. 阿恩海姆著、滕守尧译：《视觉思维》，第 315 页。

事物的数量和事物是不可分的，正如事物的质量和事物是不可分的。胸中有数的人会对事物作出正确的判断。数量不仅是数学的，而且是体用的。所谓"体用的"，既指形体之用的，也指形式之用的。"'数量'有着自己特有的感性形态，它比圆和正方形还要简单些，因为它们仅仅在一个维度上延伸，但在这一个维度之内又有无穷的变化和多种多样的组合模式。"[1] 说"数为个十百千万"是用具体数目提示数概念。说"量为龠合升斗斛"是用具体容器提示量概念。数量概念的抽象性不容易说清楚，但用"龠合升斗斛"提示的数量概念是清楚的，因为这些提示物是有形体的，而且这些形体是生活日用的。

根据海德格尔在《错路》（Hotzwege）第70页的说法："'数学'这个词乃是从一个希腊词脱胎而来，这个词的原来意思是指对所要观照的实体（存在）或所要处理的事情的预先认识。只有当'数目'是这些预先认识到的事物的性质时，才运用计数数学于这些事物。这样一种特殊的'先天倾向'，在另外一些获取知识的方式中并不存在，因为根据这些认识方式所追求的目标，并不必去认识事物的准确数目。"[2]

第二十一：以心系念，举此以概乎彼，举少而概乎多。埏埴为器，必模范为形。模范的概括，科学家完善概念，艺术家完善意象。在模式和范型那里，

---

[1] R. 阿恩海姆著、滕守尧译：《视觉思维》，第323页。
[2] 同上，第316页。

逻辑学、科学和文学是相通的。为了用概念说话，人类必须抽象。要理解抽象，其思想不能太抽象。

81. 概念

概念以心系念。概念的形成开始于对形象的知觉。诗云："言念君子，温其如玉"(《秦风·小戎》)；"鸟囚不忘飞，马系常念驰"(苏轼《秀州僧本莹静照堂》)。佛教主张：心不忘失，明记为性。念谓明记不忘。念的思念意义不同于概的工具意义，但概念能将此二者互补于一身，并赋予它担当起思维细胞的责任。

概念之概，"举此以概乎彼，举少以概乎多"(《艺概》)。譬如，"一国之中，野地多而邑地少，以少概多，其失之不亦远耶？"(梁启超语)概念无法逃避语词。语词有关于言说之言。言说之语词是民族的，语词所承担的概念是全人类的。不同民族对同一事物的正确反映是相同的，但表达同一概念的语词是不同的。

概念之概系联着"关切"。西文"关切"(concern)系念于"合同异"之合(con-)。中文"兴"系念于"合同异"之"同"。客观的概念有待于主体的能力，有能力的(capable)是能设想(conceive)的，能设想的是具有创造力的，具有创造力的是能够抓住问题要害的，所以，概念(concept)中包含着思维对事物的穿透力。来源于拉丁文的所有这些概念具有维特根斯坦所谓的"家族相似性"，它们都是 capere 的同门子孙。力这个语根提示着动词的穿透力，乡这个语根提示着形容词的附词会义力。英文名词(noun)源于拉丁文的名称(name)。名出于口，正言主张"必也正名"，认为"名不正，则言不顺，言不顺，则事不成"。老子认为:"无名天地之始,有名万物之母。""取实予名"(墨子的主张)以口言为根,"循名究理"则以包含着概念内容的语词为根。概念组成判断,语词"是"提示直言判断,语词"if"提示假言判断,语词"or"提示选言判断。

概念具有存在的意义,也具有发展的意义。但概念的翻译肯定会遗忘一些东西,并且会在其中注入一些东西。概念必然地将自己的命运系于特定语词。譬如。海德格尔的《存在与时间》,英译本通常用 Being and Time 来翻译 Sein und Zeit,有识者则批评说,Being 这个名词过于"名词化",它很难表达 Sein 所具有的生命性和流动性的含义,比较恰当的译名或许是 to be。但如果以 to be and Time 来翻译海德格尔的书,就会在英文的表述上显得不伦不类。

"合同异"之同与"合同异"之合(con-)应该能够在概念的层面被区分。刘勰从文心的角度谈论"风通而赋同,比显兴隐",亚里士多德从美学的角度说"写诗这种活动比写历史更富于哲学意味",这两种说法应该能够在概念的层面得到比较。在英文中,同一前缀的 con- 虽然使"意识"和"概念"有了某种共通性,但二者之间的差别决不在中文词风赋比兴之差别之下。相对于物质的意识是一个哲学概念,但意识流很快从一个哲学概念转化为文论概念,意识流作为一种有效的写作手法在小说这种叙事文体中找到了广阔的市场。作为思维形式的概念在逻辑学里奠定了思维的基础,但当"概念"以"概念化"的形式出现在文艺创作中时,它却成了某种负面的东西。虽然说创作文艺这种活动比写历史更具有哲学意味,但用严谨的逻辑概念的形式撰著哲学并不会错,而用"概念化"的方法创作文艺作品却根本行不通。

在思维的范围内,不存在什么东西不能进行比较。如果说概念和意识之间存在着某种"风通而赋同"的性质，那么，概念化和意识流之间的"比显兴隐"性质就不会那么简单。在诗歌那里，"合同异"之同具有比兴的特点。在概念那里，"合同异"之合具有逻辑的特点。逻辑思维之清晰就是在意识形态中也是必要的，更不要说在科学和哲学领域了。形象思维的模糊主要存在于艺术领域。意识的清晰与意识流的模糊在具有叙事特点的意识流小说中形成了某种妥协。"概念化"由于过分排斥直觉从而背离了形象思维。诗比历史更具有哲学意味是说诗比历史更具有"风通而赋同"的意味，而不是说诗比历史更具有"概念化"的意味。在"合同异"之同里，中国文化一直没有忽略形象思维。在"合同异"之异里，德里达的延异是哲学概念的一个里程碑，正像在科学里，微分概念是数学的一个里程碑。延异和微分都以 di- 为根。

82. 概括

在方法那里，思维的概括与分析，类似于逻辑的归纳与演绎。"为了概括，我们首先必须抽象，但是，要想使抽象有效，我们又必须预先知道怎样概括。"[1] 概括以抽象为前提，抽象以具体为分析的对象。思维具体为抽象，抽象意谓"在较小的数量中，包含较大的力量或效能"。思维动态为概括，概括"乃是在发现一种更加完满和更全面的整体的过程中所进行的重新构造活动"。健康人的思维总是想摆脱不健康的抽象概括，所以，"真正的概括，乃是科学家完善其概念，艺术家完善其意象的手段。它远远不是一种机械的

---

[1] 柏格森:《物与记忆》，巴黎，1946 年版，第 284 页。

手段，不需要统计人员、图书管理员或分类机的那种热忱，而是要求一种'活动性'（或创新性）心灵特有的机灵和智慧"[1]。

在理解概括的抽象意义之前，有必要先理解概括的具体意义。概括的具体意义涉及概括的言文意义。在古代。概假借于槩，括假借于栝。中文概栝从木。英文归纳与演绎从 -duce。概与栝本为形而下之器，后来引申出形而上之义。作为器具，权概之平斗斛，栝持簇扣弦射箭，正如"檃栝矫正枸木"（参见《荀子·性恶》）。作为言文假借，概括之作为概括，正如檃栝之作为檃栝。

作为从器具那里引申出的抽象，概栝的引申义正如檃栝的引申义。早在先秦，檃栝已经有了矫正弯木的意义。檃栝从木，正如本末从木。本末从具体义走向抽象的玄学义，正如檃栝从具体义走向抽象的文论义。"物有本末，事有终始，知新先后，则近道矣。"（《大学》）本末的本始末终义比本末的本根末梢义抽象。"建安袁枢又檃栝贯穿，创为纪事本末，一事之首尾起讫，开卷了然。"（清王士禛《跋通鉴纪事本末摘要》）事物的本事末事是历史，文本和文末是文学（文论）。"蹊要所司，贵在镕裁，檃栝情理，矫揉文采也。"（《文心雕龙·镕裁》）檃栝贯穿是对事物的历史性进行研究。檃栝情理是围绕着意象展开的思维构建活动。思维的概括意义，正如檃栝的文论意义。

抽象概括偏于对具体的归纳（induction），具体的归纳立足于 in-。抽象概括离不开理论分析，因为"在人们能够概括之前，必须首先选择出或识别出那些能够用来确定某某事物属于某某类的重要特征"[2]，

---

[1] R. 阿恩海姆著、滕守尧译：《视觉思维》，第 259、282、283 页。
[2] 同上，第 249 页。

从而进行归类。从形而下到形而上思维的归类活动需要从抽象上升为具体的演绎（deduction），具体的演绎分析立足于 de-。De- 与 in- 的关系，类似于无与有的关系。

概括不仅是科学家完善其概念的手段，概括也不仅是艺术家完善其意象的手段。概括远远不是一种机械的手段，它同时也提示了某种目的。言文假借虽然具有某种盲目性，但它绝不是完全盲目的。《说文》训㮮为栝，㮮与概栝虽然都从木，但㮮提示了某种隐喻，概栝通于慨括。慨从心，概括要求一种活动性的心灵；括从手，概括心灵的创新性要求一种特有的机灵和智慧。概括虽然不需要统计人员、图书管理员或分类机的那种热忱，但概括离不开知觉。

知从矢，栝从木。知识的本末，如矢之本末。栝为本，簇为末。知识以理性目的㮮栝情理，正如弓以矢瞄准目的。概括从目击开始，目击混然为直觉，直觉于目的则走向知觉。知觉愈俱分进化，思维愈向更高、更精确层面推进。然而，人的"心灵同样也需要一种与此正好相反的操作过程，在一种积极的思维活动中，即在艺术家或科学家的思维活动中，才智会随着从个别到一般的转移不断地增加"[1]。

83. 模范

就物而言，"埏埴为器，必模范为形"（《论衡·物势》）。就人而言，"师者，人之模范也"（《法言·学行》）。就文而言，堪为模范者，"都下莫不传诵"（《北史·庾信传》）。传说西晋文学家左思《三

---

[1] R. 阿恩海姆著、滕守尧译：《视觉思维》，第 284 页。

都赋》成，世人竞相传写，致使"洛阳纸贵"。左思云："取拱木于林衡，授全模于梓匠"（《魏都赋》）；"巢林栖一枝，可为达士模"（《咏史》）。前一例之模，建模也。后一例之模，若为名词，则楷模也；若为动词，则效法之谓也。

模从木，木是《说文》的第 206 个部首。范从艹，艹是艸的简化。艸是《说文》的第 12 个部首。范的本义当从模理解，模的本义当从莫理解。以艸曰范，"以木曰模，以金曰镕，以土曰型，以竹曰範"（段玉裁语），以火曰熔，以手曰摹，以麻曰麿，以水曰法。

许慎云："模，法也，莫声。"莫不是部首，但它是甲骨文中出现的一个可以清楚解读的字符。许慎释莫的形象为"从日在茻中"。这个字符具有诗意，从本义体会其诗意更能获得审美享受。莫，俗化为暮，引申为晚，日暮岁尽均为莫。古籍中"日暮人倦"作"日莫人倦"（《礼记·聘义》）。诗意"早出晚归"作"不夙则莫"（《齐风·东方未明》），"说回家就回家，眼看一年就完啦"，作"曰归曰归，岁亦莫止"（《小雅·采薇》）。

模（modus）具有科学意义。早在先秦，莫已经有了理论性较强的副词意义。古籍云："君子语大，天下莫能载焉；语小，天下莫能破焉。"（《中庸》）模有大小（measure），"至大无外，谓之大一；至小无内，谓之小一"（《庄子·天下》）。古希腊留基波（Leukippos，约公元前 500—前 400 年）和德谟克利特认为世界是由不可分割的原子构成的。不可分割的微子中国人谓之"至小"。"至小"莫能破。朱熹说："莫能载，是无外；莫能破，是无内"；"一发之微，尚可破为二者"，及其小的至小，已小得"无去处了"，"更不容破了"（《四书朱子大全·中庸》）。严复说："物体相维，大小各具摄力"；"大之见于恒星日月之间，微之存在于纤尖原字

(atom) 之中"(《穆勒名学》)。

在西语中，源于拉丁文的模式或范型是一个具有大小的结构，大小 (measure) 和模形式 (modular forms) 在科学的语源上具有共同的基因，因为从万有引力上讲，"物体相维，大小各具摄力"。说物体维持大小，并各具摄力是就物理学而言。物理学和数学乃至文学既有联系，又有区别。西方人说"万物皆数"是就数学而言，中国人说"物相杂故曰文"是就文学而言。"伐木丁丁，鸟鸣嘤嘤"(《小雅·伐木》)涉及动物在植物中的活动。伐木用手，"丁丁"摹状伐木声。摹状 (description) 所从手来源于主体，模仿 (imitation) 所从木来源于客体。

在模式和范型那里，逻辑学、科学和文学是相通的。中国古人说，文为质饰者也，观乎人文，以化成天下。聪明的动物善于模仿，人的文化更离不开模仿，亚里士多德在《诗学》中主张"按照事物本来的样子去模仿"。在天成象、在地成形之形象 (image) 是模仿的对象。模仿的对象依靠模仿的模式和范型来决定模仿的性质。

19世纪下半叶以来，西文中的 description 逐渐衍生出它的数理逻辑意义。这种数理逻辑意义传播到中国被称为"摹状词"。数理逻辑的"摹状词"理论强调所摹状事物的唯一性。例如，"5的平方和3的立方之间的那个数"(26)，"35和42的最大公约数"(7)。最早发展出摹状词逻辑理论的是 G. 弗雷格 (1848—1925)、G. 皮亚诺 (1858—1932) 和 B. 罗素 (1872—1970)。文学修辞摹状追求独特性，数理逻辑摹状意谓唯一性。

凡是协调的理论都应该具有一定的模型，但割裂无所不在。"数学是由未知海洋中的一个个知识孤岛组成的。例如，在那里有一个几何学家占据的孤岛，他们研究形状和形式，也有一个概率论的孤岛,数学家们在那里讨论风险和机遇。有着几十个这样的孤岛,每个孤岛上使用它们自己独特的语言,这种语言别的岛上的居民是不懂的。几何学的语言与概率论的语言有很大的差异,而微积分中的行话对于那些只讲统计学语言的人是没有意义的。"[1] 学科内或学科之间的模式和范型不但造成了割裂,而且也提供了克服割裂的可能性,不同类型的综通研究在这方面会显示出自己的价值。

84. 抽象

要理解抽象,其思想不能太抽象,因为抽象总是和具体联系着的。抽象与具体(concrete)的联系,不但反映在"抽象"(abstract)这个双音词上,而且表现在抽象之抽的构形上。就具体而言,抽,手也,手工操作也,引(draw)也。就非具体而言,抽,由也,原由也,逻辑自由也。理解字根中具体与抽象的关系,应把持区别同异的思维逻辑。"根据这项事业的性质,我们必须在人们强调差异的地方强调联系"[2];同时,我们也需要在别人强调相同的地方强调区别。我们这样强调的目的不在于别出心裁,恰恰相反,我们更看重历史的多样化逻辑。因为具体的同一(identity)中有差别,而差别本身也包含着抽象的同一。西文之具体中有通(con-),中文"离(ab-)坚白"中有统。"合同异"之合不应该排斥差异的结合,抽象之抽亦不应排斥非抽象之象。

一般的抽象,是从具体到抽象。从具体到抽象,是从形而下到形

---

[1] 西蒙·辛格著、薛密译:《费马大定理》,第 166 页。
[2] R. 阿恩海姆著、滕守尧译:《视觉思维》,第 38 页。

而上的抽象。如此之抽象，是偏于依靠经验尺度来把握的诗与画的抽象或艺术抽象。这意味着，当人的"注意力集中于客观存在物内部那抽象力的作用模式时，心灵要把它们看作是能创造丰富的感情经验的东西，反之，当眼前出现繁复多样的个别现象时，又必须把它们看成是通过某些最根本的一般性原则（力）组织起来的东西"[1]。

在这种情况下，抽象是意象的。意象之意要把再现的经验意象化为理想的东西，而意象之象要把再现的经验意象化为世俗的东西。艺术抽象是经验与创造的完美结合：一方面，它铸造了能够提示具体人生经验复杂性的符号；另一方面，它也架构了某种能够提升人的情感况味的富有强烈色彩和冲击力的形式。艺术家"窥意象而运斤"的艰巨性来源于"乘一总万"。就具体而言，意象的"形而下"是基础；就抽象而言，意象的"形而上"是主导。

"形而下"思维的副作用会"导致对自然事物的机械模仿或复制"，降低思维的思想性。"形而上"思维的副作用会使"文章平淡如道德论"，从而削弱思维的趣味性或可读性。"乘一总万"通过综合避免形象思维的副作用。"在艺术创造中，对思维和表现的任何一种限制，都只能削弱艺术陈述的效果。在一种较为理想的文明中，人们观看任何一件物体或作出的每一种作为，都会延及到一系列与之相类似的其他物体和行为，一直到达最抽象的指导性原则。反过来，当人们关照或研究那些普遍的抽象形式时，就会在他的推理活动中，回想着关于它们的具体存在物的经验，这些经验的作用无疑会为这种抽象的思维赋予具体的血肉之躯。"[2]

---

[1] R. 阿恩海姆著、滕守尧译：《视觉思维》，第 236 页。
[2] 同上，第 237 页。

理论的抽象，是从抽象到具体。"没有抽象的真理，真理总是具体的"[1]，具体的真理是从抽象上升到具体（rise from the abstract up to the concrete）的真理。文之为德也大矣，但是抽象的文化大还是具体的文化大，这不容易说清楚。最初只是笼统的艺文，后来出现了理论文。理论文是概念的，概念是逻辑的。逻辑是条理的，所以，中国古人说："论如析薪，贵在破理。"理不容易破，破理既需要广泛的事实归纳，也需要严密的逻辑推断。

逻辑推断需要名理，从抽象上升到具体既需要逻辑之名，也需要事实之理。马克思用政治经济学的事实之理著作《资本论》，其事实是从实在开始的具体，其事实之理是从具体概括出来的抽象，其逻辑方法涉及从抽象上升到具体。名理之名是形式的，形式在一般的偏于从具体到抽象的思维那里是艺术的，在理论的偏于从抽象上升到具体的思维那里是逻辑的。名理思辨如果不能上升到具体或对复杂具体关系把握不够，那思维进程中"越来越稀薄的抽象"的正确性就会大打折扣。

> 第二十二：运动有关于力学，流形有关于拓扑学。自下而上的实测归纳，自上而下的演绎推理，紧接着会有高屋建瓴的洞察和发现。

85. 实测

实是金文中出现的字，测是《说文》中出现的字。繁体實从

---

[1]《列宁文集》第 4 卷，第 453 页。

宀从贯。金文籀从田从贝，会意富裕。测从水，正如深从水。度深曰测。测以则为声。许慎云则从刀从贝，又云籀文则从鼎。郭沫若认为"则字从刀，从鼎，当是宰割之宰之本字"（《两周金文辞大系考释》）。鼎是《说文》的第 250 个部首。籀文起于西周晚年，春秋战国时行于秦国。至严复，赋予籀推证之义，并张扬"实测内籀之学"。

籀，读也，留也，通过书写籀文留下记忆。籀从提手强调手写的动作，从竹强调符号，从留强调记忆。讽籀，讽读也。讽读者被导（derived）。西文被导就是被指引。拉丁文 dūcere 意谓引导（lead）。有两种推导：第一种是在 dūcere 前加 in-，第二种是在 dūcere 前加 de-。前者为归纳（induction），后者为演绎（dcduction）。

在严复看来，归纳和演绎都有关于"思籀"。思籀就是讽读、思考、推导。"思籀自最广之义而言之，实与推正一言异名而同实。而古今常法，其事皆近于二宗：有自其偶然而推其常然者，有即其常然而证其偶然者。前者谓之内籀，后者谓之外籀。"（《穆勒名学》部乙，第三节）思维规律在内（in-）籀那里偏于归纳，在外（off）籀那里偏于演绎。

在先秦，"墨子蔽于用而不知文"，"惠子蔽于词而不知实"（《荀子·解蔽》）。20 世纪初的严复，可谓既知文，又知实者也。中国文化强调"因内而符外"，"因内而符外"在思维层面是"意内而言外"。"意内而言外"有其逻辑规律。严复首先使用"逻辑"和"名学"概念时充分体贴到了中国传统。严复知籀文，赋予籀逻辑内涵，他以内外籀区分归纳、演绎是一个精细、谨慎、认真的创造。严复知实，其实测内籀之学强调必须明确字义，名词概念必须符合实际。内籀使用归纳法，即物实测，由会通求所以然之理，由实际考察分析和不断积累材料来归"类"、辨"别"、明"德"。

实测以类为基。墨子主张察类。严复把属（genus）概念称作类，把种（species）概念称作别，把属性（attribute）称作德。"凡物之有同德者，皆可以为类。类固从德起也，而同者之中，固有所异，因其异而区之，于是乎有别，则知乎其别，又以德也。是故别之涵德，必多于其类，而类既统诸别矣。"（《穆勒名学》部甲，第一节按语）共性者同类，同类中又别异，别异者以属性区别，相异之属性为别德。类别区分用外延。

基础既呼唤从上而下的功夫，也呼唤从下而上的功夫。就思维规律而言，无非有二："一种是自下面做上去，另一种是自上面做下来。"（参见《朱子语类》）类概念是逻辑的基础，"类族辨物"（《易·同人》）是名学的基础。"六爻发挥，旁通情也"（《易·乾》），"引而伸之，触类而长之"（《系辞上》）既是归纳的有关于自下面做上去的基础，也是演绎的有关于自上面做下来的基础。演绎的绎、归纳的纳与经典（classics）学的经都从糸。演绎的演、实测的测与《墨经》中具有逻辑规律意味的法都从水。

根据中国科技史专家董光璧先生所说，"实测初为焦循对推步测天方法的推广概念，后由严复在其译著《穆勒名学》中将其定格为具有归纳意义的认识方法"[1]。《易》乃谈天之书，早于严复近百年的焦循当然也认同这个观点，但是，他又说："天不可知，以实测而知。七政恒星错综不齐，而不出乎三百六十度之经纬；山泽水火错综不齐，而不出乎三百六十四爻之变化。本行度而实测之，天以渐而明；本经文而实测之，《易》亦以渐而明，非可以虚理尽，

---

[1] 《中国儒学百科全书》，第287页。

非可以外心衡也。"[1]

实与虚相对，正如实理与虚理相对、实测与虚拟相对。文学离不开虚拟，科技立足于实测。刘勰说"心生而言立，言立而文明"，涉及虚心以待、虚位以待、虚静以待。刘勰也不排斥物和物色，但他所谓物是神与物游之物，而不是实测之物。焦循所谓"实测"不会允许虚拟和想象，他所谓"非可以虚理尽，非可以外心衡"，说的就是这种意思。

86. 运动

《玉篇》以动释运，正如《说文》以作释动。动作是意图的具体实施，运动会形成主流和趋势。运从辵，古文动亦从辵。辵是关于行的字符。辵的上部是"彳"的变形，下从止的变形。行是《说文》的第 37 个部首。事物"顺阴阳而运动"（《新语·慎微》）；"动而输者，立天下之博；静而藏者，立天下之约"（戴震《原善》上）。动从力。力（dyna-）是《说文》的第 488 个部首。力学（dynamics）是自然科学中的一门一级学科。牛顿力学的严密体系，不但能正确描述地上物体的机械运动，而且能算出天体的轨道，并确定地预言其运动。

数学家喜欢分类，因为分类有利于把握运动。刘徽说："数同类者无远，数异类者无近。远而通体者，虽异位而相同也；近而殊形者，虽同列而相违也。"（《九章算术注·方田·九》）远近相通于辵，正如运动相通于辵。虽然说"方以类聚，物以群分"（《易·系

---

[1]《焦循诗文集》，广陵书社 2008 年版，第 295 页。

辞》），但相通于乏与相通于力还是有所不同，相通于力与相通于巾亦有异。祖氏原理认为："幂势既同，则积不容异。"幂从冖巾。冖，覆也，盖也。铺巾成面，方巾之面意谓乘方，数学幂（power）义由此而来，其面积（area）义亦由此而来。势从力，正如动从力。有势力者居高位，故势有高义。积从禾，如禾之积聚也。在数学，有面之积聚，有体之积聚。祖氏原理中的积意谓体积（volume）。至17世纪上半叶，意大利数学家卡瓦列里（Bonaventura Cavalieri, 1598—1647）在研究微积分时重新发现了这个原理。卡瓦列里原理说：对于任意给定的两个立体，若等高处的截面积处处相等，则它们的体积相等。

运（運）从军。运筹有关于精确的算计，运筹学（operational research）可用于军事智谋活动的算计，中国古语所谓"运筹帷幄之中，决胜千里之外"，说的就是这种算计。运筹是算计，运算活动是计算。筹算从竹，正如运动从辵。动有生义，东汉高诱曾训动为生。"情动于中"的"动"是生的意思。生是《说文》的第215个部首。活动的生灵包括动物，"动植皆文"（《原道》）之"动"是动物（animal）的意思。动物活动，活与死相对，死是《说文》的第132个部首。

诗云："播厥百谷，实函斯活"（《周颂·载芟》）；"不见湘妃鼓瑟时，至今斑竹临江活"（杜甫《奉先刘少府》）；"星辰活动惊歌笑，风露清寒敌拍浮"（文天祥《和萧秋屋韵》）。生物生动，但生动非仅就生物而言。水能活动，但活动非仅就水而言。"民非水火不生活。"（《孟子·尽心上》）生物的生命活动离不开水。人的生命活动不但离不开水，而且离不开火。活动之活从水，正如变动之變从攴、运动之运从辵。

繁体变动之變的上部是《说文》中的一个字符。电文打不出。《汉语大字典》将其收录在第 3461 页。此字符从言丝。丝是人的生活的物质。物质和运动密不可分。治和乱密不可分。變的上部这个字符既可以训为乱，又可以训为治。言如丝易乱，故治语言的学者总是会强调言说的规范，治文字的专家也总是会强调文符的规范。

作为交际的工具，口说的言与手作的符会出现变动（change）或变化。變从丝指示物质的变动，从言指示言语的变动，从攴意谓动作的变动。变动强调动力学的运动规律，变化强调人文学的运动规律。恩格斯说："既然我们面前的物质是某种既有的东西，是某种既不能创造也不能消灭的东西，那么运动也就是既不能创造也不能消灭的。只要认识到宇宙是一个体系，是各种物体相互联系的总体，那就不能不得出这个结论来。"[1]

"路漫漫其修远兮，吾将上下而求索。"（《离骚》）求索总是会留下运动的轨迹。轨迹的迹与运动咸从辵。轨迹的轨与运动之运（運）咸从车。历史在各种矛盾中运动，人类的不平等的产生既是一种进步也是一种退步（参见卢梭《论人类不平等的起源和基础》）。运动有关于力学。力学中无论静力学或动力学都立足于经验。力学逻辑体系与历史运动之间存在矛盾，没有充分理由可以断言一个原理比另一个原理更根本。从科学上把握运动与从哲学上把握运动是不同的，运动的轨迹也可以从史迹方面研究和把握。史迹与史学的关系，正如史质与史识的关系。

---

[1]《马克思恩格斯选集》第 3 卷，第 492 页。

87. 流形

流，水行也，水流之形。刘勰说："阅乔岳以形培塿，酌沧波以喻畎浍。"(《文心雕龙·知音》)这里所谓"畎浍"意谓"田间水沟"。"畎浍"是后起的字符。畎的本字是《说文》的第 413 个部首。浍的本字是《说文》的第 414 个部首。水流之行源远流长，流长为永，永是《说文》的第 418 个部首。水流之形分派，派的本字为辰。辰是《说文》的第 419 个部首。在更早的字符里，永和辰乃一字。

流的右半部或作"荒"的中下部（依据《字汇补》）。这个字符的形状实际上由两个更基本的字符构成，其中上部的"亡"是《说文》的第 457 个部首，下部是"巛"或"川"的变形。巛，古川字。巛是《说文》的第 415 个部首。"荒"的中下部意谓"水广也"。西周初年的人说"包荒，用冯河"（《易·泰》），其意谓"河水广大，用快马渡河"。

《易·乾》："云行雨施，品物流形。"中国数学教育家江泽涵首先用"流形"翻译 manifold。在易学那里，"流形"和天道运行有关。在数学那里，"流形"和天算之拓扑有关。天道运行，润泽于下，万物流传形成。在拓扑学（topology）那里，流形与曲面（surface）密切相关。"拓扑"（topo-）一词源于古希腊文。拓扑斯（topos）的语源意谓"地方"（place）。地形学（topography）与拓扑学同根于 topo-。流形，整体的形态可以流动。在流动中形成，在形成中流动。西语"流形"的前半部分意谓"多"（many）。manifold（流形）的形容词意思意谓"多种多样的"或"多种形式的"。

形与行，古字通用。"品物流形"在《程氏易传》里写作"品物流行"。程颐说："云行雨施，品物流行，言亨也。天道运行，生育万物也。"（卷一）行是《说文》的第 37 个部首。形所从彡是《说文》的第 331 个部首。形字的左部非开。开是開的简化字。形字的左部应为井，碑文《魏王基残碑》中即如此。《汉语大字典》第 853 页收入"形"的这个异体字。井是甲骨文中出现的字符。井的本义是水井（well）。象形文字以围栏形容。井是六十四卦的第 48 卦。其卦辞云："改邑不改井。"有土有人斯为邑。邑落不易变动，但有时不得不变动，邑落迁徙了，井不能随着迁徙。

在《辞源》的第 523 页，收有"市"和"巿"两个字符，"市"下有"市井"词条。市巿咸从巾。巾是《说文》的第 281 个部首，巿是《说文》的第 282 个部首。许慎准确地说：巿"从巾，象连带之形"。所连之带用"一"表示。"上古衣蔽前而已，巿以象之。"巿与父音同调不同。在石器时代，男子右手持石斧操作，此石斧以丨象之，右手以又表达，甲骨文、铜器铭文中"父"字形象如此。父母之父由此寓含而来。白居易诗云："生民理布帛，所求活一身。"（《重赋》）形声字"布"以父为声。此"布"上部之"父"省略了"又"（右手）所持之斧（丨）。

《卫风·氓》中"抱布贸丝"之布从巾，其贸乃贸易。贸易是商业活动，古代"处商必就市井"（《管子·小匡》），"市井"后来成为商贾的代名词。人是必须喝水的动物，从井取水，有井之地不但容易成为邑落，而且容易成为众人聚居的买卖之地。北宋时期，从西夏来的使臣说，凡有井水处即能歌柳词。有井就有人，有人就有市，有市就有市井文学。姬文所著小说《市声》提供了晚清商界社会的风俗生活。

水、土、火、气合称四根。就水而言是流溢，就火而言是流射。流溢、流射都在气中进行。气由以太（ether）构成。穿土成井，就井而言是流形。水、土、火、气之物不能思考，人能结合水、土、火、气之物进行思考。人是用血液结合心脑从而产生精神的动物，血液使人的心脑流溢出精神思想。水、土、火、气等元素构成外物。耳、目、口、舌、鼻、身构成了感官。以水观水，以土观土，以火观火，即以相同的东西观察相同的东西产生不出综合性的思想。一般人的认识只能达到现象世界，即看到其多样性，而不能达到本质的统一性。精神能力和思考能力强的人可以从纷繁的多样性中看到其统一性。像江泽涵这样的优秀的数学家能够从流形的角度看到拓扑学的统一性，同时也能从流形和曲面相分相合的角度把握其统一性。

88. 发现

在事业的征途中，开始可能是茫然失措的"独上高楼"，少不了"望尽天涯路"的无奈；其次会有"衣带渐宽终不悔，为伊消得人憔悴"的追求；最后才是"蓦然回首，那人却在，灯火阑珊处"的发现。西文 discover（发现）中的 dis- 意谓去掉，cover 意谓盖子。去掉盖子就会有发现。

正像发现是后来出现那样，发现的现也是后来出现的。见（見）是《说文》的第 318 个部首。见从目从儿。目是《说文》的第 99 个部首。儿是《说文》的第 311 个部首。西周语词有"见龙在田"（《易·乾》）。《广韵》和《集韵》释见为显露。见是现的本字。有关 discover 的双音义符，《辞源》为"发见"，《辞海》为"发现"。发现的發(发)是一个比"見"年轻比"现"古老的字符。该字从弓癹声。弓乃发射之器。射是六艺之一。弓是《说文》的第 463 个部首。癹从癶从殳。癶从足止。殳从又,与攴义近。癶是《说文》的第 28 个部首。殳是《说文》的第 86 个部首。

  牛顿发现了万有引力。万有引力是早在牛顿之前就存在的客观事物,经牛顿探索、研究,才开始知道,我们称这种知道叫"发现"。牛顿之所以能发现,不纯粹是牛顿个人的功劳。早在牛顿之前,F. 培根创造了一种不同于亚里士多德的逻辑思维方法。培根的新工具认为,演绎只能阐明或证明已经发现的东西,只能判定由一些思想推出另一个思想的过程是正确的或错误的。归纳是不同于演绎的东西。归纳能发现尚未发现的真理,亦能发现未知的事物的规律。演绎追求证明的发现,归纳能拓展发现证明的领域。

  宋玉所谓"发明耳目"意谓,"能开耳目之明"(《风赋》及注)。毛氏所谓"情发于声"(《关雎序》),通于《左传》所谓"声明以发之"(桓公二年)。杜甫将"春为发生"(《尔雅·释天》)活铸为"好雨知时节,当春乃发生"(《春夜喜雨》)。刘知几所谓"其所发明者多矣"(《史通·自叙》)是就阐释而言。事物发生,形成了事物的性质。不同性质的事物,形成了不同的功用。逻辑定义使用种差加属(specific difference plus genus)既可以着眼于发生,也可以着眼于功用。在印欧语系里,形成(genesis)和属(genus)同源。

  《辞源》和《辞海》都列有"发明"词条,但《辞海》的词条下阐述了"发明"的法律意义。人有发现的权利,亦有发明的权利。发现与发明的区别在于,前者着眼于认识、知识之新,此新认识、新知识未必能直接应用或合于践履，而后者是手段的新、践履的新，此新手段、新践履直接应用于创造新产品或改造自然界。对创新的渴望也促进了教学发现。每门学科都有基本结构、基本概念和原理，教师在激发学生发现或掌握其内容，学生也在独立思考中发现新知识并解决新问题。

发现和发明之于科技，不完全类似于演绎和归纳之于逻辑。这正如发现和复原之于科技史，不完全类似于发现和发明之于科技一样。史虽然是铁一样的事实，但对其认识依然会有不同。西北大学曲安京教授认为20世纪的中国数学史研究存在着两个运动，即以李俨、钱宝琮为首的发现运动和以吴文俊为首的复原（reduce）运动。西文re-意谓"复"。中文"原"意谓水的源头。江源唯远。远与原同音，与还同从辵。还，复也。周秦金文"遠"，宋元时期俗化为"还"。文字可还原为简，亦可还原为繁。

对于李钱的发现运动和吴文俊的复原运动，孙小淳教授认为，没有必要将其分开，因为"发现和复原不可分割，没有复原就根本谈不上发现"[1]。曲安京认为："复原一定不会早于发现，因为没有发现，就谈不到复原。"特别是对于某些具体个案，"复原肯定不会早于发现"。然而对于集合，"早期的发现很多已经或正在复原，而后续的发现仍然源源不断"。虽然个案中此复原在彼发现之后，但集合中的发现和复原也可能是"交织在一起，没有明确的先后界限"[2]。

---

[1] 《自然科学史研究》2006年25（1），第88页。
[2] 《李钱运动与吴运动》，见《一代学人钱宝琮》，第386页。

第二十三：骚动不安的魂灵，超越了禽兽性。
文之为德也大矣，禽兽不知人知，鬼魂不知神知。
献艺如献丑。

89. 禽兽

王实甫《西厢记》第四本第二折里老夫人说："红娘，书房里唤将那禽兽来。"此禽兽指张生。对白说张生是禽兽当然是戏剧语言，但也不纯粹为戏言。张生逾墙幽会莺莺的爱情故事由来有自。元代的王《西厢》受到金代董解元《西厢记诸宫调》的影响。董《西厢》的故事受到唐传奇小说的影响，这包括元稹的《会真记》和张鷟（658—730）的《游仙窟》。"会真"意谓偷情艳遇，"游仙"意谓嫖妓宿娼。唐人习惯上称妖艳女子为神仙。宋代歌舞曲词中流行崔、张故事，其中对张生"始乱之，终弃之"的行为颇有微词。《西厢记诸宫调》抛弃了张生的某些"禽兽"性，而对崔、张故事进行了一定程度的美化，王实甫的《西厢记》对崔、张故事进行了更多的升华和艺术加工，从而使一对真挚的心灵在更广的程度上、在更长远的历史长河中感动了更多的世人。

禽兽的禽，在西文中是"二足而羽"的 fowl，也就是"鸟兽蹄远之迹"的 bird。鸟与隹是两个有关于 bird 的部首字，而"禽兽"不是部首字。禽从厹，厹是一个部首字。《辞源》释厹为"兽足踏地"。禽是"两足而羽"，兽是"四足而毛"。在1991年出版的《辞源》中，没有兽字，只有獸字。兽是獸的简化字。獸这个会意字，其形体可以追溯到甲骨文。禽兽二字十分古老，它们在甲骨文中是常用字。"禽"在甲骨文中的形状，是带有柄的网的象形，殷人以此擒拿飞禽，故禽是擒的本字，是获的同义词。金文在甲骨文的柄网上加"今"，小篆的柄网之形变成了"离"。在甲骨文中，獸形左部似柄网，为田猎时捕取猎物的工具，右犬，为助猎的宠物。田猎用犬，自古如此。故兽，狩也，狩猎也。甲骨文、金文材料的发现使我们对这两个字有了清楚认识。

禽兽和人一样是动物，但人为了生活而狩猎动物，由来已久。狩猎即擒猎，擒猎之擒是禽的本义，狩猎之狩是兽的本义。这在甲骨文中看得很清楚。动物也是物理性的物质，动物所留下的鸟兽蹄迒之迹也是物质性的，模仿鸟兽蹄迒之迹的符号亦具有物质性。德里达认为：声音符号的言语有它的所指，这种所指与逻各斯的关系紧密。中国的表意文字符号也有它的所指，从甲骨文本原上说，这种所指在"禽兽"二字那里与其说和 birds and beast 有关，还不如说它们与狩猎生活密切相关。狩猎活动源远流长。中国东北的鄂伦春族是一个狩猎民族，其狩猎活动一直延续到 20 世纪末，1996 年鄂伦春自治旗宣布禁猎，从此长达两、三千年的该族的狩猎活动宣告结束。禽兽是动物（animal），动物有动物性（animality）。德里达的名言之一是："进步总是包括：经由进步我们超越了禽兽性，而消除进步又使我们更接近禽兽性。"（Progress consists always of taking us closer to animality while annulling the progress through which we have transgressed animality.）[1]

---

[1] *Of Grammatology*, p.203.

90. 鬼神

2001年9月，德里达在北京与中国社会科学院专家座谈时说："在对马克思的'埋葬'中，就像通常进行的送葬一样，存在着一种幽灵压力下的回归，即'鬼魂'的游荡。"[1] 鬼魂的鬼是《说文解字》的第346个部首，人所归为鬼，人死魂魄为鬼。英语中流传着的 ghost（鬼）可以追溯到印欧语系的梵文。人活在光天化日之下，而鬼被想象为在幽冥中，是幽冥中的幽灵。西语"幽灵"（spectre）也是这种意思。幽灵的灵，繁体为靈。中国传统的灵巫是祈雨的巫师。西方语义、拉丁规则中的幽灵是显现的东西，以 phan 开头的 phantasm 意谓鬼魂。游魂常常重复出现或归来，来源于拉丁文的西语 revenant 既有"归来"的意思，也有重复出现的意思。中国古代由灵巫祈雨，"靈"符的上部象形零落的雨滴。西语符用 re- 标识重复出现，中语符用"巫"标识宗教意识。

鬼神有关于宗教意识，但鬼神字符的产生未必有关于宗教。西语中的 spectre 和 phantasm 都有关于显现的东西。"鬼"在希腊文中也是显现的东西，可使人看见者。显现是视觉性的，马克思对视觉作过评论，马克思也认为与其他意识形态不同的宗教在意识形态中具有一种推动的意义。意识是人脑的产物，宗教意识强调将自己与某个外在的东西（神灵）捆绑起来。所以，西语符 religion 和 revenant 都强调 re-。re- 就是复活的复，西方人为此还创造了一个节日，叫复活节。西方宗教中的"弥赛亚"（māshïah），被作为上帝的使者，"对于基督徒，他已经来过，对于犹太人、伊斯兰教徒，

---

[1] 杜小真、张宁主编：《德里达中国讲演录》，第77页。

他尚未来过,他可能会来"。

不存在的鬼魂使活人不安,存在着的宗教使人的灵魂安静了许多。中文符宗教的宗示意安神、敬神。祖宗是具有血缘关系的,教宗是具有信仰关系的,宗教的教在有些人那里是科学的,在有些人那里是非科学的。沈兼士认为:"鬼"这个象形字源于黑猩猩,引申出鬼神的意思。鬼神之神是个形声字。形符"示"意谓"天垂象,以示人"。声符"申"的朔义也与天象有关。甲骨文"申"像闪电曲折形,故《说文》在雨后彩虹之虹下曰:"申,電也。"

孔子不语"怪力乱神",但有关于"鬼神"的话语在人类社会挥之不去。《共产党宣言》第一句:"一个幽灵,共产主义的幽灵,在欧洲徘徊。"这句名言的作者马克思非常喜欢莎士比亚。莎士比亚在《哈姆雷特》这出人文主义思想悲剧的第一幕中让丹麦父王的幽灵降临并与王子对话。父王被叔父杀了,母亲嫁给了叔父,幽灵让王子替自己报仇。悲剧的幽灵不断地在人间上演,而"正义"、"和平"却总是久等不来。想要的得不到,不想要的却接踵而至。读书破万卷,下笔如有鬼。尽管神不来,鬼来了,但是,人们对神的期待却从来没有停止,鬼神的幽灵在人类社会挥之不去。

鬼神是意识的错觉,"不问苍生问鬼神"是意识形态的错觉。150多年前,当共产主义的幽灵在欧洲徘徊时,马克思并未产生错觉。因为那时马克思并未就幽灵谈幽灵,而是从幽灵中看穿了历史,他认为"历史时代"的"经济生产方式与交换方式"决定着社会结构,幽灵是历史性的,它所赖以存在的前提是时代政治精神的历史。1993年,德里达在写作出版《马克思的幽灵》时也未产生错觉。因为十几年前,社会主义的发展在欧洲相当不妙,主张自由资本主义的人开始用"葬礼"、"终结"等词对它进行描述。德里达不同意这种观点,令人惊讶的是，德里达为幽灵性（spectrality）赋予了历史的现实意义。

phane 有关于视觉形象，幽灵有关于电视、网络、电话、手机等与电和电子有关的媒介产品，幽灵性有关于技术革命、信息化所带来的突变。"幽灵性的概念对于分析我们时代的这些技术、这些技术的发展是必不可少的。幽灵意味着既不是真实的，又不是想象物；既不是生者，也不是死者。它制造传播、印迹、技术的形象。""幽灵性的特点就是非生非死，非在场非缺席，非真非假。"[1] 德里达关于中国禅宗的知识并不多，但他对关于禅宗双重否定逻辑的运用很到家。新媒介时代的亡灵（revenant）呼唤着救世主降临，但救世主并不能预见什么时候事情会发生，没有任何人知道历史事件在什么时候、以什么方式发生。历史事件是要到来的、不能事先把握的事情，它的节奏的秘密人们尽管可以感觉，但具体的时间不可能预报。幽灵肯定会光顾未来，但"未来设定了历史性，历史是不可能终结的"[2]。所以，1992 年美国政治思想家佛朗西斯·福山在《历史的终结和末人》中提出的"终结"思想只是意识形态的欺诈和狡计，而不是有洞察力的真实。

91. 献艺

要读懂"献艺"二字不容易，笔者活到 50 多岁，才读懂了一些。写下一些读懂的东西，如果写错了，那就是献丑。1956 年獻藝被简化为献艺，但獻是甲骨文中出现的字，藝的前身埶也是甲骨文中出现的字。古埶字从木从土，意谓以手持木种之土。埶的右部符

---

[1] 《德里达中国讲演录》，第 78 页。
[2] 同上，第 80 页。

号是《说文》的第74个部首。它作为部首虽然已经死了，但其阴魂仍然未散。埶是有关于种植的技能，埶与执（执）形近义联，执的本义是拘捕，拘捕用手，正如种植树木要用手。埶已简化为执。埶先在唐宋时期繁化、俗化为蓺、藝，又在20世纪中叶被简化为艺。

献艺如献丑，故宋许棐命名自己所著书为《献丑集》。生命中的人和动植物都是从有机物演化而来。水土中存在有机物，也存在非有机物。有机物含量在草木中的远远多于在水土中的。种植的理科的技艺有关于人的物质衣食之需，文科的技艺有关于社会和精神之需。动物中的虎、犬，器物中的鼎、鬲，都有关于人的生活。鼎鬲用于宗庙献祭，故繁体獻或从鼎或从鬲。献祭用肉牲或虎或犬，故獻又从虎从犬。丑的繁体为醜。醜有关于鬼，美有关于羊。羊肉用于羹献，故羹从羊。犬食人之余，肥犬亦用于献祭，献祭的宗庙犬也叫"羹献"。之所以叫羹献，是因为"人将所食余以与犬，犬得食而肥，肥犬献祭于鬼神，故曰羹献"。宗教文化有关于献艺，献艺后来演化为文献、文艺的编纂研究和整理。

动宾结构的献艺不同于文献、文艺之献艺，而通于献可替（supplement）否之义理。文本文献献可于文字的资源资料，文本文艺献可于文学的审美情感。人们不会无缘无故地要求记住所有的文本文献，人们也不会无缘无故地去阅读所有的文本文艺。献可与替否不但合规律地存在和发展于文本文献与文本文艺之中，而且合规律地存在于文本文献与文本文艺之间。"献可有否"，"献其否以成其可"，目的在于弘扬精华；"否而有可"，"献其可以去其否"，目的在于淘汰糟粕（参阅《左传·昭公二十年》）。

犬羊肥献祭于鬼神叫羹献，典籍资料传承于历史叫文献。贤者之于文献，正如义士之于文艺。文艺有关于我，制義之义是我吗？科学有关于我们，制藝之藝是我们吗？我到底在哪里？我们到底在哪里？"我们在那里，我们就从那里开始。不能不考虑踪迹，但远迹的观念教导我们，证明有一种绝对出发点的想法是不可能的。我们处在文本里，我们相信我们自己在那里。"(We must begin wherever we are and the thought of the trace, which cannot not take the scent into account, has already taught us that it was impossible to justify a point of departure absolutely. Wherever we are: in a text where we already believe ourselves to be.) [1]

　　文艺、文献与文本之关系，正如修辞、考据与文本之关系。但是，由于艺与义是不同的，所以，不能笼统地将制艺看作制义。玄学是义理之学的先驱，在玄学的时代大文艺家们虽然"不求甚解"于文献，但他们也可能"疑义相与析"于义理。确立大文艺家身份的是大文艺家的"奇文"，大文艺家之能事是欣赏之高妙。欣赏具有公共性（publicity），"奇文共欣赏"中的"共"触及了文艺的轰动效应。对于辞章的鉴赏有关于文艺，对于疑义的辨析有关于义理。义理之义中有"我"，但这个"我"是抽象化之我。文艺之艺中也有"我"，这个"我"是具体的、个性化之我。义理学家分析疑义于义理，正如鉴赏学家欣赏奇文于辞章。

　　问题的复杂性并不止于此。献艺中依旧有许多嫌疑，献艺中的嫌疑依旧需要学者进行持续不断的分析。羹献是文献吗？羹献之献提示着宗教吗？羹献之献提示了一些文献的蛛丝马迹吗？羹献是文艺吗？羹献之羹是否包含着一些有关于文艺鉴赏的美的滋味？文艺是文义吗？如果说文艺中有文义的因素，那人文体系中的生态究竟如何？我

---

[1] *Of Grammatology*, p.162.

们能从文艺中体会文本的意义，但我们也能从文义中区别文本的生态关系吗？文艺是我，科学是我们，但文艺科学到底是我还是我们？

92. 文德

文之为德也大矣。文德之德，其字体之形与它的本体之义一样复杂。德有关于人，有关于人行、人心之正直。德的字面意思是以正直之心行事。周初"敬德"，敬德是敬德行，德行的行原本在德字中，后来用彳提示。德行有关于德性，德性是德心之行、德心之性。德心之直性有关于忠信。因为"忠信所以进德"，"君子进德修业"（《周易·乾》）。德从一，一的本原有关于道德的自然本原。"泰初有无，无有无名；一之所起，有一而未形，物得以生，谓之德。"（《庄子·天地》）物得一而生，"物得以生生，知得以职道之精。故德者得也；得也者，谓得其所以然也"（《管子·心术上》）。

忠信之文德，正如修业之文化。"观乎人文，以化成天下。"人文践履，德于天地者得天下。人文忠信，德于人心者得天下。但是，太初有无，无最初无限定（apeiron），后来才成为存在（onto-）。存在是本，本从木。木下曰本，木上曰末。文之为德也大矣，文德有本末。"以无为本"、"举本统末"有助于德心，"崇本息末"有助于固本。文德的本原（arche）在古希腊米利都学派（Melisian school）那里涉及水、火、气和原子。古人敬文德，故能近取诸身于物，远取诸物于身，并能兼容取心于形。言文之德奠基于汉代人说文解字之本义，论文之德起步于魏晋人对文之本末的辨析。

儒学之于文德，正如存在之于本体。本体存在是本末性的，文德本末是人文化的。本体之心在德，本体之行在道。象形字反映本原义，指事字表达史实义，会意字意会心音义，转注字注释互训义，形声字通达人文义。文字之德在形声，文学之德在形神。在地成形，在天成象，在动物与人则成远迹。人文德行从彳，正如道德远迹从辶。彳与辶的相通，正如德与道的相通、文德与文道的相通。文字的象形，文学的传承，文论的逻辑，文化的交流，咸与文道之德或文德之道不可分离。

文德之大惟在当行，惟在本色。本色有关于本原形，当行有关于可行性。"道是无体之名，形是有质之称，凡有从无而生，形由道而立，是先道而后形。"（《周易正义·系辞上》）撇开"无体之名"，直说"有质之称"。道其所以然者谓之道（到），得其所以然者谓之德。文德之道，就改造自然来说，应该立足于人的需要，并以此为正；文道之德，就遵循自然规律来说，应该警惕人类对自然的破坏，并以此为反。《沧浪诗话》说："惟悟乃为当行，乃为本色。"当行本色之悟为妙悟，妙悟融合了释老，妙悟的当行落脚于儒。

德从惪，惪从心，文德的本原形是本源性的。本源性就本原形成，就道德而行，外得于物，内得于己，止于当止，行于当行。正直之心投射于物，正直之行践履于物，文德观念形成于物，观念的对象性融会于物，于是，我们到达了比较深奥的抽象层面，我们到达了更高的精神境界。事物不但是文德观念形成的基础，而且是一般言文和文本的要素。"同一的内容可以从不同的语言出发而被意指，它的观念同一性确保了它的可翻译性。"[1]

---

[1] 德里达著、方向红译：《胡塞尔〈几何学起源〉引论》，第63页。

文德之行迪遵于事义，文德之惌妙悟于理解。事物象形于文字，口耳于言语，事实于历史，义理于解说。文德的言文性是历史的，历史文明用言文"纪事"理解。《说文》中的第78个部首"史"，可以从文德的角度来理解。有史之文明从"记事"开始，记事之记从言，"言立而文明"。记事之史，"从又持中"。"中者，盛筭之器也。筭与简策本是一物，又皆为史之所执。史字从又持中，义为持书之人，与尹之从又持丨者同意矣。史之职专以藏书读书作书为事，其字所从之中，自当为盛策之器，持书之人引申而为大官及庶官之称，又引申而为职事之称，其后三者各需专字，于是史、吏、事三字于小篆中截然有别。持书者谓之史，治人者谓之吏，职事谓之事。"（王国维《释史》）

第二十四：语言摆脱了自恋的僵化，并使自己臣服于一个无所不包的整体，对解释的释解超过了解释本身，意向、镜像、意象和意识都应该在这里各归其位。

93. 意向

意从心，意向有关于心灵。意向之"心"在中文语境中是一个怎么强调也不算过的语根，但唯心主义（idealism）的"心"永远值得警惕。向，北出牖也，从宀，从口。面北之窗谓向。西文 in- 有"向"的意思，所以，从 in- 的 intention 意谓"意向"。眼睛是心灵的窗户，《豳风·七月》"塞向墐户"中的"向户"就是窗户。

理解意向，应该结合《意向》。《意向》是英国剑桥大学教授安斯康姆 1957 年出版的一部名著。意向一分为三，正如文艺学的性质可以一分为三。一分为三的意向可以用《说文》中的三个部首加于其前来命名：言意向，行意向，心意向。言意向偏于意向表达，行意向偏于意向行动，心意向偏于意向精神。《意向》可以成为哲学与心理学之间的向导，但其中也布满了沼泽和荆棘。富含哲理的意向喜欢与真实性为伍，但富含文艺哲理的意向主要寓居于倾向性中。

文学是语言的艺术，安斯康姆所研究的分析哲学也讲究语言的技术，她认为"要运用这类经常难以理解的语言，需要相当的技能"，意向理论要用深刻的思想驾驭表达，"其困难就如同训练自己要流利地说出长久没背过的词语色拉（word-salads）一样"[1]。意向"是一本容易捕获人们心灵的著作，但同时在许多地方它看起来又是极其模糊的。一旦有人读得进去，在某些部分感到了豁然开朗，他们就再也不会因无望理解而将其抛弃了"。意向极其精炼浓缩，为了理解承载着它的语句，"往往有必要深思每一个词。当有人这样做时，它们常常就变得相当易懂，而绝不再是一直所认为的神谕式格言"[2]。

意向是知识的矢量，知识之知从矢，矢是《说文》的第 186 个部首。意向之目的之实现，正如施射之矢之中的。意向倾向于做它所愿做之事。它所愿做之事是它所感兴趣之事。中西文兴趣之趋差别很大。西文 tend 之趋在被加上前缀 in- 之后升华为意向。意向是有所趋的，有所趋的是容易引起兴趣的。所以会说：趣，趋也。趣

---

[1] 安斯康姆著、张留华译：《意向》，中国人民大学出版社 2008 年版，第 30 页。
[2] G.E.M.Anscombe, *An Intruduction to Wittgenstein's Tructatus*, London, Hutchinson, 1959, pp.18-19.

趋从走，其意味为 intends to go。中文兴趣之兴充满了诗情意味、审美趣味，但这都是后来的事情。朝前追溯，兴的产生密切地关联着性，男女之性。

关于两者之间（inter-）的首先是男女之间的。男女之间是容易产生兴趣的，这对于人类的延续具有实质的意义，所以拉丁文 interesse 中的 esse 具有"本质"的意义。这种本质的意义是生来就有的，怀孕、生子有关于性和生性。英文 in an interesting condition 意谓怀孕，interesting event 意谓出生。兴趣说以感性升华文论，正如意向说以理性升华哲理。孟子说：羞愧之心，人皆有之。维特根斯坦说："我对我刚才所做之事并不感到惭愧，只是对我曾有过的意向感到惭愧。"维特根斯坦又自问自答说："意向难道不也存在于我所做的事之中吗？是什么确证了这种惭愧？事件的全部历史。"（《哲学研究》第 644 节）

惭愧从心。"事件的全部历史"涉及心的意向，惭愧的心情涉及对意向的反思。中文"心"的意义与西文普塞克的意义并非完全能凿枘相应，但在精神层面，普塞克与心的相通是毫无疑问的。在中文语符的根本那里，精神的精与数字的数都从米。融会普塞克所包含的神话意义来言说，人类灵魂的化身可能不是一只长着蝴蝶翅膀的少女。如果要说它是一只长着蝴蝶翅膀的少女，这只会为主张"神与物游"的文艺学家提供口实。我们可能说不清楚人类灵魂的根本在那里，但是我们知道数与数字不同，就像我们知道数学与元数学不同。我们的心灵知道"数 x"和"数 x 的数字"是不同的。我们的心灵不知道我们的意向行为的未来到底是什么，但是反思性的"为什么"的问题会使我们的行为更合理。研究意向理论的专家安斯康姆说："适用于'为什么'问题的回答，在范围上要比提出行动理由的回答更为广泛，而'为什么'这个问题可被界定为要求作出该范围内回答的问题。"[1]

94. 镜像

在西方语境中，能够提起好奇心的东西之一是水中、镜中的影子。水能照影，金属、玻璃等材料制成的镜物亦能照影。在希腊神话中，有一个美少年那喀索斯（Narcissos），他只爱自己，不爱别人，回声女神向他求爱，他一口回绝。爱神阿佛洛狄忒惩罚他，使他爱恋自己在水中的倒影，最后憔悴而死，死后变成水仙花。在语源学上，镜子（mirror）与惊奇（marvel）以及奇迹（miracle）同根。人是活的，人的肉身必然会死，所以，约翰·考古特说："镜子是死人进出的入口。"基督教教条告诫人们切不可迷入镜像，因为镜子中命定了有"死魂灵"，迷恋镜像，魂魄会被魔鬼夺走。[2]中国古代的镜花水月是空灵的意境，诗是水月镜花，不必泥其迹也。"分身以省，推己以忖他，写心行则我思人乃想人必思我"，"写景状则我视人乃见人视我"。"己思人思己，已见人见己，亦犹甲镜摄乙镜，而乙镜复摄甲镜之摄乙镜。"[3]

镜从金，犹如灯从火。美国康乃尔大学教授 M.H. 艾布拉姆斯的《镜与灯》是一部文艺学名著。火的使用在数万年前，金的使用在数千年前。灯、镜都作为火、金的使用而发生在其后，具有极其重要的文明意义。金来源于矿物，古人用从矿物中提取出的铜磨

---

[1] 安斯康姆著、张留华译：《意向》，第 30 页。
[2] 由水常雄：《镜子的魔术》，上海书店 2004 年版，第 175 页。
[3] 钱钟书：《管锥编》第 1 册，第 114—115 页。

镜，用镜照面映像。火发光，光影不同于镜像，人文中的影响说亦不同于其镜像说。图像从胶卷"投射"到电影屏幕上，"照相机把万里河山的壮丽景色摄于小小的底片上，显微镜把细菌的奥秘呈现于眼底。大的可以变小，小的可以变大。在这类变化之中，大小变了，模样儿大体没有变"[1]。镜像、光影、投影、电影的发明不但影响了人类的文明进程，而且影响了人类的精神。

镜像之镜与意境之境同从竟，镜像之像与意象之象意味相通。意境之境用境界烘托意象，镜像之镜用镜头映现形象。镜造成影像，灯暗含着影响。在比较文学中，影响研究（在法国）多着眼于历时性，平行研究（在美国）多着眼于共时性。在文本语根中，金、火为体，镜、灯为用。用有实用和虚用，镜、灯为实用，镜像、影像和影响为虚用。

摄影依靠人手的功能的发挥把握光影照相，电影依靠摄像创造出了一种新的艺术形式。镜与灯的科技作用于人类的社会生活，这是显在的情况。影视文艺影响着人文精神，这是潜移默化的情况。镜像"近取诸身"于我，"远取诸物"于他，并能将"在天成象，在地成形"之形象"投射"于人的性灵中。中西文化之相通，正如数学与文学之相通。西文 image 既具有文学意义，也具有数学意义。充满文学意味的 sim 总会让人联想到形似、神似。关于"似"的认识，不但是文学的，而且是数学的。也存在着不同与错位。中文中"象"与"像"的区别，正如西文中 image 与 imitate 的区别。《庄子》说，能有所艺者，技也。书画技艺是基本的技艺之一。画，繁体为畫。它是《说文》第 82 个部首。绘画艺术（760.4530）是艺

---

[1] 张景中：《数学家的眼光》，中国少年儿童出版社 1990 年版，第 48 页。

术学的一门三级学科,正如画法几何学(110.2740)是 数学的一门三级学科。画法几何学又叫射影几何学,画法是艺术性的说法,射影是技术性的说法。它的原型只有一个——map。map 也有图像的意思。如果它是被镜头捕捉的,那么,它是镜像。

在西方,儿童心理学家瓦隆通过比较动物与幼儿对镜像的不同反应,确认人类主体在早期心理发生过程中具有智能优势。受瓦隆的影响,拉康在 1936 年提出了自己的镜像理论。对镜子中的形象,猴子之类动物的兴趣常常稍纵即逝,而幼儿则不同。幼儿们对此发出一连串的动作,并用玩耍证明镜中的动作与环境反映之关系,以及影像与它所重现的现实之关系。也就是说,镜中的影像在幼儿心中确立了一种关系——"与他的身体、与其他人,甚至与周围物件的关系。"[1] 即使确认镜子后面没有任何东西,幼儿也会对镜中可直视的东西感到兴趣,并极力确认镜中影像与现实物的投射关系,最后得出镜中的"他"就是"我"的结论。拉康认为,婴儿的知觉产生于主客不分的混沌中,产生于被出生后带来的巨大变动中。婴儿在母腹中时,他的肉体是母体的一部分,出生使得他与母体彻底分离,但最初的几个月里他还没有能力将自己的身体与妈妈以及外部世界进行区别,所以他吸吮自己的指头,吸吮被角,把它们当成妈妈的乳头。婴儿甚至不知道乱踢乱动的小脚丫是自己的,他也无法协调自己复杂的身体行为,排泄和进食都是在不被知觉的情况下进行的。拉康发现,个人对自己的原初认识发生在 6—18 个月的生长期,此时的他躺在妈妈怀里,但已经能够看镜子,并发现里面有一个另外的自己。

---

[1] 拉康:《拉康选集》,上海三联书店 2001 年版,第 90 页。

苏联著名文学理论家巴赫金（Bakhjin Mikhail Mikhailovich, 1895—1975）说，在镜像中，"我们看到的是自己外貌的影像，而不是自己外貌中的自己，外貌没有包容整个我，我是在镜前，而不是在镜中；镜子只能为自我客体化提供材料，甚至还不是纯质的材料。我们在镜前的状态，总是有一些虚假"[1]。但是，镜像能在人的心灵里引起想象和联想，从而产生所谓"镜中自我"，镜中的自我既是自我又是他者，人类比动物聪明的方面之一是他们会使用镜像塑造自己。直至今天，影视文艺依旧使用镜像来不断地扩大自己的领地。

95. 意象

意象有关于神思，中国文字中蕴含着诗的灵动和神思，刘勰所谓"窥意象而运斤"就有关于灵动和神思。文艺学是一个意蕴丰沛的实体：意趣是它的艺术性，意向是它的倾向性，意象是它的真实性。"在天成象，在地成形"之形象投射于人的性灵中成意象。数学意义上的投射（mapping）遵循科学规律，叙事意义上的反映（reflect）遵循历史规律，抒情意义上的表现（represent）遵循文学规律。反映与表现同中有异，正如文学与史学同中有异。在西语前缀那里，反映和表现都使用了 re- 这个形式。

象、形象是第一性的存在，意象、想象是依附于第一性存在之上的沾染了思维的存在。遗憾的是，在西方语境中，在语词形式的构造层面，意象和形象很难区分，正如在中文含义中，意志和意向

---

[1] 巴赫金：《审美活动中的作者和主人公》，中国社会科学出版社1996年版，第372页。

的韵味很不容易区别。西文 image 不能从形状上区分形象、意象，由拉丁文基因传递下来的 im- 在 image 那里最先是形象，后来有了意象的含义。意象是意向化的形象，通过模仿（imitate）形象，意象发生了。Im- 早在拉丁文中已经有使动用法。使动以手叫动作，使动以言为话语，使动以目为观察，使动以心为意向。意向之向从口，眼睛是心灵的窗口。眼睛是有用的，手也是有用的，心灵掌管着眼和手，心灵使得眼所观察的形象和手所创造的形象成为意象。

将真、善、美寓含于意与象之中的过程，这类似于在二维画布上描绘三维图形的过程。一方面，艺术家不可能将自己的艺术简化为一系列的数学公式，他们完全忙于从事一个艺术过程，并寻求通过自己的艺术来表达情感和创造美学价值；另一方面，艺术风格似乎也难以摆脱数学，一些重要的艺术家知道自己的艺术建立在数学原理的基础上，因为艺术风格的真实性虽然不就是数学真理，但达·芬奇的绘画艺术中据说包含着数学（射影几何学）的真魂。

安斯康姆认为："真是判断的对象，善是希求的对象"，虽然并不能由此"得出每一被判断之事物都是真的，也不能得出每一被希求之事物都是善的。而在这些概念组之间也形成了某种对照。因为如果没有把理智或判断或命题作为主体引入，就不能对真进行解释，真值存在于它们同被认知或判断之事情之间的关系中。'真'属于这种关系所具有的东西，而不属于那些事情"[1]。这是偏于分析逻辑的说法。

就体而言，真表现在形象中。就心而言，真表现在意象中。怀素抱朴的真是素质的真，意在笔先的真是思想的真。"沉郁者，意

---

[1] 安斯康姆著、张留华译：《意向》，第 80 页。

在笔先,神余象外"(陈廷焯《白雨斋词话》卷一),意象能在转瞬之间使感情与理智相互结合。中文诉诸直觉的审美性能,对19世纪以来的西方文化产生过显著影响。美国意象派祖师庞德(Ezra Pound, 1885—1973)认为,中国对于西方新诗之影响,犹如古希腊之于文艺复兴。在庞德之前,费诺罗萨曾在日本学习中日诗歌。他说：欧洲语文"思想是一种砖窑里的产品,用火焙烧成概念的硬块单位,然后按形状大小垒起来,贴上词标签以备用。使用时即拣出几块砖,每块带着传统的标签,砌起一堵我们称之为句子的墙,用白灰浆即肯定系词'是',用黑灰浆即否定系词'不是'"[1]。

欧洲语文需要学习象形文字的思考方式。例如,汉字"红"本义为赤色帛,后来才指red。西方人应该从意象的角度将"红"字在头脑里变成玫瑰、铁锈、樱花,这样他们才会体味到该符号意味的是什么。诗文"窥意象而运斤",相对于哲学的意向和逻辑学的推理,诗歌和文学所提供的意象更具有人情味,更适合一般人柔弱的胃口。所以,德里达意味深长地说："这就是费诺罗萨著作的意义,费诺罗萨对庞德的影响众多周知。和马拉美一起,庞德的浑然一体的意象化的诗学构成了对西方传统的第一次突破。中文义符赋予庞德文字的魅力因此也具有了历史的意义。"(This is the meaning of the work of Fenellosa whose influence upon Ezra Pound and his poetics is well-known: this irreducibly graphic poetics was, with that of Mallarmé, the first break in the entrenched Western tradition. The fascination that the Chinese ideogram exercised on Pound's writing

---

[1] E.Fenollosa, *The Epochs of Chinese and Japanese Art*, Magnolia MA: Peter Smith Publisher, 1987, pp.29-30.

may thus be given all its historical significance.) [1] 德里达文中的"义符"是一个比较新潮的词。义符的义在西方可以追溯到柏拉图甚至更早。这个作为 idea 的义最初也是朴素地"形象"之义，柏拉图将其转化为"理念"之义。理念之义不同于意象之义。理念之义偏于逻辑哲学之理式。意象之义偏于文艺美学之理性。

96. 意识

知道的肯定是被意识过了的，被意识到了的却不一定是理解了的。维特根斯坦说："概念指引我们做研究，它们是我们兴趣的表达，并指导着我们的兴趣。"（《哲学研究》第570节）兴趣与意向之间的蛛丝马迹还是可以进行区分的。兴趣发生在存在之间（inter），意向趋向（tend）于目的。兴趣的拉丁文形式中有存在（esse）的内容，意向的拉丁文形式用 in- 表达"向"。

意识是人脑的机能和属性。作为高度发达的能够生成之物，人脑能产生意识。意识虽然不就是物质，但声明文物中常常浸含着人的精神意识。后人"见圣贤之名物，则谓之神"（《论衡·实知》）。佛教有眼耳鼻舌身意六根。根能生，意根能生意识，能生意识的意根（ideo-）是人文的核心。意根立足于文心，意识立足于文言。中文语根中文心与文言休戚与共，正如西文语根中 con-(com-) 与 im- 休戚与共。

意识以语词为言，以逻辑为式，以概念为心。在英文中，意识（consciousness）与科学（science）同源于 sci，意识是知（know），

---

[1] *Of Grammatology*, p. 92.

科学是知识（knowledge）。意识相对于物质而言。意识形态（ideology）是就意识的科学体系而言。意识立足于言意之同（con-）来通物，正如意识形态立足于意识的共同性来打通事物。柏拉图致力的 idea，如果翻译成"理式"，那它是逻各斯的逻辑方向；如果翻译成"理念"，那它是逻各斯的哲学方向；如果翻译成"思想"，那它是逻各斯的科学方向。

　　以语词为言，紧随着的是得意忘言。以逻辑为式，紧随其后的是无意识。以概念为心，紧随其后的是无心。西方传统的"我思故我在"，在弗洛伊德之后变得面目全非了。有一种主体不知的观念，它不存在于意识层面，而只是在"我不在"时才出现。"我不在"时他者却在，无意识的他者正在沉默中言说。"他者处于语言即符号秩序之中，语言就像某个第三方，担当的是敌对双方的调解人。因为语言要求放弃'你死我活'的自恋性僵化，臣服于一个无所不包的整体。只有在那里，一方的词汇才能同时成为另一方的词汇，相互承认才能占主导。在这里，就像黑格尔已经强调指出的那样，'我就是我们，我们就是我'。把自己托付给这种语言秩序意味着放弃自恋的无所不能，加入到能指链的行列，容忍差异的永久存在。"[1]

　　就中文字数而言，意识之于意识流是"二生三"，意识之于意识形态是"两仪生四象"。在文艺批评中，意识流被作为寻求视点的叙事模式。意识把自己托付给某种合适的语言秩序，正如意识流把自己托付给某种合适的叙事模式。人文之贯一体二生三通四，其语言秩序和叙事模式相互呼应，文学、史学、哲学、数学之间相

---

[1] 格尔达·帕格尔著、李朝晖译：《拉康》，第 56 页。

互交通。中国唐代刘知几的叙事理论主张史通文道,中国史学著作中的史传颇具历史小说的韵味。美国的詹姆斯(William James, 1842—1910)认为,意识流是原始的、混沌的感觉流和主观的思想流,是在人的生活过程中产生的经验。它如同一条河流,连绵不断,只有通过个人的兴趣和注意把它划分开来,这个河流才显现为实物,构成气象万千的世界。

意识流之流,正如潜意识之潜。佛教认为意根能生,正如进化论认为生物能适应环境进化。本能是意识之源,正如水是生命之源。潜意识科学是意识科学的一个分支。意识流小说是意识流理论在小说文体上的应用。小说与大道之关系,正如直觉与理智之关系。法国的柏格森认为:"抽象的概念分析只能歪曲实在,唯有依靠本能的直觉才能体验世界的本质。"直觉总是本能地想穿透人与实在之间的帷幕,生命冲动总是跃跃欲试地想发现宇宙的秘密。生命哲学之生,精神分析心理学之心,无意识之无,非理性主义之非,都是最基本的字源符号。

> 第二十五:文字是一剂特效药,但也有可能变成毒药。语文总是力图不屈不挠地对事物的多维度进行把握。方法论的本质明察惟有在现象学网络中才能得到解码。

97. 医药

药为医之用,药用之手段服务于医用之目的。医药,救死扶伤疗疾之谓也。理工农医之医，有关于人体的自然文化之理。体能周遍无碍合生理，精神周遍无碍合心理。周遍有碍为病理，用药理干预疾病以使其无碍为医理。医药是理科术语，但可以从文科角度理解。要言妙道可以疗疾，治病开药有必要开通文化信道。正是在这种意义上，中国人说："医者，意也。"《管锥编》第724—726页引典籍屡申此意："医意之所解，口莫能宣"；"医之为言意也，可得解而不可得言也"；"医道之为言，实惟意也"；"医者理也，理者意也"。

医之意性着眼于调节人的精神，但中医（醫）从酉，酉，酒也，酒所以治病也。《周礼》有医酒。在原始的古代，治病不是一件容易的事。俞樾说："醫之先亦巫也。"王念孙说："古醫字或从巫作毉。"在北美，印第安人为驱除病魔所施巫术名为 medicine dance。medicine 的本义为药，引申义为医，医学。西文物理、生理都以 physi- 为根，药、药理以 pharmaco- 为根。画以形媚道，诗以言渲情，医以药通气血。气血是生理性的组织，药是物理性的除病组织，医是意理性的智慧组织。

医药之于生老病死，正如科学之于理工农医。有一些永恒的重复的东西出现在时空中。西文用语根 ana-（源于希腊文）或 re-（源于拉丁文）表达"再"、"重复"之现象。中文用"周而复始"表达 circle 的意思。由这两个语根衍生的 anamnesis 或 reminiscence 是柏拉图创立的术语。医学是科学，但医学的前驱混杂着巫术。药学之药以艹为形符，草虫既可入药，亦可入诗。《草虫》成为诗篇，始于西周。唐代王维留下的名句有："清泉石上流，灯下草虫鸣。"诗与药之不同，正如文学与科学之不同，但道佛"顺性靡违"之意，多着眼于自然。

"理世不得真贤,犹治病无真药。"(崔寔《政论》)真贤之治理社会,正如真药之治疗疾病。治世有王道、有霸道,正如治病有缓药、有猛药。《红楼梦》第五十一回有"胡庸医乱用虎狼药"。虎狼药就是猛药。王道,缓药也,偏于文治;霸道,猛药也,偏于法治。"治世不得真贤,譬犹治疾不得良医也。"(王符《潜夫论·思贤》)良医与良药之不同在于:前者用专业的智慧、技艺和洞察力治病,后者用专业的智慧、技艺和洞察力所调配出来的 specific 治病。

specific 这个词的意蕴扎根于西方古代。柏拉图对话集的《斐德若》篇说到埃及古神图提 (Theuth) 将自己发明的算术、几何、天文和文字等进献于国王,并想通过国王推广自己的发明。国王仔细询问每一种发明的用处。关于文字,图提说:"这项发明可以使埃及人更聪明,并且使他们更有效地记忆。它是记忆和神志的良药。" (This will make the Egyptians wiser and give them better memories; it is a specific both for the memory and for the wit.) 国王说:"技艺的发明者不总是技艺实际使用功效的最好评判者。你是文字之父,你爱文字就像父母爱孩子,此使得你正好将文字的功用说反了;你这个发明的后果会使学会文字的人善忘,因为他们会不再努力记忆了;他们信任外在的书文,却不记得实际事物本身。你所发明的这个特效药不是有助于记忆,而是有助于记号;你给你的信徒的东西是真实的形似,而不是真实本身。借助于文字,他们没有接触实际就吞下了许多知识,好像无所不知,实际上则一无所知。他们令人讨厌,自以为聪明而实在是不聪明。" (Inventor of an art is not always the best judge of the utility or inutility of his own inventions to the users of them. And in this instance, you who are the father of letters, from a paternal love of your own children have been led to attribute to them a quality which they cannot have;for this discovery of yours will create forgetfulness in the learners' souls, because they will not use their memories; they will trust to the external written characters and not remember of themselves. The specific which you have discovered is an aid not to memory, but to reminiscence, and you give your disciples not truth, but only the semblance of truth; they will be hearers of many things and will have learned nothing; they will appear to be omniscient and will generally know nothing; they will be tiresome company, having the show of wisdom without the reality.) [1]

specific 意谓特效药。按图提所言，他发明的文字也是一剂特效药。但埃及国王完全从负面看待文字的功用，这使得特效药有可能变成毒药。在解读柏拉图的《斐德若》篇时，解构主义的鼻祖德里达从立足于 pharmaco- 的希腊语根的"药"中挖掘出一种具有后现代意味的思想。在《撒播》一书中，德里达用"药"说事，骨子里依旧透露着苏格拉底的基因，当然，他是以解构柏拉图为己任的。

"德里达论证的不是良药和毒药之差异先于好坏文字间的差异。相反，他论证的是药具有的条件。治疗和毒害，好与坏，讲与写等都依靠这种条件生成。因为模糊性的运动和游戏的作用，药首先出现，反者也跟着出现。药是差异的分延。在前者在先，药在差异之先。"（Derrida's argument is not that the difference between the curative and the poisonous pharmakon precedes the difference

---

[1] 参见朱光潜译：《柏拉图文艺对话集》，安徽教育出版社 2007 年版，第 159 页。

between good and bad writing. On the contrary, his argument is that the pharmakon is the condition on which the opposition between remedy and poison, good and evil, speech and writing and so on is produced. As the movement and the play of "ambiguity" at work, the pharmakon comes first; opposites come afterwards. Hence the pharmakon is "the differance of difference"; it is what must always "precede", must always come "before", any oppositional difference.) [1]

98. 现象

要理解现象学（phenomenology），应先理解现象（phenomenon）；要理解现象，应先理解现象的根 pheno-。从现象学到现象，再到现象的根，这是一种方法，这种方法在马克思那里叫人体的解剖是猴体解剖的一把钥匙。但是，光有钥匙并不能解决问题，我们还必须深入地研究作为现象的对象。

德里达说："尽管我们对几何学的第一个明见性知之甚少，但我们先天地知道，这一形式必然存在。可是，这一涉及明见性形式的先天知识根本不是历史性的，虽然它在这里被应用于历史的起源。"[2] 在现象学产生以前，本质是比现象深刻的东西。在现象学产生以后，现象学的明见性成为企图超越本质论的东西。

象（elephant）提示现象的对象。现提示现象的主观间性（intersubjectivity）。主观间性中的王提示科学的灵光，其中见提示

---

[1] Niall Lucy, *A Derrida Dictionary*, Blackwell, 2004, pp. 91-92.
[2] 德里达著、方向红译：《胡塞尔〈几何学起源〉引论》，第 38 页。

人对这种灵光的映现。这个見就是古籍中"图穷而匕首見"的見，就是"天下有道则見"的見，就是《西游记》第十一回中"五祖投胎，达摩現象"的現。以人目会意的見是現的古字。现象学的许多秘密虽然不能说完全隐藏在見、見、現、現、观、觀等古今交错的形式中，但这种古今交错的形式始终提示着打开现象学的一些秘密的钥匙。慧眼人当能识珠。

所谓 pheno-，在汉文里可以翻译为"見"。見是客观显现于主观的东西，甲骨文、金文汉字字形强调目的平视作用，小篆将目的平视变成了竖视，隶书将下部分的人形变成了儿。典籍中有丰富的見。诗云："一日不見，如三秋兮。"(《王风·采葛》)礼云："心不在焉，视而不見。"(《大学》)1957 年发现于安徽的《鄂君启节》云："見其节则毋征。"(看见金属符节不要征收关税) 一般的科学的見强调看见物质，语义的見强调看见东西，历史的見强调看见事物。

现象具有文学意味，但文学意味难道能脱离哲理吗？现象具有科学意义，但科学意义难道能脱离哲学吗？德里达说："我们只有回溯性地从几何学的结果出发才能阐明主体实践（正是它产生了几何学）的纯粹意义，唯有在业已构成的对象网络中，构成性行为的意义才能得到解码。这种必然性并不是一种外在的命定性，而是一种意向性的本质必然性。一切意向行为的原初意义只不过是其目的（final）意义即对象的构造而已（在这些词最广的意义上说）。这就是为什么唯独目的论才能打开通向开端的通道"[1]的原因。

---

[1] 德里达著、方向红译：《胡塞尔〈几何学起源〉引论》，第 39 页。

《西游记》中的"达摩现象"从心理角度看是指达摩的精神现象，现象学中的现象也是指胡塞尔的精神现象。人类思维的目的起步于现象，并由现象深入于本质。现象学的现（現）根源于见（to become visible），见（見）用人目会意人的视野、视角。视从见，正如見从目。人之目是有目的的，所以德里达说："唯独目的论才能打开通向开端的的通道。"

中国八卦符号起源于现象。八卦首推宏观之乾坤。"在天成象，在地成形"，天地形象即天地现象。八卦中的震巽坎离艮兑所描述和沉思的是雷风水火山泽现象。八卦中的坤从土，坤所象征的地也从土，土与雷风水火山泽等都是自然现象。自然不外于人，大地母亲的阴柔与高明天空的阳刚是相配的、和悦的。和悦的悦从兑。八卦中的兑卦所寓含的正是天地人之和悦，悦是从心理精神上说，说是从言语音声上讲。现象学所谓"对象网络"在中国古人那里既包括土雷风水火山泽等自然现象及其关系，也包括君臣男女父母等社会现象及其关系，还包括口言目视手写等文化现象及其关系。中国学术话语的体系构成当然也应该从古今中外的"对象网络"中寻求，但正如德里达所说："惟有在业已构成的对象网络中，构成性行为的意义才能得到解码。"

99. 方法

思维方法离不开形，形分形而上和形而下。形而上方法趋于从上而下的演绎（deduction），形而下方法趋于从下而上的归纳（induction）。根据许慎，方法之法在邹鲁古文那里写作"佥"。佥从正。邹鲁古文正从二。二，古上字。古人围绕一分辨上下，一之上有短横或点为上，一之下有短横或点为下。如果说方向之方偏于形而上，那么方法之法则偏于形而下。从上而下的演绎偏于中国人所谓类推，从下而上的归纳偏于中国人所谓推类，至宋代朱熹，才将推类或类推看作"从上面做下来"的演绎与"从下面做上去"的归纳的结合。

方圆之方谓方形。方法之法谓法则。"木石之性，方则止，圆则行"（《孙子·势篇》），此乃自然之势。乘除之法，在中国古代称被乘数（faciend）或被除数（dividend）为"实"，称乘数（multiplier）或除数（divisor）为"法"。乘方之法，自乘为方。在中国文化语境里，方法的本义是测定、度量方（square）形之法。方法的这种本义可以追溯到墨子的"方与不方，皆可得而知之"的方法论。墨子认为"中吾矩者，谓之方，不中吾矩者，谓之不方"（《墨子·天志中》），故方与不方皆可以用矩通过度量而知。在西文语境里，希腊文方法（methodos）的前缀 met-（meta-）意谓在某某之后（after），其后缀 hodos 是"路"（way）的意思。西方人的方法论（methodology）通俗谓之，即追随某种路迹或者沿着某种路线前行。

方是《说文》的第310个部首。方法的法不是部首。方法的法，广义的先秦古文写作灋。许慎将灋所从廌列作《说文》的第371个部首，并云："法，今文省。佱，古文。"也就是说，汉代人已经将灋简化为法。古文佱从正，为邹鲁儒生所用。正是《说文》的第31个部首。孙子兵法中的法是方法的法。法家法术势中的法是政法的法。古人"利用刑人以正法"（《易·蒙》），认为"人能胜乎天者，法也。法大行，则是为公是，非为公非"（刘禹锡《天论》）。是为《说文》的第32个部首。非为《说文》的第429个部首。依法行政，此政是正直之政。以法律为准绳判定是非，此乃人类为巩固社会秩序之理性所作为也。此理性的方法意义，正如方形的几何意义。

方法之法（灋）所从廌，正如推类之类（類）所从犬。古人立象以尽意，故法则之法（灋）从廌。古人格物致知，故推类之类从犬。最精确的方法是数学方法，其次是科学方法，但正如罗素（Bertrand Russell，1872—1970）所说："所有的精确科学都被近似性这个观念支配着。"[1] 所谓"近似性"在中国话语里就是所谓"类似"。把握类似只能依靠类推或推类。所谓"被近似性这个观念支配着"，这个思想理解起来有些困难。"近似性"之似从人。"类似"之类（類）从页。页，大脑之思维也。数学思维方法不能解决人类的一切问题，科学思维方法也不能解决人类的一切问题，因为存在于其中的许多悖论（paradox）总是在困惑着人。

中国人的类推或推类方法埋藏在他们所创造的形象符号中。以法推类偏于方法之逻辑。以象比类偏于方法之形式。以类比拟偏于方法之内容。方法是理念（idea）性的，但"理念"一词的古希腊文原义并不是今人柏拉图以来的所谓"理念"。柏拉图将这个词的诸如犬、象、廌之类的感性形象意义转变成了诸如理性、理解之类的理念意义。柏拉图提出"理念的数"的方法偏于本体哲学。墨子要求"知类"、"察类"的方法偏于形名逻辑。

哲学和逻辑方法不能脱离数学和科学，但数学和科学各有自己的方法。科学理论方法永远不可能达到数学定理方法的高度，它仅仅根据已察类、已知类的证据被推类为某种可能。科学的察

---

[1] 西蒙·辛格著、薛密译：《费马大定理》，第19页。

类、知类方法很容易出错，并且仅仅只是追随近似或类似的真理。即使是被人类普遍接受的科学方法中也可能会出现某些或者令人怀疑或者本身就是错误的成分。在进一步的察类、知类过程中，这种怀疑成分有时减少、有时增加，其错误成分有时被纠正、有时被增强。不断地察类、知类的过程使得新理论代替原来被认为正确的理论成为可能，这种新理论有可能是原来理论的深化，也可能是对原来理论的彻底背叛。察类、知类的方法和过程永远不会完结。

100. 维数

"维"是几何学和空间理论的基本概念，其源头可以追溯到古希腊。亚里士多德说："数学家从抽象进行思辨，把可感知的性质抽象化，只剩下数值和连续统（the continuous），其中一些属于一维，一些属于二维，还有一些属于三维。"（《形而上学》）一维是自然数，为线段。二维是平方数，为平面。三维是立方数，为空间中的立方体。如果在三维空间引入直角坐标，就可用三个实数来表示空间的一点。在相对论中，所讨论的时空是四维空间，时空的点除 x、y、z 外，还用 t 表示时间。

事物是多维度的，语文总是不屈不挠地对事物的诸维度进行把握。大小是最常用的两个汉字，人们最初用这两个字笼统勾勒事物的风貌，其后用多少、长短、厚薄、宽窄等勾勒事物的属性。重与轻是事物诸多维度中的一种，科学上叫重量。热与冷归属为温度，坚与柔归属为硬度。多种多样的属性，多种多样的维数。

第二十六：心生言立之意大，抑或言立文明之义大。文义作为文字的形音义，在语符那里偏于言音义，在意符那里偏于心音义，在声符那里偏于手耳传达之义。

101. 语符

语符是符号的一种。语符之文与文本之符合谋于人文是建立在自然基础上的，所以，形符、音符、义符之符从竹。文本与字符合谋于天人之际，但"作为语言的符号的文字，跟文字本身所使用的符号是不同层次上的东西"[1]。语符与词符关系密切于意义的表达，人文器官用口耳操作于你我他的言音之间。文符与字符关系密切于形象的描摹和视觉的捕捉，通过手写目见的约定俗成，信息在人与人之间、古与今之间、超时空的心灵之间得到了传播。

字符是文字本身所使用的符号，文本之符由词承担。词既是字符，也是语符。词在宋以前多写作辞。词从言通于辞从舌。字符与文字所代表的词联系于形者为形符，联系于音者为音符，联系于意者为意符。字符可能不全部都能在形音义符中对号入座，在音义上都没有联系的字符是记号。"拼音文字只使用音符，汉字则三类符号都使用"，"拼音文字的音符是专职的而且数量很少，汉字的音符是借用有音有义的现成字充当的而且数量很大"。[2]

语符与义符既合谋于形符，亦串通于音符，合谋与串通使得秦

---

[1] 裘锡圭：《汉字的性质》，《中国语文》1985 年第 1 期。
[2] 龚嘉镇引裘锡圭的观点，见龚著：《汉字汉语汉文化论集》，巴蜀书社 2002 年版，第 4 页。

汉后大约有80％的汉字成为形声字符，但"后起形声字的所谓'意符'不一定都表示本义所属的意义范畴"[1]。形符的形，左部（开）井声作音符，右部彡作意符。彡是毛饰画文的意思，毛饰画文具有文学性的形容意义。诗文之形容总是要拟容取心，情动言形，但史文则有所不同，史文是事文。《管锥编》第335页列举了十几条汉魏隋史传文和唐宋诗文，并总结云："模样即形，古近语异尔，皆兼局势与情迹而言之。"

形符的史传意义强调事形，其诗文意义强调情形，其科学意义强调数形。形符有井象，古井有围栏，围栏的几何形状具有类的意义，许慎也说"依类象形"，类符诉说的是汉字的科学意义。形符作为类符在"形声相益"那里被作为字符，形兼音义是汉字产生和发展的基本规律，用类化的方法系联表意是汉字数形之理所蕴含的科学精神，类化之类、数形之数、精神之精都从米。

语符和文本之间具有复杂的关系。语符之载体是字符，字符形音义的假借串通使得"文字的循环"（Turn of Writing）在基因层面成为可能。所以，语符之吾正如義符之我，"吾、我之朕，章炳麟《新方言》谓即俗语之偺，赵高乃遽以通合于几、兆之朕，从而推断君人之术。科以名辩之理，此等伎俩即所谓'字根訾论'（fallacy founded on etymology），莱布尼茨所谓'咕噜哗啐'（goropiser），亦即马克思与恩格斯所诃'以字源为逋逃所'（sein Asyl in der Etymologie sucht）"[2]。

在文本话语层面，"在句法和词汇方面，经由标点、空缺、边

---

[1] 参见王力：《古代汉语》修订本第1册，中华书局1983年版，第164页。
[2] 钱钟书：《管锥编》第1册，第265页。

沿和间隔，文本的历史附属物绝非直线。它不是散漫的因果，亦不是简单的层面堆积，也不是假借语的单纯排列。如果文本总是对自己的根基进行某种描述，那么，这些根基的存活只通过描述而未触及土壤，姑且容许我如此说。这无疑摧毁了根基的本质，但并未毁坏它们的扎根功能的必然性"（In its syntax and its lexicon, in its spacing, by its punctuation, its lacunae, its margins, the historical appurtenance of a text is never a straight line. It is neither causality by contagion, nor the simple accumulation of layers. Nor even the pure juxtaposition of borrowed pieces. And if a text always gives itself a certain representation of its own roots, those roots live only by that representation, by never touching the soil, so to speak. Which undoubtedly destroys their radical essence, but not the necessity of their radicating function）[1]。

102. 意符

　　意符之意，意兼中西。文字具有形音义，此义即意。表音文字用字母，表意文字用笔画（strokes）。文字个体在形音义那里之三足鼎立，正如文字体系在表音、表意那里之二足鼎立。意符之"拟容取心"得有个模样，模样即形，形兼局势与情迹而言之。故表意的汉文字中的形声字之形符常常被作为意符。在表音文字那里，意符（ideogram）被作为书写系统中代表一串言语的文符。

　　文字是人文，意符被作为人的心意的交流符号。手写目击将意

---

[1] *Of Grammatology*, p.101.

符落实于形声之形,正如口说耳听将意符落实于形声之声。意符之形以类别,形声之符以适应目耳区分。形符在字义中标识事物的形类,声符标识字的声音。例如。水和木是事物的两个不同类,从水的江河淮汉以水作为意符标识水名,从水的游泳深浅以水标识游泳深浅是与水有关的。从木的松柏床桌等字也以木为意符标识木名或木做的东西。表意文字的意符多从大的相似性方面作粗疏的分类,故陆生的矮小草木如蒿蓬菊葱从艹,水生的荷苇菱芦也从艹,甚至不属于犬的狼狐猿猴也从犬。

意符立足于意(ideo-),正如形符立足于形。意符之意即理念之意,理念之意在前柏拉图时代是指眼所看到的东西,即形象。前柏拉图时代的人有眼能看,遇目成形,形是有意的。所以,教育家、思想家柏拉图能将 idea 提升为理念之意。就语言学而言,意符是表意符号(ideogram)。表意符号中的 gram 也可以理解成目能看的图像、形象,或者是手写目击的文字。表意符号的外延大于表意文字(ideography)。书写的工具不就是书写。书写的工具是聿(-graph)。以书写工具从事文化创造叫写(gram)。笔是聿的现代形式,正如写是書的现代形式。对德里达《论文字学》中的"文字学"一词可以从中西融通角度剖根究底。"文字"作为 gram 是人类的心音,文化的心音是文心。意符以符号承载文心,正如意象用形象承载文心。

"心生而言立"是把言语作为精神的符号,"言立而文明"是把言语作为文字符号的前提。精神符号涉及意识形态,正如文字符号涉及德里达所谓"文字学"。意念是形象的,意识是形态的。Con-意谓"合",conscious 意谓合于察觉,consciousness 意谓意识。意识用文字符号支配言文心音沟通内外世界,正如人用心之精神支配耳目察觉外内事物。中国人所谓"意内而言外"着眼于词之虚。西方人每每将词与物对举则着眼于词之实。从文本语根上看，精神符号所涉及的意识形态与文字符号所涉及的观念形态存在着密切关系。

意符的"科学观念和文字观念——因而也包括文字科学——只有依据起源才对我们有意义，某种符号概念和某种言语和文字之间关系的概念已经被确定到这个界域"(The idea of science and the idea of writing —therefore also of the science of writing —is meaningful for us only in terms of an origin and within a world to which a certain concept of the sign and a certain concept of the relations between speech and writing, have already been assigned) [1]。

被确定到这个界域的东西依旧立足于"意"，不过这种意在溯源性的符号学观念上复杂化了。科学观念的意是意识形态性的，19世纪初，法国哲学和经济学家 D. 特拉西在《意识形态论》中首先使用了"意识形态"这个概念。文字符号的意是标识性的，例如，logogram 意谓语标，而 ideogram 的含义是意符。德里达的"文字学"意义上的意是解构性的，德里达将科学观念和文字观念结合于书写性的大刀阔斧性的溯源，这种溯源不是严谨的经验性的努力。

在西方，"意符"这个术语除了表意符号的意思外，还有表意文字的含义。汉字是最典型的表意文字。中国学者说意符纠缠于形符，西方学者说意符纠缠于表意文字。以表意文字为首的意符是哲理性的。所以，300 多年前的莱布尼茨说："中国字多半更具有哲理性，在诸如数字、秩序和关系等方面，它们似乎更基于智慧方面的深思熟虑。"(Chinese characters are perhaps

---

[1] *Of Grammatology*, p.4.

more philosophical and seem to be built upon more intellectual considerations, such as are given by numbers, orders, and relations.) [1] 德里达从正面发展了莱布尼茨的思想，解构主义哲学之义与意符之意以及表意文字之意从正面相通。解构哲学的离散性锋芒至少亲和了表意文字。

103. 声符

声符之声，相对于意符之意。细察之，音声相通之程度较之形意的通达为高。粗略观之，声符就是音符，正如意符就是形符。虽然汉文化以形声造字，但中文依旧是立足于"形"的表意文字。立足于"形"的表意文字和立足于"phone"的表音文字虽然是完全不同的符号体系，但二者并非不能相通。所以，德里达说："我们早就知道，非表音的中文或日文中早就包含着音素。它们在结构上被意符或数码所统辖。在逻各斯中心之外耸立着这样一种强有力的文明的全部证据。书写没有减少声音本身，形声合并成了一个系统。"(We have known for a long time that largely nonphonetic scripts like Chinese or Japanese included phonetic elements very early. They remained structurally domainated by the ideogram or algebra and we thus have the testimony of a powerful movement of civilization developing outside of all logocentrism. Writing did not reduce the voice to itself, it incorporated it into a system.) [2]

---

[1] 转引自 *Of Grammatology*, p.79。
[2] *Ibid.*, p.90.

声符不是实体，而是形式，它作为人的口耳能够发出和接受的符号处理着不同关系中的各类事物。声符之声（聲）的繁体形状用手击耳听提示关系理念。表音文字用字母（letter）为声符，表意文字以声旁为声符。在汉文化里，声符与字的读音在最初造字的时候可能是相同或相近的，但时间长了，字音或声符之音就会发生变化，从而产生各种差异。古今声符音异于声母者，如"赴"之卜；音异于韵母者，如"结"之吉；音异于声母韵母者，如"移"之多。

单符由所指（Signifikat）和能指（Signifikant）构成。人们可以从所指中认识概念以及概念中所包含的事物内容，也可以从能指中识别语音。所指与能指的联系是任意的、无理据的，这两者间不存在自然的归属关系。能指作为某种听得见的声符呈单向线性，在扩展中，声音一个接一个出现。能指作为形声字的声符不同于表音文字的声符。表音文字的单符没有肯定的特性，单符通过与其他符号的关系、通过与其他符号的否定性隔离来表现。所以，符号的特性常常被认为是它者（other）所不是的东西。声符也是它者所不是的，例如，在表意文字中，声符是形符所不能意味的，正因为声符是形符所不能意味的，所以声符可以和形符配合成为形声性的"点"化文字。"点"化文字是 square，"线"化文字是 line。表音文字是"线"化文字。"线"化文字用字母排列成线识读，例如，在现代英语中，人们用 police 中的 i 这个声符与其他字母一起构成一个线化单词来表达"警察"的意思，人们用 mighty（有力的）、higher（更高些）、bright（光亮的）中的 igh 这个声符组与其他字母配合来表示不同的意义。线化文字是字母的，点化文字是字符的。

声符更接近于言符的地方在于它立足于言音这两个语根，更进一步追溯，言音又立足于口这个语根。声符不同于音符之处在于：

音符是言说出来的，而声符似乎不纯粹是靠言说的。声符是手击耳听性的。手击不同于手画（draw）、手写（write）。手画之画之繁体畵，在《说文》中是第 82 个部首。手写之聿是《说文》的第 81 个部首。在打通中西的过程中，本人建议以畵译源于希腊文的 -graph，以聿译源于希腊文的 -gram。声符和形符都是人创造的符号。声符之言音适应于口说耳听，正如形符之聿畵适应于目视手作。

声符与意符之互补在形声字那里虽然形成稳定性特征，但这种表音用法在原则上并没有把中文导入表音文字之轨道。因为与意符互补的 phonetic 依旧具有 semantic 的形状，它们二者互补为基本字符（character）。字符（graph）作为一个单位一再出现的书写符号，可按音子（phone）/音位（phoneme）和形子（morph）/形位（morpheme）进行分析。音符（phonogram）与音位之不同，正如字符与字位（grapheme）之不同。人的智慧能协调音子/音位、形子/形位、音符/音位、字符/字位之关系，并使其在同与不同的交响中成为一个伟大的奏鸣曲。

> 第二十七：文哲以史为根，文史以心为神。政事是政治的，事义是历史的。政治和教育之异同，通于政治和历史之同异。

104. 政事

政事是政治的，也是经济的。"政治是经济的最集中的表现"[1]，

---

[1]《列宁全集》第 32 卷，第 15 页。

政事是政治的具体实施，这种实施是历史的，故事有政事的基因。"政治"一词希腊文指国家事务，国家事务是政事，政事"道洽政治，润泽生民"（《书·毕命》）。政治之治与经济之济咸从水，水是《说文》的第 410 个部首。

政事乃孔门四科之一。在孔子之前，中国已有悠久的历史，这段历史在上自唐尧、下至秦穆公（？—前 621）的文件汇编中有记载。"政事，懋哉"（《书·皋陶谟》）就出现在汇编的政治文献中。这里的"懋"意谓勉励。孔子曾整理《诗》《书》，并以其教授弟子。《墨子》引《书》达 25 篇。《书》勉励于政事。人类"为政事庸力行务"（《左传·昭公二十五年》）。杜预云："在君为政，在臣为事。"

政从正，正是《说文》的第 31 个部首。事从史，史是《说文》的第 78 个部首。就其统一性而言，政主其事，事辅其政。正从一，正如事从一；正从止，正如史从手。这是就其相同、相通而言。就其差别而言，政与事不同。政与事之不同，正如足与手之不同。《辞海》将事置入一部着眼于政治、政务。《辞源》将事置入亅部着眼于经济、事务。这是就我对一和亅的字符嗅觉而言，《辞海》和《辞源》的编者未必会认同。

"政者，正也"，"不在其位，不谋其政"（《论语·颜渊》）。人是政治的动物，政事是政治动物之事。政治动物之事用许慎的话来说涉及"吏事君"。"吏事君"，官也。政治学（politics）意义上的官是抽象的，正如管理学意义上的管是抽象的。但官和管的最初意义并不是抽象的。管从官，正如官从宀。官是甲骨文中出现的字符。官是馆的初文。管，古乐器。作为古乐器的管何以衍生出"管理"的意义？其秘密应从管所从官探寻。

"政就是众人的事，治就是管理，管理众人的事便是政治"（孙中山语),管理党员的事,名曰书记。"书记广大,衣被事体";"述理于心,著言于翰,虽艺文之末品,而政事之先务也"(《文心雕龙·书记》)。人既是政治的动物,又是文化的动物。书记这种文体,既是政治的形式,也是文化的形式。在古代,书记以政事为先务。在当代中国,书记是党内的职位,肩负着经国之大任。

就管理对象而言,政治所处理的当然是众人的事。就管理主体而言,政治更直接的是官僚(bureaucrat)的事。"同官为寮"。就政治而言叫官寮,就历史而言叫官吏。《辞源》云"官寮"也作"官僚",这一批人是同署办公的官吏。《说文》释僚为好,此乃僚的本义。《玉篇》释僚为官,此乃僚的引申义。自僚借用为同寮之寮意义以后,僚的美好意义便丢失了。官和寮同从宀,宀的偏于传统的英译是bureau,偏于现代的英译是office,不管是传统的还是现代的,都指事办公地点。

政事是政治事务,政治事务需要人来处理,故僚从人。官僚习气,官僚主义等说法在中国是贬义词。但"官僚"一词在饱受中国文化影响的日本人眼里看来并不坏。中国人所谓"公务员队伍"和日本人所谓"官僚体系"是等义的。中国人所谓"从政"就是当官,而日本人不这样笼统。日本人较早的学习了西方的政治学。他们将中国人所谓"政事"分成两部分:从事事务的官员是事务官,从事政务的官员是政务官。政务官随政治进退,但事务体系独立于或者中立于政治体系,它和政坛和国会斗争没有关系。

在中国,政务和事务在国家行政系统中是统一的。一个大学毕业生考上了公务员,从科员干起,逐年提升,在理论上它可以在若干年后当上国家主席。日本人不是这样,日本的事务体系和政务体系是分离的。事务体系中的公务员从干事、秘书做起,然后干到股长、科长、副局长、局长。中国古人说"在臣为事",日本的最高事物官根本做不到大臣,而只能做到副大臣。日本政治新闻里的所谓"事务次官"实际是副大臣。

中国古人说"在君为政"。无论古今中外,政务官的地位都高于事务官。在英国,政务官包括首相、大臣、国务大臣和政务次官等。日本的情况也大致类似。日本的官僚体系非常好,其国家机器靠此稳定运转。日本的政治家争吵,争取国政和组阁,但组阁以后奈何不了摆在面前的事务系统,所以形成了所谓"官高政低"现象。日本政坛政府更迭、政党轮换非常快的目的是为了实现"政高官低",由老百姓选择政治家、给他们满意的政治家投票,由掌权的政治家决定如何做,然后才是让事务性的官僚们按照制定好的章程辛辛苦苦地、一步一步地去做。

105. 事义

事义有关于职业(profession)。《说文》以职释事,正如《广雅》以事释职。职事者的职业有关于自己的饭碗。事从史。史,史官。西周末的史官有史伯,春秋末的史官有史墨。记事之史是王者身边的文职官员。事义和事类的关系,正如体式和体性的关系。《文心雕龙》50篇,其中有一篇论述《事类》,另有一篇论述《体性》。刘勰认为,文学的事类是在"文章之外",有"据事以类义,援古以证今"的征引;文学的体性,有关于学习的积累。他的原话是:"事义浅深,未闻乖其学;体式雅正,鲜有反其习。"刘勰是从文学、文论的事情、事实、事理角度谈事义和事类。

文史的分家和不分家,很容易信口雌黄。然而,事义有关于文史则是不争的事实。史是《说文》的第78个部首,正如文是《说文》的第333个部首。这也是不争的事实。文、史、事都是甲骨文中出现的字,这也是不争的事实。事实是事义的根源。实事求是的精神趋于虚心好学,"学贫者"常常会"迍邅于事义"(《文心雕龙·事类》)。

事义和事类的关系,剖根究底于义(義)和类(類)的关系。義類是抽象的,但義類字形中的羊犬是具体的。义类虽然为人事,但它在起源时也涉及羊和犬与人的紧密关系。犬是人最早驯化的家畜。羊的驯化也已有七八千年。许慎说:"种类相似,唯犬为甚",類在《说文》中属犬部。類比義抽象,義比類古老。《汉语大字典》所列義形有八个是甲骨文、金文中出现的。"義,利也。"(《墨子·经说下》)洪亮吉(1746—1809)诂《左传》亦云:"義亦利也,古训义利通。"義之底我,利之立刀,均用作杀。许慎也说,我,一曰古文杀。甲金文義形象持刀杀羊。事义之义,文字学家释为"己之威仪",而古代的诗人说"威仪是力"。根据这种思路,强调威仪的力量性是偏于霸道的,强调威仪的礼仪性是偏于王道的。文化、文学的事义是偏于礼仪的事业,文艺学是偏于礼仪的艺术的学问。

事义和事类之同异,颇类似于文史之同异。事从史,义从我。许慎以职训事、以记事训史是事义的。史崇尚实录,文不排斥虚构。文字作为文史的形式有大我小我之别。"昔我往矣,杨柳依依;今我来思,雨雪霏霏",是以小我写大我。董仲舒所谓"仁者,人也;義者,我也",是以具体阐释抽象。刘勰所谓"明理引乎成辞,征义举乎人事"(《事类》),是以辞理类比事义。"援古以证今"必须立足于历史的真实,"据事以类义"却着眼于艺术的构思。

事义和事类之同异,亦类似于文字和文艺之同异。"义,理也,故行。"(《荀子·大略》)义理之行在定义、定理那里是科学的,在举事类义、援古证今那里是人文的。刘勰阐释事类的义理时说:"山木为良匠所度,经书为文士所择;木美而定于斧斤,事美而制于刀笔。研思之士,无惭匠石矣。"在历史的长河中,"事有常变,理有穷通"。在"今不可行而可豫定"的事那里,有"为后之福";在"今可行而不可永定"的事那里,有"为后之祸。其理在于审时度势与本末强弱耳"(洪仁玕《资政新编》)。

事以史为根,文以心为神。短时间内,文字不会变化太快。历时性地看,文字始终在发展变化。例如,"玉",在发展变化中被约定俗成为"王"。事类的类,在发展变化中被约定俗成为"类"。"类"和"王"都省略了其中的点。事比史具体,比物抽象。从又持中之史,其中的具象为典籍,其中的抽象为内容,为适宜。文心思虑以事义为根,"思虑熟则得事理,得事理则必成功"(《韩非子·解老》)。例如,贝有关于古代的金融(finance)财货,从贝的赋有关于敛取财货,作为古代文体的赋在起源上有关于这种事义,作为诗歌表现手法的赋也有关于这种事义。

文章者,经国之大业,不朽之盛事。公文下达,"赋政于民",离不开文章。经邦治国,"明命使赋"(《大雅·烝民》),亦离不开文章。《说文》以敛释赋,以收释敛,以次第释敍(叙)。敍事(narrate)之敍从攴,正如敛从攵。事类之义言之有物,事义之类言之有序。攵通攴源于手的动作或操作,敍通序源于音的相同或相通。劳动在创造财富的同时也创造了人,当然也创造了人的文化、人的文学。官员知"入出百物,以叙其财,受其币"(《周礼·天官·司书》),使入于国库。赋税、理财、"叙其财"偏于经济学。赋诗、正辞、叙事偏于文学。"取彼斧斨,以伐远扬";"昼尔于茅,霄尔索绹"(《豳风·七月》)。赋诗言农桑衣食住之劳，以此为先。

德国哲学家文德尔班（1848—1915）把世界分为事实世界和价值世界。英国哲学家怀特海（1861—1947）把世界分为事件世界和永恒世界。事实（fact）世界偏于事类，价值（value）世界偏于事义。事类的是事理的，事理的是道理的，事义的是道德的，事实的是使动（make）的。事实的使动构成了事件。事件之流构成了永恒的世界。价值的是属性的（property）。事实世界所表述的是表象（objectivation）与表象之间的关系，所涉及的只是表象世界的经验事实，所提供的知识可以用普通逻辑判断。价值世界是本体世界。它表述主体（subject）与客体之间的关系，其意义取决于主体的意志和感情，没有固定的客观标准。事义有关于价值世界的知识。

106. 政教

政治和教育之间的密切关系，正如政治学和教育学之间的密切关系。这两者之间的密切关系在古代比在现代更加为甚。道理很简单，因为政和教虽然不同，但二者都从攵。攴攵相通，攴在隶变后作"攵"。攴是手所执持的动作。为了能够记住攵的意义，我们最好能够记住卢梭在《爱弥儿》开篇的第一句话："出自造物主之手的东西，都是好的，而一到了人的手里，就变坏了。"造物主之手是偏于自然之手，人的手是趋于社会之手。趋于社会之手是依靠政治和教育这两只手来进行实际操纵的，所以想把政治和教育进行分科研究的努力是值得赞赏的，但认为政治和教育可以相互独立的想法却是幼稚的。

虽然在自然和社会之间卢梭强调自然，在自然的人和社会的人之间卢梭强调自然的人，但是卢梭依旧主张"必须通过人去研究社会，通过社会去研究人；企图把政治和道德分开来研究的人，结果是这两种东西一样也弄不明白的"[1]。政治的教育是教育的政治，正如社会的人是人的社会。政教既要重视"众意"，也要重视"公意"，众意是个别意志的初步总和，公意是众意的更高级升华。政治教育通过法制意识的培养来实施众意和公意。当然，矛盾是免不了的，因为"人生而自由，但却无往不在枷锁之中"（卢梭《社会契约论》开首）。教育要解开枷锁并使人走向自然。培养人成为自然的人，"但不能因此就一定要使他成为一个野蛮人，一定要把他赶到森林里去"。卢梭的意思是："只要他处在社会生活的旋流中，不至于对种种欲念或人们的偏见拖进旋涡里去就行了；只要他能够用他自己的眼睛去看，用他自己的心去想，而且，除了他自己的理智之外，不为任何其他的权威所控制就行了。"[2]

不仅仅是用自己的眼睛去看，用自己的心去想，而且要用自己的手去做，用自己的足去践履。哲理与政教相通的理念在卢梭的哲理小说和政治理论著作中是相通的。思想家和文学家的卢梭是奠定在实践家的卢梭的基础上的。因为作为著作家的卢梭总是通过对于自己童年的回忆来写作，通过对于自己生活经历的反思来写作。在写作中，思想的感觉和感觉的思想虽然并未完全融化，但文学和哲理、理想和现实基本上以卢梭的方式形成了特点。

中国古代的发愤著书说云："昔西伯拘羑里，演《周易》；孔子厄陈、蔡，作《春秋》；屈原放逐，著《离骚》；左丘失明，厥有

---

[1] 卢梭著、李平沤译：《爱弥儿》上卷，商务印书馆1986年版，第327页。
[2] 同上，第360页。

《国语》;孙子膑脚,而论兵法;不韦迁蜀,世传《吕览》;韩非囚秦,《说难》、《孤愤》;《诗》三百,大抵贤圣发愤之所为作也。此人皆意有所郁结,不得通其道也,故述往事,思来者。"(《史记·太史公自序》)卢梭虽然生在18世纪的西方,但亦是一生坎坷,"意有所郁结,不得通其道",故著《新爱洛伊丝》、《爱弥儿》、《忏悔录》,"述往事",以便启发后人。一般地说,没有人会愿意自讨苦吃,但是,当"艰苦的生活已经变成了习惯,就会使愉快的感觉大为增加,而舒适的生活将来是会带来无限烦恼的。太娇弱的人只有在软床上才睡得着,而在木板上睡惯了的人,是哪里都能入睡的;一躺下就入睡的人,是不怕硬床的"[1]。在哲理小说里,卢梭让爱弥尔到地里劳动,学做木匠,经受大自然风霜,在实践中学习生存的技能和本领,这里能够充分看出卢梭本人生活阅历的强烈影响。

　　用自己的手去做在卢梭那里是质朴的,在德里达那里是哲理性的。木匠用手操作,手淫者亦用手操作,这种操作是不同范畴的增补。增补的增即西文 addition,德里达用非常晦涩和费解的话来解释增补:"起源或者自然概念只不过是附加的神话,通过纯粹的附加使增补性失效。这是抹去远迹的神话,也可以说是原始分延的神话,而分延既不是缺席,也不是在场,既不是否定,也不是肯定。原始的分延被作为结构的增补性。在这儿,结构意味着不可还原的复杂性:在场或缺席的游戏只能在其中形成或交换,形而上学能在其中被产生,但人们不能用形而上学的方式来思考。"(The concept of origin or nature is nothing but the math of addition, of supplementarity anulled by being purely additive. It is the myth of the

---

[1] 卢梭著、李平沤译:《爱弥儿》上卷,第156页。

effacement of the trace, that is to say of an originary difference that is neither absence nor presence, neither negative nor positive. Originary difference is supplementarity as structure. Here structure means the irreducible complexity within which one can only shape or shift the play of presence or absence: that within which metaphysics can be produced but which metaphysics cannot think.) [1]

> 第二十八: 文体之本, 一分为二, 二分为四。火、水、土、气为四根体。质料、形式、动力、目的为四因体。正义、智慧、勇敢、节制为四德体。篆、隶、草、真为四书体。音、味、文、言为四美。风、小雅、大雅、颂为四始。

107. 四始

蒙田说:"我们需要解析阐释自身超过了解释事物。"(We need to interpret interpretations more than to interpret things.) 我们对四始的解释超过了四始本身吗? 四始是四诗吗? 口之形可分为四, 女之初为始。造化赋形, 支体必双, 倍双为四。古民歌"断竹, 续竹, 飞土, 逐肉"之四, 谢灵运良辰、美景、赏心、乐事之四, 虽然都是双音词之四, 但前者是动宾结构之四, 后者是偏正结构之四。从二到四的逻辑沿袭"两仪生四象"之思维。四六文更将从二到

---

[1] *Of Grammatology*, p.167.

四的逻辑发展到六。"良辰美景，必躬于乐事；茂林修竹，每协于高情。"（杨炯《祭刘少监文》）"良辰美景奈何天，赏心乐事谁家院。"（《牡丹亭·惊梦》）这些是在继承四六文和改造四六文中产生的名句。

诗文化始于诗，中国最早的诗有305篇。诗文化是社会生活中的男女文化，故汉人称谓160篇风、74篇小雅、31篇大雅、40篇颂为四始。四是阴数，四始是阴数文化。时代影响了这种阴数文化，所以《毛诗序》将风、小雅、大雅、颂解释为王道兴衰之所由始。从305篇本身看，"《关雎》之乱，以为风始；《鹿鸣》为小雅始；《文王》为大雅始；《清庙》为颂始"（《史记·孔子世家》）。中国的政治主张霸王道杂而用之，霸道偏于武化，王道偏于文化。偏于武化的霸道是阳性文化，偏于文化的王道是阴性文化。

诗是审美文化，四始之于风、小雅、大雅、颂，正如四美之于音、味、文、言。"音以赏奏，味以殊珍，文以明言，言以畅神。"（刘琨《答卢谌》）王道兴衰之所由始在四始那里是四言的。四言诗盛行于西周，正如四六文盛行于南朝。"宫沉羽振，笙簧触手"；"骈四俪六，锦心绣口"。（柳宗元《乞巧文》）西汉时四言诗文不少。"古雅玄妙"的《易林》，皆韵文繇辞，富有诗意，庶几可与《诗三百》并为四言矩矱。

有始必有终。四言至钟嵘时代前后，因"文繁而意少，故世罕习焉"。诗文之元，始于太极，四始说立足于本始。太极之二仪，既有四始之象，又有"兼三才而两之"意。风、小雅、大雅、颂偏于前者，四六文趋于后者。四六文立足于骈俪，颇有一言穷理，两字尽形之风。西汉时虽有五言诗兴起于民间歌谣，但文士之作，依旧用四言体。所以，刘勰说"汉初四言"，"继轨周人"

(《明诗》)。在刘勰之前，陆机用"诗缘情而绮靡，赋体物而浏亮"等六言句论述文体。几乎与刘勰同时，钟嵘用"气之动物，物之感人，故摇荡性情，形诸舞詠"等四言句论述诗体。四六文既有四始之象，又兼三才而两之以为六。这种文体，有使《文心雕龙》成就体大思精之功。

阴数不同于阳数，正如阴性不同于阳性。诗有四始，有六义，诗文朝四六文方向发展是偏于朝阴性文化方面发展。"诗言志，歌咏言，声依咏，律和声"这些三言句中充满了诗论内容。孔子也用"志于道，据于德，依于仁，游于艺"(《述而》)等三言句来论断自己的深刻思想。《诗三百》中早就杂有三、五、七、九言之句。奇数是阳数。阳数偏于阳刚之气。在四六文繁荣的时代，五言诗却逐渐代替四言诗，并开始"具文词之要"，成为"众作之有滋味者也"。诗文"时复阳违之而阴从之"(姚际恒《诗经通论》语)或"阴违之而阳从之"。四始之四言诗、四六句骈俪文反映了阴性文化的力量。老子尚雌崇柔，但由"道生一，一生二，二生三，三生万物"而来的自然文化就有趋于阳刚之功。五言诗、七言诗和以唐宋八大家为首的古文反映了阳性文化的强大力量。

四始之于诗，正如四美之于文。诗是以言文为媒介的文化，言有音通于口耳，文有味融于耳目。四季之四时为春夏秋冬。一日之四时为朝昼夕夜。四始之雅有大雅、小雅。刘勰云西晋刘琨"雅壮而多风"(《才略》)。此雅之美，用单音词可概括为音、味、文、言之四。汤惠休说"谢(灵运)诗如芙蓉出水"。芙蓉出水的诗具有自然之雅致。此雅致用双音词可概括为良辰、美景、赏心、乐事之四。"五四"运动时期，鲁迅致力于用文学改造国民性，所以，他自己坦言："我对于自然美，自恨并无敏感，所以即使恭逢良辰美

景,也不甚感动。"(《华盖集续编·厦门通信》)

108. 四体

有具体的四体,有抽象的四体。四肢之体是具体的四体,正如身体的体是具体的体。"四体不勤,五谷不分"(《论语·微子》)言及四肢之体。"有牛之体,则有负重之用;有马之体,则有致远之用"(严复《与外交报主人论教育书》)言及动物身体。"人之一身,五官百骸,皆为体,属于物质;其能言语动作者,即为用,由人之精神为之。"(孙中山《军人精神教育》)

体用于文字源于人的精神发明,篆隶草真是常见的四种书体。体用于逻辑源于人的科学智慧,合同异离是永恒地困扰着人的四种本体。体用于践履源于人对自己行为的思考,正义、智慧、勇敢、节制是有关于伦理学的四种德体。体用于世界观的理论源于人的爱智,质料、形式、动力、目的是有关于哲学的四因体。体用于本原者如恩培多克勒(公元前490—前430年)以火、水、土、气为四根体,体用于形质者如孔颖达以金、木、水、火为四象体,体用于风格者如刘勰以才、气、学、习为文学的四性体。

从具体上升到抽象,逻辑思维围绕着金、木、水、火、土、气等感性质料对事物进行"乘万总一"的概括和升华;从抽象上升到具体,辩证思维围绕着本质规定的完整反映对事物进行"乘一总万"的把握和分析。没有具体的形象、形质、形体、形式,抽象思维是无法进行的。所以,抽象思维的魂灵总是会借助于某些思想家的灵魂依附于某些语词成为概念,例如,idea 依附于柏拉图的思维将形象转变成了理式,morphē(form)依附于亚里士多德的思维将架构转变成了形式。

"一生二"或"太极生两仪"的模式总是会首先表现在从单音词走向双音词上。起初，中国人的思辨局限于"合同异"和"离坚白"。到了汉魏之际，这种思辨奇迹般的与才性问题结合在一起，一分为二的"合同异"与"离坚白"，摇身一变成为"才性同，才性异，才性合，才性离"（《世说新语·文学》）四本体。刘勰论述文化的体性时说："若总其归途，则数穷八体。"所谓"八体"，根源于才、气、学、习四个单音词。才、气、学、习四个单音词又可以归结为才气和学习两个双音词。才气横溢于辞风理趣，学习积淀为事义体式。

经验主义的四体偏于具体的体，非经验主义的四体偏于抽象的体。天才是存在的，天性是心理的，存在的心理是文化的。"心生而言立"言及才性的动力，"言立而文明"言及文明的目的。四因体把人文的动力和目的归结为形式和质料（form and matter）。四文体把风格的本原归结为才气和学习。

关于世界观的理论在哲学那里有关于形式和质料。文学的才气既是形式的也是质料的，正如文化学习既是形式的也是质料的。从具体到抽象是从质料到形式，从抽象到具体是从形式到质料。才气和学习是相对的、相互转化的，正如形式和质料是相对的、相互转化的。砖瓦对泥土而言是形式，对房屋而言是质料。纯粹的质料构成万物的基质，水火气土木金等总是会无意识或下意识的成为存在的潜能。

文之为德也大矣。文德立足于智慧，智慧是高级道德。智慧依靠四本体把握和区分四德体，而四文体会使这种区分和把握更加人性化。人类的思维首先用"合同异"与"离坚白"这两种逻辑智慧把握事物，其后，智慧用合、同、异、离四种才性区分和把握事物。从形式上看，有关于四本体的合、同、异、离是单音词，有关于四德体的正义、智慧、勇敢、节制是双音词。人的行为是不是合乎正义，是不是勇敢或节制，都必须由真正的智慧、知识和实践来判断。

才性异，故才德离。才德离，则德行散。才性同，故才德合。才德合，则德行一。柏拉图认为，少数杰出的统治者应该是智慧的化身，武士应该是勇敢的化身，自由民应该是节制的化身。不同德性的人各按各的化身行事，这就是正义。正义的国家是理想的国家。亚里士多德说："苏格拉底专门研究各种伦理方面的品德，他第一个提出了这些品德的一般定义问题。""有两样东西完全可以归功于苏格拉底，这就是归纳论证和一般定义。这两样东西都是科学的出发点。"[1]

109．文体

造化赋形，文体必双。两双为四。文理两个世界在古代很长时间之内徘徊于四或六乃至八。文世界是文史的，在古代中国以孔子为代表，以孔子为代表的儒家的礼乐文化主张文、史、质的统一。金木水火为四象（孔颖达的观点）。御射书数配合礼乐成六艺。"两仪生四象，四象生八卦。"

理世界是数理的，在古希腊以毕达哥拉斯为首。这个学派在苏格拉底（公元前469—前399）的时代以费罗劳为代表，主张数、形、物的统一。古希腊的恩培多克勒将万物的本原称作"根"，认为火、水、

---

[1]《西方哲学原著选读》上卷，商务印书馆1981年版，第58页。

土、气是永恒不变的四根，但爱产生的力量能使四根结合，憎产生的力量能使四根离散。爱憎从心。心的力量有关于文体的正义、智慧、勇敢和节制，此四者在古希腊被称为四主德（four cardinal virtues）。在我看来，集大成的亚里士多德的四因（four causes）更重要。质料因来源于米利都学派，形式因来源于毕达哥拉斯学派，动力因来源于恩培多克勒的爱憎，目的因来源于苏格拉底的善。亚里士多德综合了此四家学说，并认为动力和目的也是形式的。事物是形式和质料的。如果文体是事物的，那么它也就是形式和质料的。

文世界在孔子那里是人文的。仲尼之门，考以四科：德行、言语、政事、文学。人文之门，亦考以四学。四学在郑玄那里被理解为周代的四郊之学（都城外百里至三百里），在孔颖达那里被理解为周、殷、夏、虞之学。四学具有历史内容。史载，南朝宋元嘉十五年，在鸡笼山开四学馆，以儒学监总诸生，并设立玄学、史学和文学。

《文心雕龙》认为："设文之体有常，变文之数无方"（《通变》）；"文体多术"，"乘一总万"（《总术》）。文体虽然多术，但就一分为二而言，文仅分为本体、末体。刘勰论文主张原始而表末。原始而表末是一个分析的过程，这个过程有"通古今之变"的滋味，也充满了历时性的精神。通古今文体之变所把握的方法是"乘一总万"，"乘一总万"的基础是一分为二，"兼三才而两之"。"两之"之两，是"两仪生四象"的"两"。"两"既是底数的2，也是指数的2，还是2进制的2。2乘2得4。2乘3得6。2的3次方是8。2的6次方是64。

梁代文学家任昉（460—508）有论述文体起源的专著，名叫《文章缘起》，一作《文章始》。该文叙文体之缘起，为"备其体者也"。明天启、崇祯年间学人陈懋仁曾为《文章缘起》作注，并撰《续文章缘起》，极文体之变。陈氏在任书84体处，增列诗文65体，其中诗类 45 体，文类 20 体。其体例效仿任书，论其体必言其始，考其原，说明命名之义，注明作者、作品。

陈懋仁写道："文有万变，有万体，变为常极，体为变极。变不极则体亦不工。工者，体之极而绝之会也。夫三才何日不常，任其所趋而变生；变以日异，任其所就而体成，体成而后工，工太甚则复拙，故工者，起之归而绝之会也。""极其变而其体始备，体既备而其文始工。"（见谢廷授《续文章缘起序》）

刘勰从有常和无方角度把握"设文之体"和"变文之数"，兼形、数、体三才而两之于通变。晚于刘勰千余年的陈懋仁从"变不极则体亦不工"和"工太甚则复拙"角度把握"变为常极，体为变极"，兼"体之极"、"起之归"、"绝之会"三才而两之于工拙。文体兼三才而两之于数、形、物的统一，这种"两之"在亚里士多德那里有关于形式和质料的统一。尽管亚里士多德认为事物的形成变化有四种原因，他既区别这四种原因，同时也调和这四种原因，他认为动力因和目的因更密切地联系着形式因。

下编

解构批评的遗产：德里达与钱钟书

从钱钟书的角度来看德里达，或者从德里达的角度来观察钱钟书，这其中不会没有许多更诱人的东西。在 20 世纪后半段，法国"给了世界一个最伟大的哲学家和对当代知识生活产生了重要影响的人物"，而中国则为世界贡献了一个"文化昆仑"。现在，这两位巨人都已经驾鹤仙去，但他们对世界文学、哲学和文化的影响仍在继续。德里达自然寿命的起点比钱钟书晚了 20 年，而钱钟书自然寿命的终点比德里达早结束 6 年，这两个文化巨人的出身、天赋、气质以及学术影响都有值得比较的地方，我的目的是想在这方面抛砖引玉。

一、热通与冷通

把德里达和钱钟书这样大师级的不同性质的两个人物放在一起论述并非出于鲁莽，而是出于一种勇气和渴望。这种渴望认为："东海西海，心理攸通"的宏论应该从解构和现象学的角度理解，而解构和现象学批评也应该结合中国朴学中源远流长的话语理论。德里达及其解构主义是一种较为时髦的热，钱钟书及其钱学是一种不太时髦的冷，热和冷是相互对立的东西，但它们也具有相辅互补的可能，本文的目的是想尽可能地发现和发明这种可能性。的确，德里达的热通与钱钟书的冷通有所不同，把这种热冷对立的两个东西文化人放在一起讨论的长处是：我们能够以热温冷，让热情在冰冷中孵化出带有西方优长的幼儿；同时也能够以冷消热，让东方的冷静穿透西学之燥热，从而走向更成熟的学术境界。学术不能忘记自己的根本，而根本是一种融通、汇合的东西，你中有我，我中有他。全球化的根在西方，而本在东方，我相信通过德里达和钱钟书的比较可以巩固这种根本，并且可以给人一种新鲜感，能够提供一些新东西，但我得时时刻刻警惕自己不要误读了论述的对象。

热通和冷通都是在更广阔的视野内进行的，我们能够在对比中更深刻地去感受这两种融通所具有的惊人魅力，但是我们必须警觉不能使自己的思想成为感觉和游戏的俘虏。我论述的对象主要是德里达和钱钟书，当然，是与人本、人文的解构、文艺学语根的本质、人文学科内部诸因子相关、相通的德里达和钱钟书。德里达和钱钟书对于人本和人文的理解也是不同的。有一种不太谐和的东西埋藏在人本、人文基因中，它给包括文艺批评在内的人文科学带来了某种危险性，同时也为它们的发展带来了机遇和可能，抓住这种机遇和可能的内在本质不是要让人文去满足在场形而上学所提出的各种苛刻条件，而是要人文更科学地去抉择和理解本文、文化和文心。本文的人和人的本文（texte）是一种很微妙的东西，人们不能奢望它们去掉差异或完全一致。

本文的人和人的本文存在着本末上的差异，这种差异在作家论层面上称作"人本同而末异"，在文艺学层面上称作"文本同而末异"（曹丕《典论·论文》）。"文本"就是包括法国在内的西方话语中的本文,这种本文在德里达那里是"文字"、文学、文理、文脉、文化及其解构。"文字"及其所有带文字族的永无休止的建构、解构是人文发展的根本,这种根本素朴地与人手的创造性活动有关,也与人手所执持的刀斧相关。广义而言,文本不仅仅是人本,它是更广泛的生命之本,这就涉及钱学中的才、才能和才性的相关问题。人的"本同"能把人追溯到灵长类动物、哺乳类动物、爬行类动物、植物、微生物、多细胞生物、单细胞生物等生命形式,文的"本同"也能把文追溯到精神性的文心、媒介性的文言、构造性的文明、历史性的文物、经济性的文质、物质性的文理、生命性的文本等文化形式。狭义而言,文本是"人的生存欲望和努力的见证"[1],这种见证永远不会在超时空的"本同"那里停止不前,它必然要向不同时空的"末异"迈进,这种迈进就是德里达所谓"分延"或"延异"。人文的文本和本文有各种各样的"异","末异"是偏于空间性的"异","延异"是偏于时间性的"异"。

本文的人和人的本文存在着文化上的差异,这种差异根植于不同时空下人种和人性生活本身的差异。在几千年前,中国古人写下了"观乎人文以化成天下"(《易经·贲》)这样的话,根据我的推测,几千年后,德里达可能不会同意这种说法,但如果把这个命题中的"化"解释成消化、消解乃至解构,德里达可能就不会再反对这种说法。所以,我们在这里不得不面临一种两难处境,一方面,我们要坚持人化、文化、的中国语境本义,另一方面,我们又不得不能让带有悠久历史的中国特点的人化、文化去面向国际的挑战。在言文本根层面,中文艺术的"艺"是种的意思,这正像西文

---

[1] 利科:《解释的冲突》,法文本,1969年版,第325页。

culture 有种植、培养的意思一样。农业社会的种植、培养延续到现在已经使我们这颗星球繁育出五六十亿人口，但时空阻隔仍然使建立在言文基础上的文艺和文化出现许多不同和错位。"化"的确不同于消化、消解乃至解构，然而，它可以和其相通，所以，我们可以用"人文以化"的观点来主导关于德里达和钱钟书的研究，这其中有钱学意义上的奠定在诗心、文心基础上的心平气和，也有解构意义上的立足于现象学的本质明察。人文和文化是不同概念，这正像人化和文化、人本和文本是不同概念一样，在比较钱钟书和德里达时，这些概念不可避免地和物化、异化和分延等思想交织在一起。在五年前出版的一本专著中，我引用了甲骨文字专家朱芳圃先生的话："文象人正立形，化象人一正一倒之形。"[1] 人的这种正立形状被钱钟书称为"无毛两足动物"（《围城》序），而化的一正一倒之形中包含着令包括德里达在内的无数哲人绞尽脑汁的反对和悖谬。钱钟书青年时期的思想中已经具有了强烈的融通意识，但从德里达的角度看钱钟书那时所主张的"人化文评"，我们依旧不能摆脱蜂拥而来的各种反对和悖谬，我所落笔的文字得时时警惕这些东西。

热通和冷通都强调相通，但相通并不是相同，相通不排除差异，同时也意味着事物间包含着相关的因素和相似的形式，德里达和钱钟书始终强调的也是这种东西。已经有人发现秦兵马俑的面容和今天陕西人、甚至中国人的面容有惊人的相似之处，当然，我也发现，德里达的思想和中国古人的思想有惊人的相似之处。在中国社会科学院文学研究所，钱钟书曾经被要求带博士研究生，有人听

---

[1]　袁峰：《中国古代文论义理》，西北大学出版社 2001 年版，第 16 页。

到了他这样的回答:"带什么博士,先读懂《说文解字》再说。"德里达著作中有一个关键词 trace,这个关键词的意思用《说文解字》作者许慎的话来说就是"鸟兽蹄迒之迹",这个"鸟兽蹄迒之迹"最混乱,最没有逻辑,但它最重要,最关键。它与人眼的视觉、人手的动作、人文的写作有相通之处,与数学、哲学、符号学、语义学中的"逻辑"、存在、象征、所指和能指有相通之处,与语言学、历史学和文学中的象形、意象、现实、共时和历时也有相通之处。由于对 trace 的重视,所以中国的《说文解字》在解读德里达方面也具有了重要意义。你不能不惊叹拼音文化的二三十个字母在西方历史上所迸发的能量,你也不能不惊叹象形文化的五种笔画在中国历史上所产生的巨大威力,但更让人惊叹的是隐藏在中国文化中的由莱布尼茨和后来的电脑复活了的类似于"0"和"1"这两种符号所组成的二进制(bit)文化所带来的全球化的力量,德里达是站在拼音文化上又企慕象形文化的学者,钱钟书是站在象形文化上期盼着中西融通的学者,最理想的融通应该是基于二进制文化根底上的一元意义的圆融无碍。

二、义理的解构

德里达解构批评的热情是在综合学科的背景下实现的,这正像钱钟书对文心、文化的冷静分析是建立在学科综合背景下一样。叶秀山先生写过一篇关于德里达的文章,题目是《意义世界的埋葬》,我对该文的第一个问题是:意义世界的埋葬是不是也是义理世界的埋葬?意义和义理都可以被看作儒道互补的话语,但此二者近现代以来切入西学的程度和层面有所不同,意义可能被西学中的 meaning 全吞了，义理却被西学解构了，而且，这种情况出现在德里达所创立的解构主义之前而不是以后。我注意到叶先生在另一篇文章中使用"人文科学"话语时将"文科"二字用小括号括起来了，我知道这意味着他是从"文科"的角度谈人学，而不是从"理科"的角度谈人学。但人学并不是人文学，人学有文科、理科之别，而人文学是否有必要从文科和理科方面来进行区别还是个疑问。从语言学的角度看，人文是言文性的"尽意"系统，拼音文字以音尽意，象形文字以形尽意。从中学的角度看，西学中的能指和所指，在某种意义上所强调的实际都是"手"或手的功能的指示意义，能指指示音，所指指示义。人的手是从动物的蹄爪发展来的，人文中的"鸟兽蹄迒之迹"作为符号学的研究对象具有重要的阐释意义。但是，尽意的意和意义的义是不同概念，义理的理和意义的义更有区别的含义。人文的意义不只是语言学中缩微了的音义，意义是人手的劳作在精神的支配下通过实践创造出来的具有能动性的心义。

钱钟书的学问中具有深刻的义理气质，这种气质只有放到被西学解构了的中学话语中才可以看清楚。西学诸强依靠"船坚炮利"分延了中学的义理，但他们并没有从根本上动摇象形言文的内在意义，因为定义和定理在义理被瓦解后又重新在文科和理科之内集结，而且人文的言文意向在"一方面是哲学或者定理的气质，另一方面是神话或者神话诗的气质"[1]的过程中变得越来越不清楚了。定理的气质偏于理科，定义的气质偏于文科，神话或者神话诗的气

---

[1] 德里达：《人文科学话语中的结构、符号和游戏》，中文由袁峰根据 *Literary Theories in Praxis*，Edited by Shirley F. Staton 中的第 390—409 页翻译而成，该书 1987 年由宾西法尼亚大学出版社出版，第 402—403 页。

质偏于文科中的文艺学,这种理解在钱钟书那里可能不会有什么问题,但在德里达那里可能就太一般化了。德里达的目的是要在自然和文化反对的基础上构建某种学理化的东西,这种反对的基础将矛头直接对准定义的中心话语,认为"通过独特定义的这个中心在结构内构成了一种非常的东西,当管理结构时,它逃避了构造性"[1],解构理论本身依旧具有哲学或者义理的气质,但它的意向趋于神话或者神话诗的气质,这种双重气质虽然深刻地寓含在游戏概念的学理成就中,但这种气质本身不能过度用游戏概念阐释。

人是可分的,既可分类也可分科。分类、分科所使用的是源远流长的 SCI 思路,这正像结构、解构所使用的是不可避免的分析学思路一样。分解在中文语境中从刀,意味着分割,这正像结构在西文中源于"用木桩安排架构整合"[2]一样。分类分科中的人文学思路不同于人类学思路,后者是生命科学的路子,前者是文化学的方法。人文必然地分解为文明和文化,文明是理科的术语,文化是文科的说法。人文的整体就是本文,对于本文的领会,"应通过单个词以及它们的组合来理解;而对部分词章的完全理解,又以整体理解为前提"[3];人文的分科"在主观上是得意的事,在客观上是不得已的事"[4],所以,理想的人文学科应该是文科与理科相结合的科学,但任何人也不能保证自己的研究能达到这样的高度,而且人们也不知道这种结合的理想形式是什么,因为正像人文与学科存在

---

[1] 德里达:《人文科学话语中的结构、符号和游戏》,第 393 页。
[2] Eric Partridge:《英语辞源》,Routledge,1990 年,第 675—676 页。
[3] 钱钟书:《管锥编》第 1 册,注引狄尔泰:《解释学的产生》,中华书局 1979 年版,第 171 页。
[4] 钱钟书:《诗可以怨》,《文学评论》1981 年第 1 期。

着某种错位一样，人文与科学也是危机重重，矛盾多多。

人文与自然有根本的区别，正像人文科学与自然科学有实质的不同一样，但自然的人与人文的自然依旧有着不可分割的联系，这正像拼音文字中的 nature 和 native 在起源上有着难以分割的关联一样。"自然"一词在拼音文字的起源中有关于土生土长之自然，也就是地道的、土著的、质朴的自然。在结绳而治的时代，数学和语文还没有在人文中被区分，但言文的作用已经得到足够重视；到了数学和语文有所区分时，人们同时也感觉到了结绳的书契和书契的结构好像也是两种不同的东西。在德里达那里，结绳的书契涉及文字学，书契的结构涉及解构主义。人是有心的，文也是有心的，这种心都是内在的（intra），而形而上学是外在的，所以德里达反对形而上学，特别是反对逻辑中心主义的形而上学。钱钟书认为，人文的内心、心气通过手和客观外物发生关系，"夫手者，心物间之骑驿也，而器者，又手物间之骑驿而与物最气类亲密者也"[1]。历史的人和人的历史是不可分的，正像书写的人和人的书写是不可分的一样。从人的书写上讲，所谓"有史以来"是指"从手持中"以来，因为"从手持中"就是写字记事著史的象形。"从手持中"的人文既与形而上相通，又与形而下相连，它坚信自己能够在人文学科的意义上将心物、器物和气类之间的关系调节到最佳状态。

人文的意味不同于人文的意义，这正像自然的意义不同于自然的义理一样。文艺是一种有意味的形式，这种形式总是在实现自我的内容；文艺学是一种有意义的内容，这种内容不能脱离自我的形式。自我的自然不同于自然的自我，这正如理义的自然不同于自然

---

[1] 钱钟书：《管锥编》第 3 册，中华书局 1979 年版，第 508 页。

的义理一样。人用手指着自己的鼻子示意自己，这正像人文使用带火的符号象形自然的自燃、使用文字符号示意实在的自然一样。使我铭记难忘的是钱先生的一句话："大抵学问是荒江野老屋中二三素心人商量培养之事，朝市之显学必成俗学。"这句话的精髓是与隐联系在一起的清冷和孤独。隐显乎微，"自然常欲隐藏起来"（赫拉克里特语），而人文常欲把这种隐藏的东西发明出来，发明使隐藏成为显现，同时也会使隐藏成为流俗。在中国语境中，隐从阜从心，从阜言及地，从心言及人的思维以及由思维所统辖的感觉。言文就像天地，言、言语是天，文、文字是地。天上的恒星（如太阳）是火，这种火总想将地球上隐微的东西显现出来。按照赫拉克里特的观点，土死生出了水，水死生出了气，气死生出了火，火不仅在无机的自然演化中起着重要作用，而且在生命和人文的发展中也起着非常重要的作用。火热的力量能够使人文从隐至显，从非视觉的抽象到视觉性的具体，从清冷的本质到直觉的现象。

我知道德里达的名字虽晚了一些，但是解构这个概念确曾激动过我，而且自己懵懵懂懂地在一篇论文中使用过这个词语，我记得我所使用的话语叫做"义理的解构"。在中西话语层面上，义理相对于考据、辞章而言，而解构在主义派那里相对于结构主义、后结构为主义而言。文艺的意味密切联系着辞章，正像文艺学的意义密切联系着义理一样，至于文艺研究的文献学意义，在传统那里主要靠考据来承当。义理是生命系统、特别是高级生命系统的理想和价值实现的体系，义理的解构通过考究辞章来实现自己的形式，通过对结构的瓦解和整合来实现自己的内容，通过分析语言艺术的变化规则来把握差异。德里达是一个热情洋溢的哲学家，他之所以热情洋溢，是因为他继承和发展了赫拉克里特有关火的思想。钱钟书是一个虚静淡泊的文艺家,他之所以虚静淡泊,是因为他继承并发展了老子有关于尚水的思想。水与火的思想滋润了钱钟书和德里达,但钱钟书是将火烧成了水,并且让水营养出清冷和孤独,而德里达则是将水燃成了火,并且让火解构和离析出一种热情和冲动。

客观地说,钱钟书和德里达都很难读懂,但对于我来说,德里达似乎更难懂。我认为,文论研究是文学理论的思路,文哲研究是人文学科的思路。在中国,文学理论的学科性质游离于文哲之间,这正像文艺学的性质游离于文艺和美学之间一样。文评就对象而言,是文学、文艺学;就理论而言,是美学、哲学。从根本上说,文论和文哲都不能脱离文心而存在,但文学是与情志、性情以及形式联系在一起的可感的文心,而文论和哲学是与理性、理论以及性理联系在一起的可信的文心。钱钟书认为,"人文科学的各个对象彼此系连,交互映发,不但跨越国界,衔接时代,而且贯穿着不同的学科"[1],人文的"心之同然",渊源于"理之当然";人文"思辨之当然,出于事物之必然"[2]。"心之同然"偏于文学的思路,"理之当然"偏于科学的思路,"思辨之当然"偏于哲学的思路,"事物之必然"偏于历史的思路,这是就"之"前的话语而言。就"之"后的话语来说,"同然"、"当然"、"必然"中的"然"透射着火的力量,偏于文明历史的肯定,与自然相通而不同。

我认为,如果用东方话语来说,钱钟书是偏于文论的研究,从文论向文哲打通,而德里达是偏于文哲的研究,从文哲向文论打通。中国的人文认为,论如析薪,贵在破理,析薪必须对结构有所

---

[1] 钱钟书:《诗可以怨》,《文学评论》1981年第1期。
[2] 钱钟书:《管锥编》第1册,中华书局1979年版,第50页。

把握，破理则必须面对事物的构造性进行批判。"心之同然"是立足于感觉经验的想象力，其"思想发生在不同的语言游戏之内"[1]；"思辨之当然"是立足于理性超越的判断力，它"对解释的解释超过了对事物的解释"[2]。"事物之必然"在逻辑中心主义那里偏于形而上学，人文科学在发展中有必要对它进行批判和调整。因为"人文科学的历史平行于结构的和哲学的历史"[3]，"一切反映性的思想都由不同的似非而是的游戏性的语言构成"[4]，"结构的构成性能够被理解成一种类似于不同符号游戏的功能"[5]。"不论一个时代或一个人，过去的形象经常适应现在的情况而被加工改造。历史的过程里，过去支配了现在，而历史的写作里，现在支配着过去。"[6]

三、不同相通的世界

德里达与钱钟书是两个不同的世界。世界既是一个时空概念，也是一个人文概念。在生活时间上，钱钟书生于 1910 年 11 月 21 日，死于 1998 年 12 月 19 日。德里达生于 1930 年 7 月 15 日，死于 2004 年 10 月 9 日。虽然钱钟书早于德里达若干年，但他们两人的影响基本上都在 20 世纪下半叶。在人文空间上，钱钟书从一个江南才子起步，然后成为清华大学的高才生，此后又留学英法，第二次世界大战时成为作家并在国内高校任教，20 世纪后半期一直任

---

[1] 德里达：《人文科学话语中的结构、符号和游戏》，第 391 页。
[2] 同上，第 393 页。
[3] 同上，第 391 页。
[4] 同上，第 390 页。
[5] 同上，第 391 页。
[6] 钱钟书：《模糊的铜镜》，《人民日报》1988 年 3 月 24 日。

中国社会科学院研究员,晚年曾访问美国、日本。德里达是个流散知识分子,他在阿尔及利亚度过了自己的幼年、童年和青年时期的一部分,经过拼搏,融入法国文化界,30多岁时就出版了多本奠定了自己基本思想的专著,而且在英语思想界形成较大的影响。德里达的后半生往来于法国与美国之间,基本工作是教书、交流和著述。他还访问过南非、中国等许多国家。德里达的生活空间基本上在欧美,这和钱钟书的生活空间基本在中国是不同的。

德里达与钱钟书属于不同的人种,但他们操练着不同的或相同的语种。我没有见过德里达,也没有见过钱钟书。只是在沈阳见过米勒,在华盛顿见过斯皮瓦克,他们都是德里达思想的传播者。按照钱钟书的逻辑,吃鸡蛋不需要认识所下蛋的母鸡,但我认为读文本认识一下文本的作者、种族还是必要的。文本源于人本,人本有种族之别,通过看电视剧本《德里达》中的剧照和《一寸千思》中有关钱钟书的照片,我们能够从肤色、发色、眼神上感受到这两个不同学人在人种上的遗传特征。钱钟书对中文母语认识之深妙,正像德里达对法文乃至西文母语体认之深妙一样,把这两种深妙的东西连通起来考虑面临着巨大的机遇和挑战。我自己没有时间和能力读完和读懂钱钟书中文文本中的所有英文、拉丁文、意大利文、法文、德文内容,也没有时间和能力读完和读懂德里达英文文本中的所有法文、德文、梵文、拉丁文内容,但我有时间、有兴趣去拥抱和亲吻这两个文化人所具有的放眼世界的意识。我深深地感觉到,文化需要扩散和沟通,既可以像钱钟书那样从东方向西方扩散,也可以像德里达那样从西方向东方沟通,扩散和沟通可以使全球化的氛围来得更加紧密,更加贴切,更加圆活。

德里达从阿尔及利亚流散到法国,犹太人的血统,伊斯兰的国教，都不可能不影响到他，但法国乃至欧美的强大文化最终成就了他。犹太民族不乏智慧和天才，虽然生活在以色列的犹太人处理不好他们和阿拉伯人的关系问题，但流落在异地的犹太人常常能够吸收融会所在国之所长而创造出先进文化。且不说古代耶稣流落各地创造出宗教性的救世主文化，即就近代、现代而言，马克思在流落德、法、英期间创造出了有关哲学、社会和经济规律的马克思主义文化，弗洛伊德在流落奥地利、英国期间创造出有关精神分析的心理文化，爱因斯坦在流落德国、瑞士期间创造出领先的物理学文化。德里达比他的这些犹太人同胞来得幸运，他生命的前19年虽然受到了纳粹排犹主义的影响，但此后他便勇敢地融入法国乃至欧美文化的潮流之中。德里达在结构主义和后结构主义的漩涡中不断拼搏，这个弄潮儿在哲学和文学的交会处不断耕耘，并且最终成为解构主义的鼻祖。

钱钟书是西学东渐到20世纪后出现的杰出的中华学人。在他之前，先是留学日本的王国维就已经开始接受德国叔本华的哲学、美学思想，其后是陈独秀、鲁迅和胡适等人掀起新文化运动。鲁迅1902年留学日本，接受西方现代思想，回国后撰写《摩罗诗力说》，提倡"拿来主义"，从医学科学转入文学创作。胡适1910年赴美就读，其"大胆假设，小心求证"，"多谈些问题，少谈些主义"的思想方法是融合西学后提出的科学主义的理路。吴宓早年留学美国，回国后的思想步入人文主义的思路，与吴宓先后留学欧美的还有冯友兰、陈寅恪、金岳霖、朱光潜等学人。冯友兰、金岳霖是哲学研究，朱光潜是美学研究，陈寅恪是文史研究。陈寅恪在欧美留学十余年，他精通的语种多于钱钟书，但在义理的精深方面不及钱钟书。文史研究、文哲研究以及文论研究通而有别，前者强调论从史出,中者强调以论带史,后者折中于前二者之间。

《围城》中写方鸿渐留学欧洲,"既不抄敦煌卷子,又不访《永乐大典》,也不找太平天国文献,更不学蒙古文西藏文或梵文。四年中倒换了三个大学,伦敦,巴黎,柏林;随便听几门功课,兴趣颇广,心得全无,生活尤其懒散"[1]。钱钟书用游戏笔墨描述的情况确有实据,因为在他的时代的留欧学者中确有在西方学习中学的,但钱钟书自己不属于这种人,钱钟书在英、法主要学习西方文学。他那时是一个精力充沛、才气旺盛的文化人,而且其中作家的气质远远超过了学者的气质,这种气质使得他在获得了副博士学位以后未能继续攻读博士学位。那时的钱钟书尚徘徊于文学创作和学问研究之间,后来出手的许多小说作品和《谈艺录》足以说明他的这种徘徊,而且他的这种阅历也形成了钱学固有的独特风格。

学问有专有杂,钱钟书和德里达都是名高望重的专门家,但用更高的标准衡量,他们的学问有点杂。专家重视博士学位,杂家不重视博士学位;学者重视博士学位,作家不重视博士学位;学者型作家重视博士学位,非学者型作家不重视博士学位。胡适是出名的大学者,但他的杂使得他几乎未获得博士学位。胡适获得博士之名的时间比他攻读时的时间晚了10年,而比他名气小的金岳霖在美国哥伦比亚大学获得了博士学位,冯友兰专攻儒学和中国哲学也获得了博士学位,稍后的朱光潜留学英、法研习哲学、心理学和艺术史也获得了博士学位。钱钟书没有获得博士学位,德里达在博士学位的问题上也受过一些煎熬。

---

[1] 钱钟书著、赵家璧主编:《围城》,晨光公司1949年版,第9页。

钱钟书和德里达都是罕见的多产作家。德里达一生著作等身，其中有 60 多种已译成英文，翻译成中文的估计可能也有 10 多种。对于德里达的著作，应该谨防从形式上误解。德里达不是几何学家，他的《胡塞尔几何学起源导论》讲的是哲学。德里达也不是文字学家，他的《论文字学》不是语言文字学作品，而是关于文字的哲学作品。既然是文字的哲学，为什么却叫文字学，这主要着眼于战略上的考虑，德里达是一位战略哲学家。德里达有一位好朋友南希，是一位杰出的触觉思想家，他经常和德里达讨论解构主义。德里达的《论触觉》也切入到了感觉学，这本书可以和钱钟书的名文《通感》结合着阅读。中国古代义理学发达，西方现代心理学发达，义理的解构应该结合心理学来进行，从感觉层面来把握意义理论，从心理层面来掌握融通理论，从审美层面来执持解构理论。德里达另有一本书，名字叫《心理：别一种发明》[1]，其中心理这个关键词可以和钱学中的诗心、文心连通起来考虑。心理、感觉是连通着的，寻常眼、耳、鼻、舌、手（身）等感觉器官"每通有无而忘彼此，所谓感受之共产；即如花，其入耳之形色，触鼻之气息，均可移音响以揣称之"[2]。

钱钟书的著述以《管锥编》规模最为宏大，也最难研究，堂堂五大卷，六种外国文字，涉及作家三四千人，征引典籍六七千种，令人望而生畏。长篇小说《围城》是钱著中影响最大的文学作品，已译成英、德、俄、法、日、西班牙等国文字。《谈艺录》是钱学中最重要的诗话作品，钱钟书"早晚心力相形"，形成了 1948 年

---

[1] Derrida, *Psyche: Inventions de l'autre*, Paris, Galilee, 1987.
[2] 钱钟书：《管锥编》第 3 册，第 1073 页。

和 1983 年两种版本，其中后者文字的数量和质量二倍于前者。诗是人文的重要部类，诗心、诗话和诗化是与游戏和自由相通的审美旨趣，对规范语言的歪曲是诗的灵魂。诗事出于沉思，文论通乎翰墨，诗与思音近义通，"诗与思有近邻关系"，从比喻的角度看，思的本质就在诗的语言之中。[1] 思和想分不开，想是想象，通乎神思，实用于文学创作；思是思想，通乎文心，实用于文学批评。"文学批评在形式上是十分哲理性的，即便从事这一行的专门人员并未受过哲学家的训练，或者即便他们宣称对哲学持怀疑态度"[2]，但这并不能改变文学批评在结构上的哲理性品格。

钱钟书应该比德里达多一顶诗人的头衔，这正像德里达应该比钱钟书多一顶隐喻哲学家的桂冠一样。人有潜意识的精神世界，正像人文有难以明言的隐喻世界一样，但是诗的隐喻和哲学的隐喻有所不同。诗的隐喻立足于诗心，哲学的隐喻立足于哲理。钱钟书 1934 年就出版过《中书君诗》，他对此十分不满，晚年出版的《槐聚诗存》着重选录了 1933 年以后的作品，这些作品融通着他数十年的诗意生活。诗意并不是诗化，正像诗化不是诗话一样。诗意把诗的激情、情感、情致、情志、情意作为诗心，统统纳入文学的范围，诗化把诗的生命、人性、情性、感性、理性、哲理作为诗心，统统纳入文化的范围，诗话围绕着诗的话题、趣闻、考据、鉴赏、评论、批评而把诗意的生活和诗的文学统统纳入话语言说之范围。钱钟书的诗歌作品是他的诗意生活的升华，他的诗话作品是他诗学生活的升华。在这种升华中，《石语》所留下的就是钱钟书与陈衍

---

[1] 海德格尔著、孙周兴译：《林中路》，上海译文出版社 1997 年版，第 278 页。
[2] 德里达著、赵兴国等译：《文学行动》，中国社会科学出版社 1998 年版，第 20 页。

的诗缘和他们在诗坛上的一段佳话。在钱学中，短篇小说作者喜欢《人兽鬼》，并赏识钱钟书对病态社会的睿智讽刺；选学研究者们喜欢《宋诗选注》，认为它是"一部难得的好书"[1]；散文家们喜欢《写在人生边上》的"哲理思辨"，认为其中包含着蒙田的风格。

德里达著作的诗意和文学气质主要表现在修辞学与哲学的联姻上。言文乃天地之心，内含着逻辑、语法和修辞，偏于逻辑的哲学和偏于修辞的诗歌之间存在着一定程度的紧张关系，德里达把隐喻引入哲学是从积极的方面化解这种关系，目的在于使"道之能喻而理之能明"。钱钟书认为，哲学在本质上并不眷恋隐喻，也不拘泥于形象，诗歌中的"词章之拟象比喻"不同于哲学，"诗也者，有象之言，依象以成言；舍象忘言，是无诗矣；变象易言，是别为一诗甚且非诗矣"[2]。但在人化文评里，诗歌、比喻、修辞可以和哲学相通，人化具体体现在文化和诗化的语言中，诗人先于哲学家，诗心、文心高于诗学、文学，诗歌是一种融合了音乐的艺术，具有感染心灵和熔铸情感的强大能量。在人文的生活世界里，"诗歌与生活相比更富哲学意味，而与哲学相比，则更富生活的情趣"[3]；诗歌重视用隐喻、修辞和巧妙言说来抒发情感，哲学也可以使用这些东西来烘托自己的义理。在历史上，柏拉图认为，隐喻以巧言代替真言，以矫饰损害真意，所以渗透着这种方式的诗歌是哲学的敌人，但柏拉图的《对话集》中充满了多种隐喻和修辞学的方式。德里达认为，哲学是自然语言的引申，隐喻和修辞在它那里必不可

---

[1] 夏承焘：《如何评价宋诗选注》，《光明日报》1959年8月2日。
[2] 钱钟书：《管锥编》第1册，第11—12页。
[3] Jaeger Werner, *Paideia: The Ideals of Greek Culture*, TR. Gibert Highet, Oxford: Oxford University Press, 1973, Vol. I, p.37.

免,在人文学科里,诗歌和文学完全可以成为哲学的盟友,因为借喻、隐喻、比喻等形式是人文通用的极重要的象征符号,诗歌可以用其寓托诗心,文学可以用其寄托文心,哲学也可以用其象征哲理。

在地球村的各个部落里,相对于中国而言,法国是一个较小的门户,这正像在欧美文化的滔滔巨浪面前中国文化显得仿佛小了一样。由于科学技术和人类社会的突飞猛进,地球相对变小了,住在这个村里的人可以相互串门和沟通概念,关于这一点,在西学和德里达的著作中或者可以用他者来言说。他者是和自我联系在一起的,这正像言说的意义是和言说联系在一起一样。地球村里自我和他者彼此交通信息,通过有来有往的了解和学习,相互之间都可以从对方那里得到许多东西。关于对方这个概念,在东方人眼里,拼音文化中有许多尖端的东西;在西方人眼里,象形文化中也有许多神奇的东西。

中国传统中所谓"忠恕之道"肯定影响过德里达。德里达晚年出过一本书,名字叫《世界主义和宽恕》,晚年他访问南非和中国时也讲授过这方面的观点。有人研究他的"宽恕"思想,并对他说:"你搜寻的回应性宽恕是不完全的宽恕,而实际是一种协商。这在本质上是佛学观念,你的著作中贯穿着双重否定的思想。你总是论证生命不能还原成两部分或者进行两分,更进一步来说,你却认为生命是一个处于两个反对点之间的无边无际的领域。你的著作已经和东方哲学位于同一个层面,你晓得它吗?"德里达说:"许多人已经评论过我的著作和佛学,特别是和禅宗思想之间的关系,但是,我必须坦然地承认,我仅有一点肤浅的佛学知识。如果佛学是一种超越双重反对的方法,那么,我会说,是的。"[1]

德里达接受过东方文化,特别是中国文化的影响,并肯定中国传统中超越双重反对的思想方法,这正像钱钟书自觉接受西方文化,特别是法国文化,并肯定法国文学思想对自己的启示一样。钱钟书和他的夫人杨绛有留欧三年的阅历,其中一年是在法国度过的。杨绛是专攻拉丁系语言文学的,钱钟书也酷爱法国文学,而且这种酷爱一直持续了一生。晚年钱钟书和杨绛同机访问欧美,杨绛留在了巴黎,钱钟书则前往纽约。在和哥伦比亚大学师生的交谈中,钱钟书析难解惑,汉语、英语、法语并用,令在座的各位大饱耳福。

夏志清曾说过:"中国人学习法文,读普通法文书不难,法文要讲得流利漂亮实在不易",但钱钟书在谈话中的一些法文成语、诗句,其"咬音之准,味道之足,实在令我惊异"[2]。钱钟书一生写过两部长篇小说,其名称都得益于法国文化的启发。其中未完成的长篇小说《百合心》受到法国著名作家波德莱尔作品的启发,书名脱胎于法文成语,这部小说的中心人物是一个女性,已经写了几万字,1949年夏天全家从上海迁居北京时,手稿全丢失了。钱钟书明言《围城》的创作得益于一句法国格言:Marriage is like a fortress besieged: those who are outside want to get in, and those who are inside want to get out. 关于内和外的思想,在来自法国故乡的德里达那里也显而易见。在《声音和现象》里,德里达对有关于逻辑和修辞的语言哲学进行了定位,他心目中的内和外的观念,正好和传统的内和外的观念完全相反。

---

[1] Kirby Dick and Amy Ziering Kofman, *Derrida*, *Routledge* (an imprint of Taylor & Francis Group), 2005. 所引文字由袁峰译成中文,第122页。
[2] 《钱钟书研究》第2辑,文化艺术出版社1990年版,第300页。

四、诗心、文心与才性解构

　　钱钟书著作中的诗心、文心不同于德里达思想里的结构、解构，但在诸学科的打通、会通和融通层面，二人有可比较之处。由于受胡塞尔现象学的影响，德里达在三十几岁时学术上已经有了某种定性，这种定性的基础主要是德国和法国的哲学（当然也包括文学）文化氛围。钱钟书也是在三十几岁时成为一个成熟的文化人，偏于文学的中学、西学在他那里得到了一种巧妙的融合，这种融合可以和德、法（当然也涉及英国）文化在德里达那里的融合相媲美，当然，德里达的哲理感悟与钱钟书文学妙悟存在着不同之处。在人文世界里，哲学与诗歌争风逞能的习气也投射到诗学中，哲学可以将诗学看作自己的科目，诗学也可以将哲理作为自己的内容。在潜意识里，诗人总是具有和哲学家一争高下的冲动，而哲学家则居高临下地看待这种冲动，哲理诗学通过诗心、文心来遥控这种冲动，诗学鸿儒也可以通过诗心、文心来执持哲理。诗者，持也，钱钟书通过诗心、文心来执持和结构一种"直接的魅力和普遍的意味"，而德里达则通过解构和摧毁一种"白色的神话"来开通一种哲理诗学。

　　天才总是眷顾年轻人，钱钟书的成名作《围城》和德里达的解构主义宣言都是在三十几岁时写成的。《围城》中有一首新诗："难道我监禁你？／还是你霸占我？／你闯进我的心，／关上门又扭上锁。／丢了锁上的钥匙，／是我，也许你自己。／从此无法开门，／永远，你关在我心里。"[1] 如果用德里达的理论批评观点定位，这首诗的内容应该在他的人文科学话语中的游戏范围内讨论。但是，到底是文

---

[1] 钱钟书著、赵家璧主编：《围城》，第72页。

学闯进了哲学的心,扭上锁又关上门,还是哲学闯进了文学的心,先解构后建构,这在钱钟书和德里达的著作中找不到直接答案。

任何富有诗意的游戏在人文科学话语中都是被控制着的,但诗心、文心控制文学的状况和逻辑中心主义控制哲学的状况有所不同。解构主义的控制是游戏性的上锁和解锁,当它和逻辑中心主义的"霸占"开战时,它实际上想解锁;当它和游戏、修辞结成同盟并用解构"监禁"文学时,它实际上又在上锁。进而言之,我们甚或不能准确地知道这其中是科学在"监禁"哲学,还是哲学在"霸占"科学,但是我们感觉到它在追求学科之间的打通和融通,这包括了艺术学科和科学学科的打通、融通。我们可以尽情地吸吮打通、融通中所挤压出来的甜美乳汁,但不可将解构的解锁和解构的上锁作过分的操弄和解读,因为搞得不好,这种甜美的乳汁就会变成毒液。按照《围城》一家之言,在专门程度上,哲学的权威性不及科学的权威性高;在通俗程度上,哲学的名气不及文学的名气那样大(参见《围城》第83页)。按照解构主义的观点:"一切的哲学,就其依赖比喻作用来说,都被宣告为是文学的,而且,就这一问题的内涵而言,一切的文学,在某种程度上说,又都是哲学的。"[1] 哲学和文学的关系有些暧昧,由隐喻媒介,哲学想通过文学使自己更生动一些;由追求普遍性意味,文学想通过哲学使自己更深刻一些。

隐喻、比喻、借喻等带喻的话语以及游吟、游艺、游戏等带游的话语在人文学科中的本领远不止于此,这些话语还能使逻辑学与文艺学携起手来。带喻诸话语要使人明白,这正像带游诸话语要使人快乐一样,但能使人快乐的活动并不都能使人明白,兼顾使人快

---

[1] 鲍德曼著、李自修等译:《解构之图》,中国社会科学出版社1998年版,第92页。

乐和使人明白的有效方式是调动和发挥兴趣的作用，因为兴趣、趣味中既有使人快乐的趋向，也有可能使人明白的趋势。严羽《沧浪诗话·诗辨》云："诗有别材，非关书也；诗有别趣，非关理也；然非多读书，多穷理，则不能极其至，所谓不涉理路，不落言荃者上也。"有关于逻辑学的"材"、"理"、"理路"并不直接与文艺学发生关系，这正像有关于文艺学的"书"、"趣"、"兴趣"并不直接与逻辑学发生关系一样。文艺的"别趣"、"别材"通过兴象和比喻在感性层面上与逻辑学发生关系。钱钟书认为，每一种比喻和"修辞的技巧都有着逻辑的根柢"，但文艺学中的诗心、文心规律支配着这个根底，"从逻辑思维的立场来看，比喻被认为是'事出有因的错误'，是自身矛盾的谬语"，"是割裂的类比推理"；从文艺学的标准来看，这种错误、谬语和割裂却有助于"不涉理路，不落言荃"的实现，钱学所谓"逻辑不配裁判文艺"[1]的观点正是就此而言。诗心、文心的解构、建构可以作为学科打通、融通的一个重要平台，新的文艺学完全可以利用这个平台，但是文艺引进这个平台的目的不是为了让文艺更具有科学性或哲学性，也不是为了让文艺去侵占其他学科的领地，而是为了让清冷的中学术语"在一次不断延期的性交中捅进文字的阴道"[2]。

人们应该了解到人文学科的解构、融通不只是西学一种话语渠道，而且西学这种话语渠道也不仅仅指欧美一方。钱钟书著作中的

---

[1] 钱钟书：《读拉奥孔》，见《钱钟书论学文选》第6册，花城出版社1990年版，第72—73页。

[2] 德里达语，转引自莫尼卡：《管锥编：一座中国式的魔镜》，原文载柏林出版的《Arcadia比较文学学报》第2期，1988年版。

所谓"二西之书,以供三隅之反"[1]是指中国、印度和欧美三种话语渠道的融合与沟通,德里达也常常从印度文化里吸取营养,例如,德里达思想体系里的关键词之一 iterability 中就有一些梵文的基因。多读一些或多思考一些已经被钱钟书用西方文化开了锁的中国文学和文化理论的资源,这不仅对于西学进入中学的诗心、文心有用处,而且对于人文学科如何应对逻各斯中心主义的挑战也会有所帮助。德里达生前以解构主义反对逻各斯中心主义,虽然我们不能说逻各斯中心主义在他以后已经被全部反掉了,但是我们的确从他的战斗和努力那里获得了一些灵感,这些灵感在钱钟书那里多以"具体的文艺鉴赏和评判"[2]的形式出之。钱学中的诗心、文心的确不同于逻各斯中心主义,德里达主义的追随者们如果能用十几年或者几十年的工夫去钻研钱钟书的著作,那他们也许可以从钱学的清冷中获得某种德里达生前想得到而没有得到的、事半功倍的东西。但钱学也不是一剂万能药,这正像德里达的解构主义并不能包治百病一样。钱学中的西学和中学都是在不断延伸着的文化符号,这种延伸在德里达那里可以被称为"延异",德里达为此还专门创造了一个西文符号。

在比特(Bit)风驰电掣于天下的时代,缪斯(Muses)女神也开始流落入俗散布于人间,虽然普赛克(Psyche)依旧在和厄洛斯(Eros)恋爱,但才人早已和学人分家。20世纪八九十年代《钱钟书研究》问世时,在第1辑的编委笔谈中,黄裳先生说:"古往今来,文苑中有才华横溢,写出了杰出作品的天才作者;也有埋首

---

[1] 钱钟书:《谈艺录》,1948年序(中华书局版),第239页。
[2] 钱钟书:《旧文四篇》,上海古籍出版社1979年版,第7页。

汗青，钻研不辍，在学术研究上作出了突出贡献的学人。一般的看法，认为这两者是截然异趣的两条不同的道路，走不到一起去的，也是不可得兼的。但也有例外，钱钟书就是才人同时又是学人。在进行钱钟书研究时，是不能不注意到这一特点的"[1]，到了第二辑，钟叔河先生认为，"学人好研究，才人亦好研究，唯独是才人又是学人的人不好研究"[2]。以上二位所谓"才人"指的是文人（literati），包括诗人、词人、秀才、小说家、戏剧家等。钱钟书在西南联大任教时写过一篇《论文人》的随笔，我在写《钱钟书的读书生活》时分析过他的文人论。在那时的那篇文章中，钱钟书就是在写美文的人的意义上使用"文人"这一概念的。但在《管锥编》中，似不应简单看待或等同"才人"、"文人"等概念，对此需要用法国人擅长的知识考古学的方法进行辨析和研究。

人文学科的语词具有家族相似性（family resemblance），如果选用钱钟书的话来阐释这种家族相似性，那可以说这是"心理攸通"的缘故。生命有关于才气存在，文学离不开才气，哲学不能脱离存在。在中文语境里，"生"和"生命"不是一个概念，和"生活"也不是一个概念。"生"具有客观性，"生命"具有方向性，而"生活"在具体的人那里只是一个阶段性的过程。德里达和钱钟书这两个客观生命被投掷到中国和阿尔及利亚（德氏后来到法国），他们不得不被动地接受这种来自外部的赋予和投掷，客观时空环境预设了他们的生命方向，直到他们走完了他们的全部生命历程为止。但是，对于人来说，"生命"和"生活"从来就不是纯粹客观

---

[1] 《钱钟书研究》第1辑，第3页。
[2] 《钱钟书研究》第2辑，第2页。

的。人是文化的动物,人用文化不断地超越和升华自己的"生命"和"生活",这是人这种生命形式高于其他生命形式的地方。人用可信的真、可敬的善以及可爱的美不断地塑造自己的理性和感性,相通的诗心、文心和不同的结构、解构融会成了偏于文学的人文学家钱钟书和偏于哲学的人文学家德里达,从综合的意义上来说,这两位文化巨人仿佛也具有某种程度上的家族相似性。

"才"这个符号具有深刻的人文意义,钱钟书的谈艺,德里达的解构,可以说都是对"才"的延异。草木之初生曰才,才是一种有生命的存在。这种生来就有的素质在西文 genius 里强调它的离奇性,中文对这种离奇性作了审慎的限制,因为天才的才既是天生的才,又是受天时限定的才。"才人"、"才性"这些人文术语都是从草木延伸而来,但言及草木适应天时而生,这恐怕只说对了一半。草木不可能在石头上出生,它们只能在有水分的土壤中出生,故才人的才和存在(being)的在关系密切,才是存在性的。存在的在从土,存在的存从子,子泛指人,人的存在投影于人文。就符号论而言,人文存在像一堆不在场的文字档案,有待于像德里达和钱钟书这样的才人(人文学家)去解构和发挥。钱钟书和德里达合著成了一部人文性的哲理诗学,钱钟书在这部哲理诗学中偏于才人的才艺和诗学,而德里达在这部著作中偏于才人的才性和哲学。

"才"是一个生命符号,对这个符号的解读涉及人文学的不同层面。早在22岁那年,钱钟书就在一篇《美的生理学》[1]的文章中主张将日新月异的科学,尤其是心理学和生物学的方法运用于文学

---

[1] 载《新月月刊》第4卷第5期,1932年。

批评中。在中国，美的生理学在后来未见得有长足进步，但文艺心理学和科学的文艺学在后来的几十年得到了很大的发展。德里达则在 29 岁那年的一篇讲演[1]中开始关注"生成与结构"问题，他发现生成与构成是不同的问题，生成涉及结构的本原，而构成有关于本体的结构。"才"是存在的生命，关系到结构的材料；"生"是生命的存在，涉及结构的性质。如果将结构看作才能的才，那是艺术家大展才华的领地；如果将结构看作才智的才，那是哲学家施展宏图的地方。

五、才性素朴与文哲话语

在文艺鉴赏和批评专家钱钟书的遗产里，留下了许多才性素朴的理论，直觉和敏锐告诉我，如此诸多理论只有在解构批评和文哲话语的强势撞击下才能爆发出更大能量。在中文语根里，"才"偏于草木之初生，具有素朴的基因性质。在理解它的本义时，可以从文学的角度联想"小荷才露尖尖角"这句带有文艺学韵味的诗，也可以从哲学的角度联想德里达的"手迹"（script）、"痕迹"（trace）和"延异"，当然，对前者的诸多术语的理解必须联系到现象学的本质明察，这正像对后者的诸多术语的理解必须联系到朴学的才性素朴一样。钱钟书对清代朴学涉猎甚深，《管锥编》序文说："敝帚之享，野芹之献，其资于用也，能如豕苓桔梗乎哉？或庶几比木屑竹头尔。"钱钟书视学问为"素心人谈商量培养之事"，素朴是钱

---

[1] 1959 年，德里达受莫瑞斯·甘地尔雅克（Marrice Gandillac）的邀请，在法国的舍里西·拉·萨尔（Cerisy La Salle）学院作了"生成与结构及其现象学"的讲演，该讲演稿发表于 1964 年的《生成与结构》杂志。

学的根本之一，因此对这段话应从朴学的角度解读。

素朴之学源远流长，例如，古代流行于波斯的袄教[1]视水、火、土为神圣。古希腊的泰利斯坚持认为水是万物的本原；赫拉克里特则把万物的本原归结于火，认为火生出了气，气生出了水，水生出了土。古印度的吠陀哲学亦认为宇宙起源于水，也有一些吠陀哲学家认为万事万物是由水、火等元素组成。中国古代的素朴唯物论讲究金木水火土五行，钱钟书耳濡目染中国文化，《宋诗选注》的注从水，《围城》的城从土，《管锥编》的锥和《谈艺录》的录（錄）都从金，《槐聚诗存》的槐、《七缀集》的集、《管锥编》的管和《谈艺录》的艺都从草木。钱著的书名绝大多数都建立在中国文化素朴之质的肌体之上，这绝不是一种偶然现象。

素朴偏于本质的话语，素朴之学能继承本质论之所长，对才性素朴的现象学解读可以扬弃本质论之所短。用文哲话语来说，在是才的空间，才是在的能量。解构主义认为必须想到存在的结构"不是一个中心，而是一个功能，在这个非中心的功能里边，无限数目的符号替换在进行游戏"[2]，这种游戏的动量来源于才能。符号"作为一个被意味了的标号，一个不同于它的意味的指号，总是在它的指谓意向中被理解和被决定"[3]，这种指谓意向也是才能赋予的结果。"符号概念本身不能超越可感和可理解之间的反对。在它的每一个方面，符号概念已经被贯穿在它的历史中的反对所决定。它唯一依靠这种反对和它的系统生活"[4]，符号的游戏充当了这种反对

---

[1] 即琐罗亚斯德教，俗称拜火教。
[2] 德里达：《人文科学话语中的结构、符号和游戏》，第395页。
[3] 同上。
[4] 同上，第396页。

的润滑剂，符号的游戏依靠的是代替，符号的代替是一个无穷无尽的广阔天地，符号代替的"结果是在密切地暗示着缺席，暗示着互补性的游戏"[1]。哲学利用这种缺席和互补性的游戏来自在地提升自己的哲理品位，文艺利用这种缺席和互补性的游戏来自由地升华自己的审美气质。人文科学利用这种缺席和互补性的游戏除了自发地丰富其内涵和变换形式以外，而且还能内外结合地调节自己内部所属诸学科以及它与自然科学、社会科学诸学科的不断发展的分分合合的联姻关系。

德里达的早期是从写作、书写文字的基础角度立论、审视语音中心的霸主地位和逻各斯中心主义，这正像钱钟书的晚年是从文言文体的应用角度立论、审视由现代白话文所负载的中西文论批评之融通一样。言语的言说在语体上经过两千多年的演变才将文言文说成了白话文，书写的书法在文体上也经过两千多年的发展才将笔墨文化转变成电码文化。按照德里达一家之言，起源于"鸟兽蹄迒之迹"的象形文字可能要高于拼音文字，这在根本上意味着手的创造、创作可能高于口的言语、言说。作为一种解构批评文化，"鸟兽蹄迒之迹"所留下来的符号具有现象学的素朴性，这种素朴性在德里达的理论那里渊源于胡塞尔的本质明察，胡塞尔现象学的本质明察，到德里达那里变成了解构主义。

才性素朴和文哲话语有着千丝万缕的关系。胡塞尔是数学博士，却以哲学成家，并在科学与哲学之间，创立了属于哲学的现象学。本质比现象深刻，比现象难以把握，但现象学比本质论先进，现象学对本质的直观明察也比本质论来得高明。在德里达看来，现

---

[1] 德里达：《人文科学话语中的结构、符号和游戏》，第392页。

象学的关键问题在于文本,不是声音文本,而是书写文本;不是言语文本,而是文字文本。声音文本或语音文本是在场的,书写文本或文字文本是不在场的,不在场的文本可以对在场的文本进行解构、超越。德里达解构理论中的建设性内容,可以和钱学中的诗心、文心建构联系起来考虑。西文语境中的现象偏于经验感觉,是感性直观的对象,而中文语境中的现象则强调外在事物与视觉映像的一体性。德里达钻研胡塞尔,翻译胡塞尔,胡塞尔的《几何学起源》被德里达翻译介绍到法国,这是他 32 岁时所做的一项重要工作。起源是一个令人头痛的概念,具体的科学家一般不会过多地在这方面浪费自己的精力,但哲学家能在这里找到意想不到的突破口。

在西方神话里,宙斯(Zeus)的神主地位是不可动摇的,这正像在人文科学里的哲学、自然科学里的数学有着难以撼动的霸主地位一样。数理哲学不同于数理逻辑学,数理哲学的人文性强于数理逻辑学,所以,海德格尔、德里达所推崇的胡塞尔的工作并不需要得到著名数学家兼数理逻辑学家弗雷格的认可。数学科学的哲学性与数学科学的逻辑性是不同的概念。弗雷格想从逻辑中导出算术、以建立算术基础的思路是数学科学的逻辑,而不是哲学。胡塞尔认为对算术现象可以进行本质明察,这种本质明察构成了现象学哲学的核心。胡塞尔在和弗雷格相关的领域进行着目的不同的工作,他的主体内性、主体间性等概念的建立为哲学的现象学化开辟了一个新纪元。

德里达精读过胡塞尔的早期著作,他的解构概念起始于胡塞尔,解构主义的思想体系早在德里达钻研胡塞尔《算术哲学》、《关于数的概念》和《几何学起源》时就具有了萌芽形态。数、算术和几何等虽不是素朴概念,但具有素朴的质性。事物数量的多少、空间面积的大小及其加减乘除关系,关系到朴学的科学性,哲学的现象学方法就是要对这种质朴的本质进行直接的、直观的把握,并从中获得启示。人文学就哲学而言,总是徘徊于本质与现象之间,就学科而言,总是徘徊于科学与语文之间。如果说早年胡塞尔在《几何学起源》里想把哲学变成"严格科学"的想法目的是为了缓和科学与人性之间的危机的话,那1962年德里达在导论《几何学起源》时则增加了自己的想法,他受到了尼采的影响,解构概念在孕育时就被赋予了某种超人意志的基因,而且这种基因开始从数学科学向语言文字转化,双重增补的概念进入了他的视野。钱钟书的著作也多次使用增补,增补在钱钟书那里是科学的、传统的、实证的,而双重增补在德里达那里是哲学的、现代的、辩证的。

到了1967年的《论文字学》时,德里达想澄清传统逻辑矛盾为最现代的语言学和社会科学的概念机构编程这个复杂问题,这使得他从科学的素朴开始走向人文科学(human science)之素朴,他的现象学哲学中的存在主义结构也逐渐演绎成了后结构主义之解构。这一年,德里达出版的另外两本书也具有相通的思想。使尽浑身解数的德里达基本上用这三本书主导了自己的一生,他承认自己那时被搞得筋疲力尽,身体已经相当虚弱,但他确信从自己的著作里得到了足够的能量,从成功中得到了前进的动力,所以自己能够继续保持研究计划。72岁时,德里达不无深情地回忆说:"人们对我和我的著作是慷慨的,没有这种慷慨的话,我可能会倒塌下去。"[1] 显然,不仅仅是德里达为人文科学和

---

[1] 纪录片《德里达》,第121页。

社会贡献出了一个新的视觉和一套文哲话语,而且,人文科学的社会氛围和文化人的热情同时也在烘托、滋养并支持着德里达的成长。

钱钟书和德里达都是守身如玉的学者,但钱钟书在这方面比德里达有过之而无不及,这也是我用冷热来权衡他们的原因之一。德里达做学问非常重视"反对"这个概念,让我们借用德里达的思想从热冷反对方面对钱钟书和德里达进行一些比较分析。中学冷,西学热;本源冷,前沿热;典籍冷,媒介热;文评冷,文学热;文哲冷,文论热。依照我的判断,在这五个有关于冷热的层面,至少前三者的冷都被钱钟书占据了。按照德里达的思想方法,我们可能有必要将热冷问题置入能够发挥功能的反对的系统中,钱钟书的学问有一种冷化的特点,在主流方面,他从西学的热走向中学的冷,从前沿的热走向了本源的冷,从创作的热走向典籍的冷,从文学的热走向了文评的冷,从文论的热走向文哲的冷,从使用白话文的热走向使用文言文的冷。德里达喜欢隐喻还原,隐喻还原也具有冷的特点,但和钱钟书相比,德里达呈现出热的特征。德里达是一只骄傲的略显浮躁的公鸡,而钱钟书是一只默默无闻的母鸡,这只母鸡只知道固守在巢窠里生蛋,而不愿意鼓噪喧哗于媒介荧屏。晚年,虽然钱钟书的小说被搬上了荧屏,但钱钟书本人拒绝频繁地出入于媒介,特别是拒绝自己上电视荧屏。德里达也有类似于钱钟书的特征,但德里达生前已经抵抗不住媒介的种种诱惑,或者说,他本人同意了利用媒介来传达自己的理论的热的功能,德里达晚年还与时俱进,亲自拍马上阵,参与拍摄了一部名叫《德里达》的传记纪录片。

六、人性与人文性

人性与人文性是不同的，人性与生俱来，人文性与心俱来。心与生是不可分割的，正像心性、生性和习性乃不可分割一样。人不可避免地区分为男性和女性，正像人文不可避免地区分为物质文化和精神文化、文艺不可避免地从风格上区分为阳刚和阴柔一样。德里达著作的一个英译者理查德·兰特在回应关于"你所想象的银幕上的德里达应该是怎样的"时这样说："因为德里达是男人，所以他的银幕形象应该是女性，我会让这部电影围绕着这个女性进行。她是一个热情的女性，电影覆盖了这位女英雄生命历程的大部分。让我们允许她有许多追求者，他们和她在恋爱，她保持着和他们每一个之间的关系，他们每一个也完全感觉到自己在被挑选着。这种情况持续了好多年：一些关系简单结束了；一些关系会里里外外地交织在一起。为了拍好这部有趣的电影，必须使用一些逼真的方法把这些东西结合在一起。影片结束时应该显示出一点倾向性，有一个男的比其他的更有希望，这种情况发生时你会晓得它发生了。影片应该寓托女英雄无限地关注自己的种种追求者，但是应该只有一个她会对他更忠实。"[1] 我们还可以对兰特的回应进行学科方面的发挥：德里达一生著作等身，语言学、形而上学、政治学、伦理学、宗教学、精神分析、文学、艺术、翻译等学科都留下了他勤奋追求的足迹，但在所有他追求的学科中，投入精力最多的应该是哲学，毫无疑问，哲学学科是德里达的梦中情人，这与钱钟书主要钟情于文学创作、诗文鉴赏、文艺批评和波兰壮阔的学术研究有所不同。

---

[1] 纪录片《德里达》，第 44—45 页。

人性有机地渗透在人文的性情之中，这正像好色有机地渗透在希腊神话诸神的性情中一样。情性是哲学和文学中的大问题，钱钟书和德里达都对这个问题作过深入思考。钱钟书"文革"期间参加过七个月的劳动改造生活，那时在劳作之余，他曾经津津有味地阅读过一部德文原文版的《马克思、恩格斯书信集》，1979年4月钱钟书访问纽约的哥伦比亚大学时，他曾经对夏志清教授说，他对马克思的性生活很有发现和研究。过去，也有人问德里达："如果你观看像海德格尔、康德、黑格尔这类哲学家的文献片，你喜欢在里面看什么？"德里达沉默了一会儿，然后回答："他们的性生活。如果你想要一个活泼的答案，那么，我喜欢听他们讲自己的性生活。什么是黑格尔或者海德格尔的性生活？"对方问："为什么？"德里达说："你想要一个活泼的答案；你不想要一个公正的答案。因为这是他们不讲的事情。我喜欢听他们拒绝讲的事情。为什么哲学家在作品中不表现自己的性感？为什么他们在作品中削减掉了自己的私生活？为什么他们不讲个人的东西？爱情比私生活中的其他东西更重要。我不讲拍摄一部关于黑格尔或海德格尔的淫秽片。我想要他们讲爱情在他们的生活中所起的作用。"又问："你会想到人们也会问到你那样的问题吗？"德里达说："是的，我从来不说我会回应那样的问题，但是，我的作品中已经涉及了这些东西。我伪饰了它们，我没有用像你提说到的哲学家的同样的方法去做，我当然和大家一样假装了。但是，没有用同样的方式。所以，为了回答你的问题，我是非常感兴趣听其他哲学家讲这个。那不是说我会告诉你，纵然你是在问我。"[1]

---

[1] 纪录片《德里达》，第105页。

人性的主体不就是人的性生活，但人的性生活无疑在人性中占有重要位置，这正像性感在人的生命活力中，同时也在人文的鲜活力中，特别是在文艺的生动性中占据着重要位置一样。在人文科学各部类中，哲学的性感是最差的，哲学之性理挤压了性感，这正像文艺之性感推排了性理一样。图像化的纪录片给人们的视觉打开了一个可感的认识和了解哲学家的窗口，正像情感形象化的诗歌和小说为人们的阅读打开了一个认识和了解文学家的窗口一样。但是，可感的并不是性感的，这正像人文的并不是文学的一样。一般人可能会知道哲学家黑格尔、海德格尔的名字，但他们并不过多关心哲学家的理论。普通人的好奇心期望着看到哲学家的性生活，但哲学家的好奇心却将人的性生活看成是一堆混乱的动作。钱钟书的《围城》同样伪饰了自己的生活，当然他没有用德里达那样的方式伪饰，《围城》和《围城》中的哲学家、文学家虽然不能机械地和现实中的钱钟书挂钩，而且更不能简单地和德里达牵涉，但可以有机地、人文化地、富有弹性地和现实生活中的人放在一起言说。据我不完全的了解，国内已经去世的几位权威钱学专家普遍认为，而且新一代的钱学新秀大致也都会同意，钱钟书最主要的学术贡献是关于诗心、文心。德里达的著作中虽然没有使用诗心、文心这些有关东方学的概念，但他的解构主义思想是和钱钟书的追求连通着的。从连通的方面考虑，用胡塞尔、德里达的话语来言说，有关于诗心、文心的思想在钱钟书那里是偏于主体内性的，在德里达那里是偏于主体间性的。

人文的言语性比人性虚化得多，言文常常在社会的实际应用中批判并克服虚幻之不足。在社会科学的领域内，语言总是"在自己的范围内承担着批判自己的必要性"，并且"只要自然和文化的反对的限制本身被感觉到"[1]，人们总是会想到去质疑或感悟诸如文艺学中的诗心、文心，人类学中的乱伦禁忌等概念，这种质疑和感悟永远没有结束的时候，虽然在这些词的古典的意义上，学科的分别并不会来得那么明显。对于德里达来说："着急于铸造整个哲学史的概念，并且解构它们，这不是要从事语文学家或者古典哲学史家的工作。尽管表面上相似，但是实际上，它却在哲学史之外沿开辟了一条极为大胆的道路。"[2] 和钱钟书立足于内来把握内外关系有所不同，德里达是要从内冲向外，"外沿哲学的这一步比一般的想象更难觉察得多，因为一般的想象来源于那些在长时间以前带着骑士的悠闲做它的人，并且这些人一般地被吞没在他们主张分离这个的整个话语体的形而上学当中"[3]，外沿哲学没有这种弊病，外沿哲学由于有一种大胆和精心设计的理念使得它避免了这种弊病。

由文心感悟人性，文人比学人更敏感；由文理了解人性，学人比文人更在行。《围城》中有许多人性感悟的哲理，兼擅了文人和学人之所长，但《围城》中的哲学家褚慎明不会崇拜德里达的外沿哲学。褚慎明是一个内性的心灵哲学家，褚者，储也；慎者，谨慎、慎独也；明者，本质明察也。慎这个形声字也可以从象形的角度理解，慎者，真心也，真心于本质明察也，就此而言，褚慎明也可以称得上是一个现象学哲学家了。钱钟书虽然对褚慎明这个形象进行了无情地嘲讽，但褚慎明这个人物并非不反映钱钟书的思想，褚慎明的一些言行在某种程度上可能折射了一些钱钟书的思想。文艺的人文性不同于哲学的人文性，文艺的哲理在感性氛围中将人文

---

[1] 德里达：《人文科学话语中的结构、符号和游戏》，第399页。
[2] 同上。
[3] 同上。

之性理文学化了。所以，更进一步，在某种程度上，西方著名哲学家德里达的思想也不是不可以和东方文学名著中的哲学家褚慎明的思想放在一起来言说。

我们可以先用笛卡尔的方法将人文中的文心概念破解成符号和符号的指谓，将诗心概念破解成游戏和游戏的意味。然后，我们发现，结构主义者斯特劳斯在研究神话时提出了一个方法论的问题，笛卡尔为了解决问题而将困难破解成许多必要的部分的原则在大多数人文研究里是无法贯彻的。因为"破裂的过程一完成，对于方法论的分析就不存在一个真正的结果，也无法抓住那个被隐藏的统一性。主题能无限地被分裂。正当你考虑你已经清理并分开了它们的时候，你又认识到，为了呼应这个意想不到的共鸣作用，它们又再次纠结在一起"[1]。

人性喜欢用自己的视觉窗口来把握各种语义符号，也喜欢身心悠闲地进行各种文化游戏。符号和游戏都是可以感知的视觉系统，符号的指谓和游戏的意味是可以理解的灵魂结构。"事实上，一个人不能察觉一个没有组织的结构。有组织的中心的功能不仅决定方向，平衡和组织结构，而且首先要确定结构的组织原则，使其对结构的游戏进行限定。通过定方向，组织协调系统，结构的中心允许整个形式内的因素进行游戏。甚至在今天，缺少任何中心的概念象征着不能思想本身。"[2] 然而，德里达的目的并非为了强调结构的重要性，德里达所强调的是对符号和符号的指谓、游戏和游戏的意味进行双重超越的可能性，对于这种可能性的把握，还得结合钱钟书

---

[1] 德里达引斯特劳斯语，《人文科学话语中的结构、符号和游戏》，第402页。
[2] 同上，第393页。

的有关文心、诗心、通感和性情等概念来理解。

人不能无性，故人文作品也不能无性，但人性和人文性是有区别的。人性是生命的本性，人文性是生命的升华。钱钟书所谓"人是无毛两足动物"是从生命本性上说的，钱学中所谓诗心、文心是从生命升华角度说的。诗心和文心既可以从文学角度理解，也可以从哲学角度理解。德里达在法国教哲学，首先要讲的就是"哲学是什么"，"哲学这个词是什么意思"，这就不能不牵扯到古希腊人的爱智。但爱是什么？智又是什么？这就有些复杂了。中文繁体"愛"字内有许多关于心爱或爱心的秘密，更古的"文"字内部也有一个"心"的指号，"情性"一词中更是饱含着生命精神的爱心氛围。按照逻辑推论，钱钟书会认为哲学家是有性动物，但德里达认为，传统的哲学家多不在作品中表现性感，哲学家的作品多是无性的。褚慎明认为，人性中有天性和兽性两部分，而他自己的性情全部被天性统治着。"天性"这个中文术语中同样包含着自然和文化的反对，我不知道天性的是不是无性的？如果是无性的，那褚慎明这个文学家笔下的哲学家就更接近于著名哲学家德里达心目中的哲学家；如果天性是有性的，那黑格尔、海德格尔的私生活应该是有性的，而且哲学家德里达喜欢看他们银幕上的性生活也是可以理解的。

在中文语境的早期，爱和智并未形成动宾关系，但西文语境中的这两个字早在希腊时期就凝合成了一个人文术语，并让这个术语担当起哲学的重任，这正像 meta 和 physics 在那时稍后已经融合成了一个术语，并让其成为哲学中的一个部门一样。儒家人文中的仁义礼智信可以从内性的爱智层面理解，也可以从外沿的社会规范角度理解。德里达会倾向于认为，爱智包含着爱对智的友好态度或欲望，同时也包含着智对知识和技能的心领神会。爱智的人正因为爱智，所以不得不审视哲学的本义，但是，因为每一个哲学家都要对哲学下定义，所以哲学的字源意义常常会被丢弃，这是哲学家在讨论哲学的本质时会出现的特点之一。

在文哲研究内部，相同的或者不同的各种因子或者学科总是在进行着激烈的搜寻和争夺，德里达现象本身就是搜寻和争夺趋向白热化的产物。只要我们搜寻存在的本义，我们就会找到公元前1世纪安德罗尼柯编辑的亚里士多德的一种著名文章，这种文章涉及事物的本性、本质以及它们发生发展的原因，安德罗尼柯将这些文章放在《物理学》之后，但是它的内容是有关于哲学的，具体地说，是有关于哲学的辩证分析和批判。分析是争夺的前提，而批判是争夺的深入，早在西方的亚里士多德时代，批判和争夺就开始了，但那时亚里士多德批判的是柏拉图，争夺的是哲学的话语权，亚里士多德想重新确立一种对象。经过安德罗尼柯之手所成就的形而上学，意想不到的在亚里士多德的哲学中播下了纷争和矛盾的种子。

中国人很早就发明了"哲"这个汉字，它在先秦时也常被写成"悊"，"悊"这个语符强调"心"、"心灵"在哲学中的作用，而心灵的作用就是用头脑思想的功能，安德罗尼柯所编辑的书后来之所以被中国人借用《系词》"形而上者谓之道"的话语译作"形而上学"，那正是"道"内部包含着用头脑思想的意义的缘故。亚里士多德的文章虽然在文名上叫"形而上学"，但是就内容而言，它却处处"都是辩证法的活的胚芽和探索"[1]。中国魏晋时期辩证法比较发达，所以，"形而上学"译作玄学也未尝不可。宋明时出现了

---

[1] 《列宁全集》第55卷，第312页。

陆九渊、王阳明那样的心学哲学家,心学就形式而言,它在风格上更偏于亚里士多德批判的形而上学,但在内容上它也包含了许多可以和亚里士多德的辩证法能够相互通达并且相互媲美的东西。

虽然全部的社会现象和思想概念都能够被语词表达,但哲学、玄学、心学和形而上学的外延和内涵依旧很难严格界定。德里达的文哲研究选择解构、延异,钱钟书的文论研究抉择诗心、文心,这是智慧在不同学人那里表现出的不同形式和愿望。《围城》中的褚慎明盼望自己能成为全是心灵的人,这也只是一种形式和愿望。人文如果不脱离爱心,那文学的爱心表现为有性的爱情,而哲学的爱心表现为无性的爱智。包括德里达和钱钟书在内的人文知识分子都是由心性铸造成的,心性包含在他们的工作成就中,包含在他们的言行学问中,包含在他们的文字文本中,包含在他们从文论向文哲或者从文哲向文论的打通中,这是人性和人文性呈现在人们眼前的全部真实。

七、宏通才能的形成

德里达和钱钟书都有着超人的宏通才能,当然,他们所宏通、打通、通达的范围以及方法有所不同。钱钟书的学问、特别是他在《管锥编》中的学问,的确是在着力于打通、贯通,经史子集的打通、贯通,文学、历史、哲学的打通、贯通,古今中外的打通、贯通,各种艺术门类的打通、贯通。虽然,的确钱钟书有信心、有能力在他着力的地方尽量将其锥通、融通,但由于时空、社会、资料、条件以及人的精力等多方面的限制,学问更有许多打不通的地方,对此,《管锥编》(当然也包括《谈艺录》)的体例有从容的回旋余地，钱钟书可以像唐僧入定一样徘徊于自己所圈定的学术王国。

德里达的学问也有自己的领地，他无疑也追求打通，在少于钱钟书 14 年的生命历程中，他写了那么多书，内容涉及哲学、文学、科学、心理学、历史学、宗教学、人类学、政治学、伦理学、法学、建筑学、美学等学科。德里达在学科的打通上到底达到了什么程度，这是需要深入研究的问题。我只是想指出一点，在某些方面，特别是在哲学和文学的关系方面，德里达所向往的通似乎比钱钟书更迫切，更富于激情，也更躁动不安，这也许与他的出身与种族基因有关。出生于阿尔及利亚犹太人家庭的德里达幼年时曾被惊吓过，他梦中的"妈妈，我害怕"的呼叫直到父母亲让他睡到更接近他们时才会停止，这和幼年钱钟书所受到的百般呵护形成了鲜明对照。第二次世界大战给钱钟书和德里达的心理都造成了创伤，但这种创伤所造成的震荡在他们二人那里的表现同中有异。

德里达是在童年时期经历了第二次世界大战对他的惊吓，但是，他晚年认为："在这次战争中我所体验到的艰难根本不能同发生在欧洲犹太人那里的事情相比。在阿尔及利亚有可怕的反闪米特主义，并且全部的犹太人被从学校里赶出来，但在这个国家没有德国人，没有集中营，没有犹太人被大量驱逐的情况，当然，迫害依旧在发生。当我从学校里被驱逐出来时，没有人向我做解释，我成了另类的孩子。"[1] 第二次世界大战给德里达的童年带来了一些苦难，搞不清人类为什么会有种族歧视的少年德里达，在那时默默地承受了两次被驱逐出学校的痛苦。这种经历给他的心灵造成了一些

---

[1] 纪录片《德里达》，第 119 页。

影响，同时也给他的思想中播下了怀疑精神的种子。

钱钟书生命的前二十几年出现在第二次世界大战之前，而且，从小学、中学到大学，他似乎都是在令同龄人企羡的生活中度过的，在这方面，德里达几乎无法与钱钟书相比。汉人和犹太人是完全不同的两种民族，但在"东海西海，心理攸通"的全球化视野中，作为文化符号的钱钟书和德里达，其共通性的阐释价值可能会高于实证举例之研究价值。按照唯物史观，德里达和钱钟书被投掷到这个世界上，首先是按不同的文化氛围接受外部环境所赋予他们的塑造，这是任何人几乎都无法选择的一种塑造，知识分子名言中的"先天下之忧而忧"的"先"这个字是可以作为引言来叙述德里达和钱钟书的塑造。钱钟书诞生那年，友人送来一部《常州先哲遗书》，家人从中择取"先哲"二字，命名钱钟书"仰先"，字"哲良"。德里达不是出生在一个知识分子家庭，德里达的父母从来不会感兴趣德里达后来所写的那些书和文章，但这并不妨碍他们早先经常带着孩子们去犹太教堂，并赋予德里达一个犹太教"先知"的名字，虽然这个名字未写在出生证上。德里达的父母模仿犹太教先知"以利亚"（Elijah）之名给德里达起了一个秘密的名字"以利"（Eli）。被赋予钱钟书的"仰先"，是敬仰"先知先觉"，此"先知先觉"在中国文化中不具有宗教色彩。被赋予德里达的"先知"（prophet）的名字，暗含着所受上帝的启示，而且要传达上帝的旨意。

后来，钱钟书的父亲为了箴诫儿子性格上的不良矛头，改其字为"默存"。"哲良"的儒学氛围浓郁，而"默存"则回归于道家。虽然幼年钱钟书的名字充满了哲学意味，但实际上文学更多的主导了他幼年、童年时代的生活，《水浒》、《西游记》、《聊斋志异》、

《林译小说丛书》等新旧小说成为他主要的精神食粮。就喜欢文学而言,德里达的情况和钱钟书比较相似,所不同的是德里达小时候必须经常去教堂。他喜欢教堂音乐,但不喜欢做礼拜,他在幼小的时候就开始对宗教进行反抗,不是以否定和无神论的名义反抗,而是在情感上抵触。他感觉自己的家庭在教堂里的活动充满了误解,并且认为那些翻来覆去的宗教礼仪是些无意义和令人讨厌的东西。婚后生子,德里达也没有按照犹太教习俗给自己的儿子做割礼,这种极大的冒犯过他的父母亲的行为却自然地发生在德里达那里。

西方先进文化同时影响了钱钟书和德里达的童年。德里达13到15岁时阅读了许多书籍,特别是法国文学和哲学方面的书籍。他写的第一篇小说内容是关于盗窃日记簿和敲诈钱财的故事。这时接触尼采和卢梭的著作,虽然并不能读懂,但他能认真地摘录和作笔记。尼采和卢梭成了德里达心中的上帝,虽然尼采强烈地反对卢梭,但德里达热情地爱上了他们两个,并天真地想象着自己有一天能把他们的思想调和起来。事实上,德里达的确在某种程度上吸收并调和了卢梭和尼采的思想,他不但吸收调和了此二人的思想,而且在更广泛的程度上还吸收和综合了弗洛伊德与海德格尔等人的思想。钱钟书在13岁那年考入美国圣公会在苏州办的桃坞中学,在那时,先是林译小说吊起了他学习外国文学的兴趣,他梦想着学好英文,然后在痛快淋漓地去阅读西方小说,此后是由严复译介的《天演论》对他的冲击,严复的译笔好,才思犀利,一部《天演论》,使得钱钟书由学英文延及学翻译,乃至学生物,许多相关学科方面的兴趣,都在此时被激活了。钱钟书的《七缀集》中所收录的"林纾的翻译"这篇著名的论文,其中许多思想头绪的蛛丝马迹都能在他幼年、青年时期的生活中找到。西学同时向两个天才学童敞开了自己的胸怀，钱钟书是在幸福的家庭氛围中吸收着各种甜美的乳汁，而德里达则是在流浪和拼搏中憧憬着自己的未来。

在接受大学教育方面，德里达也不如钱钟书来得顺利。钱钟书19岁报考清华大学，虽然说数学成绩糟糕，但他的语文和英语名列前茅，罗家伦校长破格录取了他。德里达19岁到巴黎求学，连续两次考试都被法国高等师范学院拒之门外。存在主义哲学家加缪，也出生于阿尔及利亚，1939年到法国。加缪认为：人生是荒谬的，人不能理解世界，但又不能屈服于这个世界，人只能以反抗的方式去肯定人生，给人生以价值，人生活动就像希腊神话中的西西弗斯（Sisyphus）一样，先推石上山，然后石头滚下，再推石上山，又从上滚下，永远如此。德里达在广播里听到了加缪，他再一次开始了与命运的抗争，第三次报考法国高等师范学院，终于被校方接受。尽管存在主义与命运抗争的思想让德里达尝到了甜头，但他的哲学观点并不拘囿于存在主义的藩篱之内。德里达从对自己影响较大的存在主义哲学家萨特那里发现了许多问题，他不满意萨特对黑格尔、胡塞尔和海德格尔的误读，他对出现了这样多误读的哲学家依旧能够在他的时代产生巨大的影响感到不解。

对于钱钟书和德里达来说，博士学位本身就是一个梦魇和丰富的人生阅历。钱钟书27岁时得到副博士学位，他在回国时面临着没有博士学位头衔的压力，钱钟书将这种感受都写进《围城》里了。文凭和文化一样，"可以遮羞包丑；小小一方纸能把一个人的空疏、寡陋、愚笨都遮盖起来"[1]。德里达27岁时计划读博士学位，他博士论文的原题是："文学对象的理想性"，事实上，这篇论文根

---

[1] 钱钟书：《围城》，第9页。

本就没有被完成。德里达50岁时进行博士论文答辩,所依据的是《声音和现象》、《论文字学》、《写作和差异》以及其他文本中的内容。没有完成原来题目的原因是,德里达精读了胡塞尔的著作,他察觉到自己必须首先贯通写作、分延方面的问题,这些问题过去在博士论文的原题中从未被提出,更不要说解决了。

在生命的晚年,对于钱钟书来说,存在着一个不愿意带博士研究生的问题;对于德里达来说,存在着一个英国剑桥大学授予荣誉博士学位的风波问题。德里达勇敢地追求学问的解构、综通,但在更严谨、更专门化的学人眼里,他的解构、综通有许多半通不通的地方。反对德里达的人写道:"在轻率任性的岁月里",解构主义的奠基人"对理性的价值、真理和学术成就进行了半通不通的攻击"。[1] 有数量不少的人反感德里达对理性的攻击,但大部分人还是承认了这种攻击在人文哲学联姻于文学而不屈服于科学方面的有效性,这正像民主投票可能会存在着真理的缺席,但相信民主选举的真确性的人的数目依旧多于不相信它的人的数目一样。德里达最后以336∶204的投票结果赢得了荣誉博士学位,这种赞成和反对的票数比也大概反映了解构主义批评在过去几十年乃至当今世界的命运状况。

八、象形符号和解构主义

德里达有一本《论文字学》,其中书名中 grammatology 这个词

---

[1] 这是反对授予德里达荣誉学位的教授联名致伦敦《时报》中的措辞,参见何佩群译:《一种疯狂守护着思想——德里达访谈录》,上海人民出版社2006年版,第232—233页。

的前半部分在希腊词源里与"书写"有关，在英文里是"语法"的意思。从法语转译来的这个词在中文里迫不得已被译成了"文字学"，这的确是个问题。不管怎样，"书写"总是能让我们联想到中文语境里"从手持中"（既是许慎对"史"的语义的解释，也可以看作"史"的书写字形或者有史与书写合一、乃至文字与历史同一以及文史合一）的象形。如果能把象形符号记下来，那涉及能记和所记两方面的问题。能记的是语音符号，用口耳传递、交通和接受；所记的涉及语义符号，用目心接纳、想象和思想。亚里士多德在《论解释》里认为，"说出来的是精神经验的符号，写出来的是言语的符号"[1]。德里达反对语音中心主义和亚里士多德的说法，他认为，普遍性的"写"早于直接性的"说"，手的功能早于口的功能，"从手持中"的象形比"从手持中"的符号更根本。在人文和哲学的根本问题上，德里达强烈地坚持书写和象形的思维取向，这与上个世纪前多半的几十年中国文字强烈地坚持拉丁式的拼音化之取向完全不同。

德里达生活在拼音文字的故乡却企羡源远流长的象形（trace）文字并企图用解构主义的文字去消解结构主义的言语，这正像钱钟书生活在象形文字的故乡却羡慕拼音文字并考入国内的外文系还留学英法学习外国文学一样。德里达的象形文字的知识水平不能和钱钟书相比，这正像钱钟书的拼音文字的知识水平不能和德里达相比一样。因为受时空限制，人的知识总是有长有短。不知道再给德里达十几年生命，他的东方文化的知识是否就会和钱钟书的西方文化的知识一样多。老子说，"反者，道之动"，20世纪的法国人可能

---

[1] 德里达：《论文字学》引，英文版，约翰·霍普金斯大学出版社1997年版，第11页。

深刻地理解了东方哲人所留下来的这五言句的精髓，要不，他们的学问中就不会有那么多造反精神。造反精神与批判精神虽有相通之处，但不同于批判精神，前者非理性的成分多，后者理性的精神强。黑格尔认为中国语言中缺乏思辨精神，被钱钟书斥之为"无知而掉以轻心，发为高论"，此乃"老师巨子之常态惯技"[1]，这里透露出的是理性的批判精神，而不是造反精神。胡塞尔对现象着迷，并对其进行合乎理性的探讨，以便能为哲学提供一个可靠的根据，这也是批判精神。但尼采不是这样，尼采宣布神死了，信仰神的人也死了，所以，应该缔造一个"超人"，这显然是一种造反精神。法国的福科、德里达等人接受了尼采的影响，他们的著作和思想中都有造反精神和非理性主义的影子。20 世纪 60 年代，当好学的美国人准备积极引进法国结构主义时，德里达站出来说，结构主义在法国已经终结了，这显然是套用了尼采的话语逻辑或接受了尼采思想的影响。善于造反和创新的美国人基本上听信了德里达的话，尼采的思想在法国德里达化之后，德里达的思想又开始在美国流传并不断影响到文学领域，斯皮瓦克使德里达的文哲研究在美国文学理论化，米勒使德里达的文哲研究在美国文学批评化，这差不多用去了几十年的时间。

在中文语境里，"生"（bio）这个源于草木之生的象形符号的关键性是不容置疑的，这正像生命，特别是人的生命存在于地球上是不容置疑的一样。在西文语境里，生物学（biology）和记载人生的传记（biograthy）、物理学（physics）和有关人体的生理学（physiology）相关或同源。人文的语言是堆垒演化成的，这正像生

---

[1] 钱钟书：《管锥编》第 1 册，第 2 页。

命是堆垒演化成的一样。齐梁时期"神与物游"这个文艺学命题中的"物"，在中国文化的早期是指牛这种生物，后来泛化成了万事万物的物。西语中的"自然科学"，在古希腊时期就是 physic 的意思，到了后来，物理学却成了自然科学的一个部门。语义符号和象形符号有许多交通和错位，拼音文字和象形文字也有许多交通和错位，这正像宏通研究中的人文与人生、解构主义和结构主义有许多交通和错位一样。人文在钱钟书看来是和人生紧密相关的。钱钟书的老师吴宓给清华学生开课讲授《文学与人生》，他引用冯友兰的话说："先持一种文学上的主义而欲写某种的文学，这个人一定不是真的文学家，他的作品，决不能成为上乘，一种哲学或文学之能有动人的力量，全靠他的作者的真知真情"[1]，"写在人生边上的随笔、热恋时的情书"（钱钟书《一个偏见》），都应该属于这种真知真情。

德里达在 1972 年出版了一种著作叫《撒播》，撒播是一种隐喻，包含着"生"的哲学；撒播又是手的动作，与"写"紧密相关。"从手持中"在文学那里强调作者所体验到的真知真情，所以，它是对历史的记忆；在哲学那里强调心物交融的分延，所以，这有可能导致历史的遗忘。历史这个概念在法国学者那里蕴含着足够多的警惕，福科将历史考古化，德里达认为，"考古论者总是企图依据超越游戏的完全在场的基础来设想结构"，所以，他们是"结构的构造性的还原的同谋犯"。[2] 解构主义将矛头直接指向这个同谋犯，也就是指向了结构主义本身，这正像德里达的热情过多地倾注于人

---

[1] 《吴宓集》，第 143 页。
[2] 德里达：《人文科学话语中的结构、符号和游戏》，第 394 页。

文科学话语中的符号、游戏，这就决定了他的哲学就必然地要强调变化、差异、延异、要和文学联姻并从中吸取灵感一样。

"从手持中"作为写的象形，既意味着人的性灵在自然和历史的搏斗中开始流浪、飘荡和冒险，也意味着人文的魂魄在言语和文学的撕扯中重新旅行、婚嫁、再生和变异。写作既意味着"生"，也意味着"死"，还意味着"变"，这正像文化的"化"这个语符在中国语境中既意味着"生"，也意味着"死"，还意味着"变"一样。写下来的文字追求有生气的意义，但丢掉了说话时具体的声气，所以，所写的东西具有"遗嘱"的意味，这种意味使德里达想到了不在场的经济学。经济学（Economics）和生态学（Ecology）在西语语境中同源，都与环境有关。环境是人的居处（eco 在古希腊的语根中是住房的意思），文字是人文的居处。Eco 等同于中国语根中的"交覆深屋"（许慎语，即现代汉语中的"室"字盖），人文、文字以及包含在它们内或者由它们构成的无数的学科就隐藏在这个"交覆深屋"中，福科所创立的知识考古学能够被用来发掘这里的宝物。继福科创立了知识考古学之后，德里达在研究写作的哲理时又提出了文字在某种意义上具有一种"遗嘱"意味的经济学内涵，普遍的异己性的写作创造了一种具有"遗嘱"意味的经济学。知识考古学是偏于历史的人文科学，文字的"遗嘱"意味是偏于经济的社会科学吗？如果是，那也算不得近亲婚配，人文的实质以及相关的游戏总是期盼着新的头脑和睿智来引领和激发不断发展的世界潮流。

文字的心灵基因有可能在新的生成中破灭，中国古人比今人聪明的地方是他们在创造"文"这个字时，没有忘记在其中画出一个心的符号。后人为了方便，把这个符号省略了，但这个符号所代表的内容并没有断绝。没有断绝的一个证据是，一千多年后，刘勰著《文心雕龙》，用、"文心"一词，以文艺理论的方法，重新再现了心在文之中的体系意义；又过了一千多年后，钱学又在"东海西海，心理攸同；南学北学，道术未裂"[1]的宏观视野中重新铸造了"文心"的深广意义。西哲德里达也加入到这个队伍中来了，他发明了解构主义，并认为人文世界无非是一种生与死的分延或延异。准确地说，是更基础的象形文字的分延或延异，而不是拼音文字的分延或延异。写作是分延的基础，文字是分延的根本；分延将人文分开了，同时也延续了；人文分延的根性和无根性变得更加难以分辨了。

钱钟书抉择诗心、文心，塑造诗心、文心，他当然会偏于认为文学、文化是有心的。德里达是坚决反对中心的，他以抨击逻各斯中心主义闻名于世，他的这种鲜明态度是没有什么疑问的。德里达会不会认为文化是无心的，抨击逻各斯中心主义的德里达是不是文化无心论者，这里边有一些矛盾和错位，应该进行认真的分析和研究。德里达的热与钱钟书的冷也与此有关。第一，解构主义是一种来源于结构主义同时又批判结构主义的热，为了能够有效地击中结构主义的要害，也为了使自己能和结构主义区别开来，它常常会回到非结构主义的冷，这种非结构主义的冷是它的重要武器。第二，解构主义反对逻各斯中心主义是在主义的层面而言，它并不反对与逻各斯中心主义相关的一般科学认识，德里达早期的文章中已经频繁地在使用"人文科学"的说法，并且用科学来界定和说写相关的文字学，他的目的是要在一个灵活的范围内，从超越非理性和理性

---

[1] 钱钟书：《谈艺录》1948年序，第239页。

矛盾运动的共时性和历时性相结合的层面开辟出一条思路。第三，解构主义与非结构主义结成统一战线反对结构主义的目的不是为了更冷，而是为了更热，这与钱钟书做学问的心态自如有所不同。钱钟书永远不会对语音、文字到底哪个更为根本发表意见，因为他的心态是要从具体出发，然后向深度广度进军，锥通的地方尽量锥通、圆通，锥不通的地方不强为用力。第四，和钱钟书的头脑冷静不同，德里达的头脑经常发热，他经常为解构主义的圆通和存活伤脑筋。德里达的思想本来偏于文化无根、文化无心，但是为了能够使解构主义取代结构主义以及其他的主义，为了能将所有的其他主义都打下擂台，他又不得不从无根、无心的角度寻根、寻心，德里达找到了"鸟兽蹄迒之迹"（trace）这个根，同时也找到了"历史环节中的现时"[1] 这个心，这从积极的角度看，应该算作德里达的一种贡献。

九、人化文评和人科文评

人评与文评通而不同，这正像人化文评和人科文评通而不同一样。简练地说，钱钟书和德里达的文评可能只有一个字的差别，钱氏是"人化文评"，德氏是"人科文评"。1936 年 11 月底，纽约大学现代文学教授贝克莱斯（John Bakeless）到牛津看望钱钟书时，说到他想做一部文学批评史，关于中国文评部分，他想让钱钟书执笔。为此，钱钟书专门写了一篇《中国固有的文学批评的一个特

---

[1] 叶秀山先生对 différance 的一种译法，另一种译法是"分延"，见《意义世界的埋葬》，《中国社会科学》1989 年第 3 期。

点》，并提出了"人化文评"的观点。德里达1966年10月21日在美国巴尔的摩的约翰·霍普金斯大学参加了"批评语言与人文学"文评会，他提交给会议的论文有关于人文科学，在本文论旨的范围内，这篇论文可以用还原的方法简译或者简称为"人科文评"。

人是万物之灵、是社会关系的总和，文学作为人的这种学问似乎已经成为常识。钱钟书所谓"心理攸同"，同在人共此心，文共此心。就人共此心而言，按照《老子》十三章的说法，人所以有大患，乃因为有身，若人无身，人有何患？生命的身心在于肉身，若无肉身，便无身心，正是在这种意义上，维特根斯坦认为"人的身体是人的灵魂的最好的图像"[1]。《围城》中苏小姐说："褚先生真知道养生！"褚慎明回答道："人没有这个身体，全是心灵，岂不更好？我并非保重身体，我只是哄乖了它，好不跟我捣乱。"[2] 以动养身，以静养心，文心通于人心者如此。

就文共此心而言，文不是人，但文如人。字有力，词有眼，句有骨，篇有脉，章有髓，段有气，诗有神，曲有韵，戏有情。中国古代论文，常常把文章看成活人："辞之待骨，如体之树骸；情之含风，犹形之包气"（《文心雕龙·风骨》）；"文章当以理智为心胸，气调为筋骨"（《颜氏家训·文章》），事义为骨髓，辞采为肌肤，情志为神明。现代英国女诗人西特魏尔（Edith Sitwell）女士明白诗文在色泽音节以外，还有它的触觉方面，唤作 texture，自负为空前的大发现。钱钟书认为，其实她的观点正类似于清代学者翁方纲精思卓识所拈出的"肌理"二字。"肌理"涉及身心的触觉和感觉，

---

[1] 转引自费迪南·费尔曼：《生命哲学》，华夏出版社2000年版，第202页。
[2] 钱钟书：《围城》，第92页。

人化和人科文评都不能脱离开人的身心感觉，结合德里达的《论触觉》和钱钟书的《通感》来比较文评中的身心问题，我们可能会获得许多意想不到的发现。

中西人文同中有异，说"心理攸同"只是强调了同。中西人种不同，言语不同，历史不同，人文论说亦有不同。拉丁词 translatio 虚涵比喻和翻译二义，正如中文"化"虚涵变化和化生二义。化在化合的意义上有牝牡之合的底蕴，化的左半部与牝的左半部形近意通，比喻的比双写了化的左半部，意义也与其有关联。比喻的喻从口，翻译的译从言。言从口出，通于口而不同于口；文由喻来，托于喻而隔于喻。在人与自然之间，隔是难以避免的；在人与文之间，不隔是众所企求的。"文如其人"所追求的"如"分自然和社会两个层面，这两个层面在与中国传统文化对接时出现错讹与不和谐。和谐的"人化文评"理论企图超越这种错讹与隔阂。古代崇拜圣贤的人认为，圣人有天口，所出之言，天之心也；贤者解经释义，还原圣人之意，颇类似于翻译。在一篇谈论翻译的文章中，钱钟书拈出"译、诱、媒、讹、化"五个汉字，认为它们所具有的"一脉通连、彼此呼应的意义，组成了研究诗歌语言的人所谓'虚涵数意'，把翻译能起的作用、难于避免的毛病、所向往的最高境界，仿佛一一透视出来了"[1]。因为翻译的作用就是用归宿语言诱解、媒介本原语言，虽然诱解、媒介很难做到恰如其分，误读、错讹在所难免，但翻译者总是想往着达到两种语言化合为一之最高境界。

---

[1] 钱钟书：《林纾的翻译》，见《钱钟书论学文选》第 6 册，花城出版社 1990 年版，第 106 页。

在人化文评中,中国的比喻偏于中立(neutral),没有固定的价值意义,但西方的比喻是非中立的,有固定价值的意义。中国人说,"骨重神寒",这是用来赞美;又说"骨弛肌懈",这是用来谴责。西方文论家朗吉诺斯以文比人,有所谓"水蛊肉感",指文章的病态。西塞罗论文有所谓"丈夫气"和"女子态",和姚鼐所谓"阳刚"和"阴柔"的说法相似,但姚鼐将阳刚和阴柔平等地列为两种风格,而西塞罗则认为"丈夫气是好文章,女子态是坏文章"。福楼拜本人更明确地说,他只喜欢男性的文句,而不喜欢像拉马丁那样的女性文句。中国人看问题不是这样,中国的人化文评和中国的相面风鉴有极密切的关系。西洋文评里的人体比喻说到多骨(bony)和多肉(fleshy)常常只是点到而已,而中国的人化文评却能"精微地描绘出文章风韵,譬如有'瘦而通神'的清骨,有'严家饿隶'的穷骨,有轻而浮薄的贱骨,有轻而超妙的'自是君身有仙骨'。西洋人体譬喻的文评,比了中国人化文评,恰像西洋相人书比了中国《麻衣相法》一般的粗浅简陋"[1]。

西方的人文比喻中,有的将文词与思想的关系比喻为遮羞的衣服与人身的关系。另有一种是将思想与文章对举:"假使文章是肉身,那么思想便是投胎的灵魂;假使文章是皮肉,那么思想便是骨血。"[2] 肉体和灵魂之喻比衣服与身体之喻关系来得紧密,但喻体与被喻体依旧平行分列。东方的人化文评在内在的人的层面强调"拟容取心",通过自由地"各师成心",进而写出个性化的"其异如面"之作品。东西方学人都会同意"文章是思想的表现"这个

---

[1] 钱钟书:《中国固有的文学批评的一个特点》,载朱光潜主编:《文学杂志》第4期,1937年8月。
[2] 同上。

命题,但刘勰在对待这个命题时会从 analytics 的角度,用"乘一总万"的方法,将其一分为二,而华兹华斯在沉思这个命题时则会联想到日常生活的不平常状态,用 synthetic 的方法,将其合二为一。人化文评所谓"文章血脉或文章皮骨跟西洋人所谓'文章乃思想之血'或'文章乃思想之皮肉'全不相同"[1]。

譬如,文评中有所谓"'学杜得其皮',我们并非说杜甫诗的风格只是皮毛,杜甫忠君爱国的思想怀抱才是骨髓;我们是说杜甫诗的风格本身就分皮毛和骨髓;李空同学杜仅得其皮,陈后山学杜便得其髓"。中国的论文就是看人,人分皮毛和骨髓,文也可以从皮毛和骨髓的角度看,但文的风格整体为一,"论人论文所谓气息凡俗,神清韵淡,都是从风度或风格上看出来。西洋人论文,有了人体模型,还缺乏心灵生命"[2]。在有了心灵生命的时候,内容(文心)和形式(文身)的距离总是给人相对较远的感觉。

人化的文评既肯定内容的外表,又肯定外表的内容。这种文评懂得:"思想的影响文笔不亚于文笔的影响思想。要做不朽的好文章,也要有不灭的大道理。"[3] 从形式逻辑上说,文学是艺术,但逻辑很难裁定艺术之心。不同的艺术形式有不同的艺术媒介,绘画的媒介是颜色线段,音乐的媒介是音调旋律,诗文的媒介是言语文字。"假使我们把文字本身作为文学的媒介,不顾思想意义;那么一首诗从字形上看来,只是不知所云的墨迹;从字音上听来,只是不成腔调的声浪。"[4] 钱钟书认为:"思想意义在文章里有极重要的

---

[1] 钱钟书:《中国固有的文学批评的一个特点》。
[2] 同上。
[3] 同上。
[4] 同上。

地位"[1]，但思想不是文学，意义也不是文章，思想意义在文学和文章里的重要性应从辩证的角度认识，因为传统中所谓"文以载道，并非为道，还是为文章，并非为内容，还是为内容的外表"[2]，为文章及其为内容的外表强调了作文与做人的不同。但做人和作文依旧有相同之处，"要像个上等文明人，须先从学问心术上修养起，决非不学无术，穿了燕尾服，喝着鸡尾酒，便保得住狐狸尾巴不显出野蛮原形的"[3]。

"人化文评"的内容虽然着眼于中国文学批评，但它的提出触发于西方学问。钱钟书与贝克莱斯（John Bakeless）的合作虽未能成行，但他在三四年前思想的基础上，结合看到的新资料，对中国文评进行了清理、总结。发表钱钟书论文的《文学杂志》主编朱光潜先生在"编辑后记"中说，除了"人化之外"，"物化"或"托物"也是中国文艺批评的一个特色。朱光潜希望钱钟书能在此基础上继续探讨中国的文艺思想，用一部专书将想要说的话说完。但是，我们至今仍不清楚1948年《谈艺录》的出版是不是钱钟书有意识或潜意识地接受了朱光潜的暗示。不管怎样，"人化文评"以及它的物化内涵在《谈艺录》中都大大加强了。

人科文评不同于人化文评，人科与人化通而不同。人科把人当成一个类别看待，人是一个类（anthropo），一个族（ethno），一个科，从这种观点出发，即使在文科领域，也应该有许多专门的学问，譬如，人类学、种族学、谱系学、语系学、符号学、神话学、游戏学等。德里达从事文哲研究，他将这些专门学问引入哲

---

[1] 钱钟书：《中国固有的文学批评的一个特点》。
[2] 同上。
[3] 同上。

领域，使得跨学科的概念一方面具有了哲理的因素，另一方面也使哲学的老成中增加了一些天真与活泼的气息。由于人是一个类、一个族、一个科，所以，必须有一门关于人的科学。又由于文哲研究属于文科，所以，必须创立一门不同于自然科学的人文科学（human sciences），这种属于西方的传统的东西，德里达当然不能不有所继承，熟悉西方思想的钱钟书在文章中也多次言及人文科学这个术语。

首先，人科文评突现人的社会性身份，认为包括文评在内的文化是"有规律的社会法则系统，并且是能够从一种社会结构向另一种社会结构变化的事物"[1]，人是社会性动物，人文是社会现象，"全部的社会现象能够被语言同化"[2]。在叙事性强的长篇小说里，钱钟书写过"现代中国某一部分社会、某一类人物"。他特别提醒说：这些人"是人类，只是人类，具有无毛两足动物的基本根性"[3]。这种对人的论述，具有人类学的意味。在科学的分类上，人是灵长目中的更为灵秀者。"无毛、两足"是人接近动物的自然属性，直立行走和解放了的双手是人远离动物的自然属性。

人和动物都有口舌，但人利用自己的口舌创造出复杂而有音节的语言，人文科学在全部领域里分享着这种语言，人文科学的实质"既有关于社会科学语言的批判关系，还有关于话语本身的批判责任"[4]，批判关系和批判责任的要害是哲学和人文科学应该承担起解构的任务。人用手制造出石斧、电脑等物质工具以及文字书写、

---

[1] 德里达：《人文科学话语中的结构、符号和游戏》，第398页。
[2] 德里达引茅斯语，同上，第405页。
[3] 钱钟书：《围城》序。
[4] 德里达：《人文科学话语中的结构、符号和游戏》，第397页。

计算机软件操控等信息工具。在此基础上，人还有一个特别发达和善于思维的大脑，这个大脑和手、口等器官结合在一起，一方面在心理学、生理学等层面与自然科学发生关系，另一方面又在语言批判和澄清传统逻辑矛盾层面与社会科学发生关系。"有足够多的迹象暗示，我们可以觉察到这两种完全不能调和的，但同时又是和我们生活在一起，并且被我们在一个模糊的经济中进行调和的阐释的阐释，它们在一起以一种成问题的方式分享着我们叫做社会科学的这个领域。"[1]

钱钟书善于从生物和文化的角度对人和人性进行文艺学的剖解，他在20世纪40年代的作品中已经敏感地捕捉到了结构主义和存在主义的一些神经，《围城》的意蕴中似乎总是洋溢着这种氛围。人在生物界是"第一重要的"（伯里克利语），"人是万物的尺度"（普罗塔哥拉语），"人是政治的动物"（亚里士多德语）。钱钟书在提出"人化"概念时主要是就中国古代诗文评概念而言，并没有引述古希腊哲人的人学思想，但他引述了西洋语文里的文艺学思想，目的是要证明中西方文评有相通之处。当钱钟书操笔写小说时，一些人类学的思想便进入到他的作品中。而德里达的特点是直接从人类学、民族学、符号学、神话学那里吸取营养，并力求从社会科学的方法论高度来把握它们的人文学的内涵。

其次，人科文评重视结构功能，进而言之，它追求结构的解构，而解构在德里达那里与游戏相关。"结构这个概念，甚至结构这个词本身像认识一样古老"；"结构像西方的科学和西方的哲学一样古老，它的根扎在普通语言的土壤里，进入到认识的幽深处，以

---

[1] 德里达：《人文科学话语中的结构、符号和游戏》，第408页。

便能够形成聚集并且使它们自己成为隐喻转换的角色"[1]。在传统话语里,"结构"的意义先是从构造房屋的动作走向屋宇构造的式样,又从屋宇构造的式样引向文字作品的组织式样,这个过程似乎在自然地向人们暗示物质和精神之间所具有的反对和统一性。构造房屋是手的功能,像庖丁解牛那样的中文语境中的解剖也是手的功能,但"从手持中"里的手的功能就有所不同,后者本身立足于历史,指示写的意义,而写正是德里达所强调的。

十、反对、符号、变异

人文中有一种似是而非,或者叫似非而是的东西,它让人文学家伤透了脑筋,这个似是而非,或者似非而是的东西有关于事物之间的反对。在德里达那里,有许许多多这样的反对,例如,自然和文化之间的反对,可感和可理解之间的反对等等,反对是德里达制胜的法宝。符号概念由贯穿在它的历史中的反对所决定,它唯一依靠这种反对和它的系统生活。"符号和符号的意味之间的互补性关系是处在一种非常的象征性思想的状态,这种非常的象征性思想虽然总是和正常的思想有一些特有的矛盾,但这并不妨碍它的非正常思想的发挥。"[2] 消除符号和符号的指谓之间差异的异质性的方法不是要将符号提交给思想,而是要"将问题置入先前发挥功能的系统中",因为"符号的形而上学还原需要正在还原的反对"[3],反对既是伴随着还原的系统,又是系统还原的动力。

---

[1] 德里达:《人文科学话语中的结构、符号和游戏》,第393页。
[2] 同上,第392页。
[3] 同上,第396页。

德里达从结构主义那里吸取了诸多营养，这些营养使他成长壮大得足以对结构主义进行批判。德里达认为："列维－斯特劳斯通过符号努力超越感觉和理解之间的二元反对，但是，他没有抓住这种反对的符号功能的似非而是的概念。"[1] 在做学问方面，20 世纪的法国人是出了名的战略学家。在处理超越可感和可理解之间的反对关系时，斯特劳斯使用了一个叫做 bricolage 的富有战略工具性质的东西，这个东西很普通，也很神秘。Bricolage 是一种围绕在人们周围，并能够作为"随手工具"进行摆弄修理的东西，这些"工具现成的在那儿，但是人们不能用眼睛觉察到它们能用来做什么，只能不断摸索着来适应它们，毫不犹豫地来改变它们，只要有必要，就立即多次地进行尝试，纵然它们的形式和起源都是异质性的"[2]。使用随手工具摆弄修理是手的功能，但它也提示着一种方法，并创造了一种人文话语，这正像构造房屋的结构仿佛向人们暗示着文艺作品的结构和结构主义的思想方法一样。德里达在不到两万字的论文里，引用了斯特劳斯五本著作中的十几段共包括两千多个文字，他从斯特劳斯的战略工具那里发现了一种方法论的优长，但他并不打算停留在斯特劳斯那里为止。德里达认为，结构主义认识到双重思想的必要性，但是没有严格地分析双重思想中的实际状况，没有对双重思想结构的预想性质进行周密的权衡。

人的物化和物的人化以及人文的物象化与物象的人文化总是行进在事物之一致和不一致相互冲撞变异的过程中，虽说人是文学和文化的中心，但人、人文不能离开外在生物、动物而独存，所以中

---

[1] 德里达：《人文科学话语中的结构、符号和游戏》，第 391 页。
[2] 同上，第 400 页。

国固有的文艺学有所谓"物化"并主张"近取诸身,远取诸物"。"近取诸身"是以人化物,"远取诸物"是以物化人。物从牛,本义也是牛,后来引申出万事万物之物的意义。"人化文评"中的化是一个含义深刻而且比较费解的人文符号,有必要从德里达乃至西学的角度对这个中国意义的关键词来进行理解。德里达对"化"的问题进行过深入思考,他写过一部名叫《书写与差异》的书,差异与"化"相关,正是事物之间的差异可以解释"解构话语的复杂性和精心造化的事物之间的不一致性"[1]。

人是两性生物,人化的"化"左男右女,象形两性合生、化生的意义。科学中的化学强调原子结合后创生出新的物质,艺术中的文学强调出神入化、心物交融后才能创生出上乘作品,这是"化"在创作论上的意义。关于事物的衍生、演化之理,青年钱钟书在小说作品里作了这样的描述:"时间空间演化出无机体;无机体进而为动植物;从固定的植物里变出文静、纠缠住不放的女人;从活泼的动物里变出粗野、敢冒险的男人。"这段话出自《人兽鬼》中的《上帝之梦》,写梦、写鬼是文艺家之常事,但把人兽鬼合在一起并且将他们想象成植物、动物、女人、男人,这多少可以看出钱钟书的"人化文评"观念在叙事作品中和"人科文评"思想相互融通的一些情况。

从德里达的角度看,"化"是一个有关于差异的迷宫,而关于自然和文化的反对更是一个迷宫中的迷宫。让我们想象最初人类像动物一样的相互之间的性关系,然而由于人所具有的聪明使得人能够从这种性关系中逐渐感受到自己本身具有亲属结构的谱系,斯特

---

[1] 德里达:《人文科学话语中的结构、符号和游戏》,第396页。

劳斯正是从这种基本结构开始研究。"在这个基本结构里,他从公理和定义开始,即从普遍和自然开始,从不依赖于任何特别的文化,或者不依赖于任何属于自然的法则开始。"但是,他后来"遇到了他称作丑闻的东西,也就是说,遇到了不再容许他已经接受的自然和文化的反对的东西,遇到了似乎同时要求自然的和文化的断定这样的事物。这个丑闻是禁止乱伦。禁止乱伦是普遍的;在这种意识里,人们称它是自然的。但是,它也是一个禁止,一个法则和禁令的系统;在这种观念里,人们能称它是文化的"[1]。性文化在乱伦禁忌那里走进了自然和文化消解之迷宫,德里达在这里感悟到了一种新的文哲研究,一种属于自己的人科文评,即一种有关于符号和游戏的人文科学的语言批判的思想。

关于内外反对的思想,在钱钟书那里表现为对婚姻、职业的感悟和嘲讽,有一种人生的迷宫和怪圈,局内的人想冲出去,局外的人想冲进来。德里达关于内外反对的感悟思想比钱钟书复杂得多,他认为,"除了在认可的自然和文化的差异的概念系统之内以外,不存在什么丑闻","因为从乱伦禁忌不再能在自然和文化的反对之内被理解的时候以来,它不再能被说是一个丑陋的事实,它是一个网状的透明意义的晦涩的核心"[2]。这是一个奇妙的思想,奇就奇在他沿着斯特劳斯的思路,在开始考虑乱伦禁忌的自然和文化的反对性质时,将其引入"差异的概念系统之内"或之外来进行思想。由于有了这个思想,所以,在德里达那里,"乱伦禁忌不再是一个人在传统概念的王国里偶然看见或者突然遇到的丑闻;它是避开

---

[1] 德里达:《人文科学话语中的结构、符号和游戏》,第 398 页。
[2] 同上。

了这些概念的某种东西,而且无疑多半是作为它们可能性的状况,并且是位于它们之前的某种东西"[1]。德里达是一个起源性的文评家,他的思想触觉避开了某些僵化的概念性的东西,他认为"在认可的自然和文化的差异的概念系统之内以外"之前的某个时候,就有一种游戏性的神话意识的东西在起作用。他继续写道:"这多半能够说,系统地伴随着自然和文化的反对的整个哲学的概念化被设计保留在一种不可能思想的使概念化成为可能的非常之物的领域里,这个领域就是乱伦禁忌的起源。"[2]乱伦禁忌的起源虽然并不是哲学的起源,但德里达从这种起源中感悟到了一种令人神往的文哲思想方法。

文本是一种人的感官和脑对主体和客体世界进行反映、表现、改造、建构和解构的系统,文道层面的实践和理论、文心层面的精神和物质、文体层面的内容和形式、文学层面的继承和创新、文风层面的抽象和形象都在反对和差异之犬牙交错中寓含着丰富的情感和思想。和钱钟书偏重致力于构建、鉴赏、发现、锥通文本中的各种情感、思想和理论不同,德里达则偏重致力于解构、把玩、发明、融通文本中的各种话语、符号和游戏。在诗文创作中,把描写对象生命化,把文学拟人化,以文拟人,"以通神明之德,以类万物之情",庶几可作为"人化文评"的题中应有之义。西文 physics 一词在中文里用"物理"表达,但"物"和"理"在根本上是不同的。"物"在中文语源里是从动物那里转化来的万事万物的符号,在西文里倾向于成为一种偏于逻辑的形而上学;"理"是从治理玉

---

[1] 德里达:《人文科学话语中的结构、符号和游戏》,第398页。
[2] 同上。

石那里转化来的义理符号，在它的内部蕴含着一种偏于学科文化的哲学。在科学中，格物、定义、致知、定理，自有其客观规律；在艺术中，想象、物化、神思、理趣，则充满了人文精神。

　　在符号游戏的层面上，自然的不但是物理的，而且也是人文的，这正像语言的不但是科学的，而且也是艺术的一样。自然的"自"是 self，这个语根的形象在中文中是人指着自己鼻子的象形。以西语文本感悟，人是物理的（physical），也是生理的（physiological），这正像从中西融通感悟，人文语根中的文化、艺术、物象既是关于生物的，又是关于动物的一样。"艺术是我，科学是我们"，这是科学家贝尔纳的话。人文学家钱钟书写道："寻诗争似诗寻我，伫兴追遭事不同。"[1] 虽然说艺术突现个性，故偏于"我"，科学追求普遍性，故偏于"我们"，但"我"和"我们"并非水火不容。"我寻诗"是个性依据"伫兴"追捕一种带有普遍意味的理义、理趣，"诗寻我"是这种普遍意味的理义、理趣追捕把握富有个人特点的审美性、独特性。有一种令人神往的审美魔力和追求尽善尽美的诗意热情埋藏在一代又一代人的灵魂中，只要一有机会存在，这种魔力就会在人们生命力的宣泄中持续不断地发作，青年钱钟书所从事的工作中的一部分显然是属于这种类型。

　　德里达不同于钱钟书，他没有成为审美诗文的缔造者。德里达的目的是要建立一种新的批判性话语，他想在这种批判话语中实现自己的人生意义。德里达发现神话的话语反映着它本身，并且批判着它本身，而且这种批判明显地涉及分享着人文科学领域的全部语言，这里"最令人着迷的是对全部涉及一个中心，一个主体，一个

---

[1] 钱钟书：《论诗七律三章》，上海《文汇报》1990年11月22日。

涉及赋予特权的事物，一个起源，或者一个绝对的始基的被宣称了的放弃"[1]，这种放弃"说明了语言在自己的范围内承担着批判自己的必要性"[2]。德里达虽然是一个起源性的文评家，但是他否认神话具有一个统一性的绝对的起源，他认为"神话的中心和源泉总是在阴影中，并且总是在第一个位置，以一种不活动的，不存在的，躲避着的形式存在着"[3]，神话是一个网状的透明的晦涩的东西，它的这种特征总是呼唤着一代又一代的人们去进行游戏，去对它增补一些东西，对它进行不断的隐喻、还原、分延、变化和变异。

十一、逻辑工具和心理游戏

常恨言语浅，不如人意深。人文比喻、隐喻企探人意（思想）之深，不如逻辑理智来得清晰，但比喻、隐喻的长处在于能致其妙。这个妙是偏于创作的道家的语言，德里达隐喻还原思想中有道家言语的影子，但从儒道互补的另外一个角度观察，儒家的"游于艺"的思想更可以和德里达的符号游戏观念相通。钱钟书喜欢使用的一个西文词是 logic-chopping，这使得他的人文比喻充满了睿智，也使得他的作品以富有理趣价值而闻名，德里达虽然不刻意追求这种理趣，但他的隐喻还原和符号替换乃至转形理论中包含着一种耐人寻味的切换游戏的义理。Logic-chopping 的比喻站在文艺学的立场上企慕着哲学，而游戏的义理却在哲学的谱系里爱上了文学。刀斧 (chopper) 是文明的工具，逻辑是文明的义理，清晰的思维工具

---

[1] 德里达：《人文科学话语中的结构、符号和游戏》，第 401 页。
[2] 同上，第 398—399 页。
[3] 同上，第 401 页。

不但切割了物质，而且剖解了义理。Logic-chopping 在钱钟书那里是宋学和西学互补成的。19 世纪初年中国人在接触 logic 一词时，首先想到了"名"这个字。名从口出，古希腊人把出于口的言称为 logos，美国语言至今仍在名称、符号的意义上使用这个词。但理解逻辑不能只着眼于"名"，还应该想到"实"，想到刀斧文明，哲学与逻辑之联系正存在于此。

人类的物质文化以工具区分，工具区分物质文化乃至精神文化的显著特征是刀（chopper）这个符号，"刀"就是"哲"字中的"斤"。"刀"以及作为刀的功能的分析可以提示钱钟书在进行"具体的文艺鉴赏和评判"时所使用的逻辑思维内涵，只是在这里我们还需要理解和"名"联系在一起的另外一个汉字，因为我们的祖先魏晋人在发展逻辑思维时使用了"名理"一词，明末科学家李之藻也在词达于意的基础上从"名理"的角度理解西方亚里士多德的逻辑思想，那时他是从来华的葡萄牙耶稣会传教士傅泛际那里用"名理"一词表达了西方的逻辑概念。"理"在中文里的本义原于物质文化创造、改造，但它也深刻地影响了精神文化的思维方法，20 世纪"雅喜谈艺"之人钱钟书所使用的 chopping 就属于此。

与逻辑 chopping 不同，德里达的目的是要对逻辑中心主义进行批判，"这意味着使用逻辑中心工具概念，但是不全信它们的真理价值"[1]。过去，人们将逻辑中心思想归于一个结构系统的中心，或者将其作为这个系统的组织原则，使其形成"自我中心或特权中心指挥着我们的科学和哲学思想，左右着我们传统的认识"[2]，但

---

[1] 德里达：《人文科学话语中的结构、符号和游戏》，第 391 页。
[2] 同上，第 391 页。

是，到了尼采、弗洛伊德、海德格尔、索绪尔那里，这种思想开始被瓦解，德里达继续进行这种瓦解，他把结构的构成性理解成符号的游戏，而且认为思想是发生在不同的语言之内的游戏。

Epic 是把历史当成诗歌叙述，而诗歌则是把情志当作文学来抒发。在 epic 那里，文史未分家，这正像在 ethnology 那里，人种和人种的文化未分家一样。人的童年不能没有游戏，这正像人类的童年不能没有神话一样。人的成年已经远离了游戏，但人类的理性依旧不能把游戏推得太远，神话游戏总是能给人们一些方法论的启示。游戏是在场的瓦解，神话常常会同历史和在场形成紧张的关系，认识的概念总是呼唤着迂回前进的历史，而历史在解构主义那里却被设想成一个历史的重新占用的运动，"中心结构的概念事实上是一个基于根本立场的游戏，是一个建立在静止和安慰确信基础上的游戏，而这种安慰确信本身却超出了游戏的范围。在确信的基础上，忧虑能够被控制，因为忧虑永恒地表现了人们对结果的担心，这是有关于某种游戏模式的结果，是被游戏捕捉住了的结果，是从一开始就存在着输赢问题的结果"[1]。如果说输赢是一个残酷的争夺游戏，那么语言的转换就成了游戏争夺的工具。人们总是会不断地去搜寻历史，有时将本当作体，有时又将体认作本；有时将形式看作内容，有时又将内容看作形式；有时将故乡认作他乡，有时又将他乡认作故乡。不断地反复、替换、互换、转形，不断地"从意义的历史那里拿来一些东西"，"意义的起源可能总是被唤醒，它的结果总是以在场的形式被预期"[2]，这种预期永远没有一个最

---

[1] 德里达：《人文科学话语中的结构、符号和游戏》，第 394 页。
[2] 同上。

终的结果。

所以,这种有关游戏的思想中似乎总是伴随着诗心、文心的影子,当然,钱钟书的更加着重于文艺学的文评其表述有所不同。"诗者,艺也。艺有禁忌,故曰'持'也。'持其情志',可以为诗;而未必成诗也。艺之成败,系乎才也。"[1] 钱钟书扬弃了刘勰关于诗的操持性的定义,而将诗的根本固定在艺术的殿堂里。诗的艺术并不是随心所欲的精神梦游,当诗歌在文学里找到自己的归宿以后,诗的操持性显得更重要了,但这并不意味着操持性已经成为诗歌的主要特征。因为诗歌艺术的关键还在于才情,才情横溢的诗人似乎总是期盼着用自己炽热的情感融化掉操持性之牢笼,而且这种期盼并非是可望而不可即的。

寻诗争似诗寻我,就操持性而言,诗是可以寻的,但寻到的诗不是好诗。寻诗只为诗寻我,诗心"如电光霍闪,登时照彻,无复遁形,不可游移"[2],这正是西语 inspiration 指示的意义。寻诗寻不到好诗,但可以为"诗寻我"创造条件。"诗寻我"是钱钟书立足于传统绝句创造的文论话语,理解这种话语的最好方式还是要参照西方的灵感理论。钱钟书引席勒与友人书:"作诗灵感,每非由于已得题材,新意勃生;乃是情怀怦然有动,无端莫状,而郁怒喷勃,遂觅取题材,以资陶写。"[3] 由于"新意勃生","郁怒喷勃",故操持性在灵感到来时已不能拘囿诗心,但天才的诗人依旧有能力去把握那兔起鹘落、稍纵即逝的情感,天才的文人也能在更广阔的历史画面里去从事更丰富的叙事性的带有更多操持性和实践性的想

---

[1] 钱钟书:《谈艺录》,中华书局1984年版,第40页。
[2] 同上,第601页。
[3] 同上,第607页。

象活动。

　　诗心的审美内涵比文心强，文心的逻辑外延比诗心宽。文史通义在 Epic 层面包括了一部分口头文学，欧洲史诗的鼻祖《伊利昂纪》、《奥德修纪》中都包含着许多口头传说，中文历史的史意味着所记述的事，事是从史那里来的，史事、史诗、事实和叙事中更多的是操持性。文史相通，希罗多德的《历史》书中杂有许多神话传说，亚里士多德认为史诗位于各类诗歌之首，文艺复兴时期的批评家认为史诗居于各类文学之首。史源于记载和编纂，《伊利昂纪》、《奥德修纪》中的"纪"，《管锥编》中的"编"都有史的意味，斯特劳斯所分析的神话也具有史的意味，德里达对史亦别有慧解。在德里达那里，历史虽扎根于过去，面向着未来，但并不立足于现在，不在场的搜寻和争夺总是危及到在场逻辑的形而上学，然而，历史的车轮是不可阻挡的，历史从过去走来，经过延异直接的通向未来。

　　在西文语境中，找不到一个可以和"文心"相对应的术语，但在现代文艺学中，有一门以"文心"为中心内容的学科，这就是文艺心理学。当 Epic 把历史当成诗歌叙述的时候，"文心"在思想层面左右着叙述的方向。文史相通于精神层面，并用符号"心"提示思想意识的作用，中文语境中的 literature、philosophy、history 都有心理寓含。文把心理包含在它的形式中，但文学把心理包含在它的内容中。史的心理是"事欲如其文"，歴（历）史的心理是"文欲如其事"。哲的心理是玄而又玄的形而上学之本体，悊（哲）学的心理是想方设法为这种形而上学的本体解套。德里达就是一个为了这种解套而努力工作的哲学家，但像赫拉克里特一样，他的解套的语言变得更加晦涩了，读他的书和文章，我们明显地感到套解的痛苦和痛苦的解套之恩爱分合中所迸发出来的拼命的不屈不挠的精神。

钱钟书也有拼命的时候，晚年的他以与死神赛跑的心态从事着紧张的研究，但钱钟书的痛苦似乎比德里达少一些。钱钟书认为，他的著作《管锥编》的英文译名可以叫做"有限的观察"，再加个副标题"关于观念与文学的札记"。这里所谓"观念"，就寓含着"文心"的意义，而"有限"则包含着他不奢望总体的意愿，因为语言排除总体，意义总是会有缺席，一些东西常常被丢失了，"总体，有时被界定成为无用，有时被界定成不可能"[1]。人们可以企及不能制服的主体的总体或者无限丰富的经验的努力，但客观对象中"存在着比一个人能说的多得多的东西"[2]，钱钟书以文评鉴赏的睿智来探讨这种东西，而德里达则以文哲解构、分延的方式来超越这种东西。

人文中被钱钟书抉择的诗心、文心之类的东西，在德里达那里似乎总是有关于游戏和代替，排除总体和解构中心都有关于这个游戏或代替的领地。读德里达的传记，我看到在德里达即将出门时，他的妻子马格利特会习惯地提醒他"别忘了你的钥匙"；德里达回答："我已经有了它"。的确，德里达的思想中有一个 key，这个 key 是有关于解构的分延，这个有关于解构的分延指导着他的写作和文学批评思想。但是，到了晚年，德里达似乎更强调解构主义的建构责任，在离开世界的前夕，德里达将自己的写作命名为"幸存式写作"，并且说"学习生存，意味着学习死亡，了解并接受生

---

[1] 德里达：《人文科学话语中的结构、符号和游戏》，第 404 页。
[2] 同上。

命的绝对有限性,从而去面对遗产,面对责任,有所承诺,有所扬弃,有所承担"。[1]

真正的文化伟人都会成为一个难以穷尽的对象,这种情况在有关于钱钟书和德里达的研究中没有什么不同,但是科际比较研究的难度相对更大一些,在我看来,这种研究的价值也更高一些。世界上有各种各样的文学家、哲学家和学问家,就像人文社科领域有各种各样的风格、学科和类型一样,德里达在人文科学领域内纵横驰骋,这种孙悟空式的精神凝聚在各种变通中,这种变通"跟他整个的性情陶融为一片,不仅有丰富的数量,还添上个别的性质;每一个琐细的事实,都在他的心血里沉浸滋养,长了神经和脉络"[2],他的这种本领和特征在世界上是不可重复的,也是一般人学不来的。

但是,从钱钟书的角度看德里达,或者从德里达的角度看钱钟书,我们却能够获得许多意外的惊喜,我愿意把这种惊喜写出来,本文也已经贡献出了这种惊喜中的一部分,当然,这只是冰山之一角,我诚挚地希望能和国内外的诸多同道者一起,在不久的将来,能够分享到更多的,同时也是更难发现的诸如此类的惊喜。

---

[1] 德里达:《我在与自己作战》,法国《世界报》2004 年 8 月 19 日。
[2] 钱钟书:《论交友》,《文学杂志》第 1 卷第 1 期,1937 年 5 月。

后记

校对完这部书稿，已至岁末，本不应该狗尾续貂，再啰唆个没完没了，考虑再三，依旧还是坐到电脑前开始敲打一些应该告诉读者的话。这本书的起根发苗应该追溯到 2005 到 2006 年，那时我有幸作为伊利诺伊大学（UIUC）的访问学者在美国等了 11 个月。适逢清华大学王宁先生也在该校做客座教授。这本书的下编是我应王宁教授约稿著成并发表在《文学理论前沿》上的一部较长的论文。从美国回来后，我想继续作钱钟书和德里达方面的比较研究，曾经申请过陕西省、教育部和国家社科研究基金资助项目（包括后期资助项目），没有成功。陕西省教育厅在我十分困难的情况下给予的资助，成为本书上编研究的财力基础。西北大学研究生创新教育资金也资助了本书的出版。

虽然已经接近耳顺之年，但我的研究生涯远远没有结束，我的双音义符研究才刚刚起步。我诚挚地希望社会各界或相关部门能关注我的研究，支持我、鼓励我继续向前探索。"综通研究"是一项没完没了的事业，"根本的综通"更是一个看不到底的"黑洞"（black hole）。老实地说，只凭一个人或有限的几个人根本无法开展这项工作，更不要说推进它了。

在专家辈出的时代，有幸才能够出现的为数很少的通家也常常会被诟病。成为专家很难，成为通家更难，所以想成为通家的人应该更顽强。只有更顽强，他们才可能在自己将要被百分之百地扼杀之前撕破脸皮地争取到万分之一的抵抗扼杀的基因。尽管他们最终还是一个又一个地被扼杀了，但他们努力得来的万分之一的基因却会和他们的骨灰混杂在一起并流布于人间。若干年之后，假如新产生的专门考证骨灰的"分子生物考古学家"偶尔发现了它，那这种基因就有可能在后代不断发酵，并成为新的学术增长点所赖以存在的不可扑灭的火种。世界留给或要求通家的工作几乎和专家的工作一样多，在夹缝中生活的"我"或某个"我"也要摸着石头过河。"我"或某个"我"的有限的成功不纯粹是自己的，我的一个又一个的失败也不纯粹是客观的。我曾经无数次地感觉到"活人"和"做工作"的难，九年前我在我的一本书的后记里感叹了这种难，现在我在这里反省我自己的难。因为"不入流"、"另类"，所以应该被"扫地出门"，这完全是我自己造成的。我讨厌曾经抚养了我的文学性的"独上高楼"，我憧憬曾经毒害了我的玄学性的"蓦然回首"，我无怨无悔地痴迷于本源性的"大哉言数"。

一个匆匆的过客，洋洋得意或喘息于"天涯路"与"终不悔"之历时性间。一只不屈不挠的蚂蚁，茫然无措地爬行在繁与简、单与双、中与西、古与今、一与多的宇宙丛林中。一只无知的青蛙，本来不知道语言、文字、文学、历史、哲学、数学为何物，却无聊地鼓噪"根本的综通"，错将井底当东海。如此这般的文学话语是极不可靠的。"太极生两仪"之偶，"兼三才而两"之素，擅三才五行之变等话语是可靠的吗？为了让这些冰冷的数字活起来，让我们以"游于艺"的方式来说明。文科与理科可以合二而一，此乃所谓"大同"。大同必裂为二、三乃至多。"兼三才而两"，自然科学、社会科学和人文科学可以通于数学和哲学。文史哲合为三才是就 humanity 而言。理工农医合为四象是就 SCI 而言。经管法教合为四象是就 society 而言。言与数通于易学，正如形与数通于科学。"数字和宇宙同等重要"（爱因斯坦语）。三五以变在文科那里是文史哲兼言数，在理科那里是工农医兼言数。"乘一总万"在当代包括了几十门一级学科，几百门二级学科，几千门三级学科。既然成千上万的专家奋斗在每门学科之中，那么也应该有众多的通家奋战于各门学科之间，事情难道不是这样吗？

2010 年 12 月 13 日于望塔楼